AF878467

Göschens Kaufmännische Bibliothek

Eine *Sammlung praktischer kaufmännischer Handbücher*, die sowohl dem Unterrichte als dem Selbststudium sowie auch der Praxis dienen sollen.

Band 1:

Deutsche Handelskorrespondenz

von

Robert Stern

Oberlehrer an der Öffentlichen Handelslehranstalt und Dozent an der Handelshochschule zu Leipzig

In Leinwand gebunden M. 1.80

Band 2:

Deutsch-Französische Handelskorrespondenz

von

Prof. Th. de Beaux

Officier de l'Instruction Publique, Oberlehrer a. D. an der Öffentlichen Handelslehranstalt und Lektor an der Handelshochschule zu Leipzig

In Leinwand gebunden M. 3.—

Band 3:

Deutsch-Englische Handelskorrespondenz

von

John Montgomery

Direktor, and Hon.-Secy., City of Liverpool School of Commerce, University College, Liverpool

In Leinwand gebunden M. 3.—

Band 4:

Deutsch-Italienische Handelskorrespondenz

von

Prof. Alberto de Beaux

Oberlehrer am Königl. Institut S. S. Annunziata zu Florenz

In Leinwand gebunden M. 3.—

Band 5:

Deutsch-Portugiesische Handelskorrespondenz

von

Prof. Carlos Helbling

Professor am Nationalkolleg und am polytechnischen Lyceum und Direktor eines Handelskursus zu Lissabon

In Leinwand gebunden M. 3.—

Band 6:

Deutsch-Russische Handelskorrespondenz

von

Dr. Th. v. Kawraysky

in Leipzig

In Leinwand gebunden M. 3.—

Band 7:

Russisch-Deutsche Handelskorrespondenz

von

Dr. Th. v. Kawraysky

in Leipzig

In Leinwand gebunden M. 3.—

Band 8:

Deutsch-Spanische Handelskorrespondenz

von

Dr. Alfredo Nadal de Mariezcurrena

in Leipzig

In Leinwand gebunden M. 3.—

Оглавленіе. Inhaltsverzeichnis.

Общія замѣчанія.

Объясненія касающіяся продажи товаровъ.

Продажа товаровъ.

Объясненія касающіяся банковаго дѣла.

Общія замѣчанія.

Операціи съ векселями.

Замѣчанія касающіяся конто-коррентныхъ сношеній.

Контокоррентныя сношенія.

Объясненія касающіяся коммиссіоннаго дѣла.

Коммиссіонная покупка.

Коммиссіонная продажа.

Объясненія касающіяся экспедиціоннаго дѣла.

Упражненія.

Измѣненіе текста вышепомѣщенныхъ писемъ.

Планъ писемъ для упражненія.

Продажа товаровъ.

Банковое дѣло.

Коммиссіонное дѣло.

Экспедиціонное дѣло:

Образцы счетовъ, векселей и т. п.

Общія замѣчанія.

Заголовокъ листа почтовой бумаги, адресованіе письма и обращеніе.

Наименованіе фирмы посылающей письма помѣщается обыкновенно въ лѣвомъ верхнемъ углу, рѣже на верху по серединѣ, первой страницы почтоваго листа.

Не рѣдко подъ наименованіемъ фирмы помѣщается: адресъ для телеграммъ, номеръ телефона, указаніе банка, въ которомъ данная фирма имѣетъ условный текущій счетъ:

Chemnitzer Trikotagenfabrik, A.-G.,
Chemnitz.
Girokonto bei der Reichsbank.
Girokonto bei der Sächs. Bank.
Telegrammadresse: Trikonolte.
Telephonanschluß Nr. 416.

Сокращенные адреса для телеграммъ допустимы лишь въ томъ случаѣ, когда они заявлены на соотвѣтствующей телеграфной станціи, за что взимается особая плата.

Если фирма указываетъ свой точный адресъ (названіе улицы и номеръ дома, то сначала помѣщается названіе города, потомъ названіе улицы и наконецъ номеръ дома:

Leipzig, Petersstraße 11.

При названіяхъ небольшихъ мѣстечекъ принято указывать ближайшій большой городъ:

Borsdorf bei Leipzig,

или названіе страны или же провинціи, при чемъ эти послѣднія названія часто обозначаются лишь одной-двумя буквами стоящими послѣ буквы i (сокращенное in) и вертикальной черты:

Markneukirchen i. S. (т. е. in Sachsen)
Remscheid i. Rh. (т. е. im Rheinlande).

При адресованіи письма какому-либо учрежденію или фирмѣ, наименованіе которой состоитъ не изъ именъ собственныхъ, какъ на конвертѣ, такъ и въ письмѣ упоминается обыкновенно только это учрежденіе, но не директоръ его и т. п.:

An die Firma „Leipziger Asphaltwerke"
An die Filiale der Deutschen Bank, Leipzig.

Если же письмо адресовано фирмѣ, наименованіе которой состоитъ изъ именъ владѣльцевъ ея, то какъ на конвертѣ, такъ и въ обращеніи эти имена ставятся просто послѣ словъ Herrn или Herren:

Herrn Gustav Fock, Leipzig
Herren Mey & Edlich, L.-Plagwitz.

Весьма распространенное въ Россіи обращеніе: „Милостивый Государь" (Geehrter Herr) и т. п. не употребляется при обмѣнѣ письмами между двумя фирмами. Наоборотъ, если торговая фирма пишетъ къ частному лицу, чиновнику и т. п., то употребляется цѣлый рядъ выраженій для приданія письму большей вѣжливости: Geehrter Herr, Hochgeehrter Herr, Wohlgeboren, Hochwohlgeboren и т. п. Послѣднія 2 выраженія помѣщаются на конвертѣ послѣ имени адресата.

Въ циркулярахъ соотвѣтственно русскому сокращенію М. Г. употребляются слѣдующія обращенія:

P. P. (Praemissis praemittendis)
P. T. (Praemissis titulis)
S. T. (Sine titulo).

Заключительныя слова.

Почти всѣ коммерческія письма заканчиваются словами:

Hochachtungsvoll, рѣже **Hochachtend;**

Achtungsvoll при болѣе или менѣе натянутыхъ отношеніяхъ. Эти выраженія вполнѣ соотвѣтствуютъ русскому: „Съ совершеннымъ почтеніемъ" и „съ почтеніемъ" и стоятъ обыкновенно въ связи съ заключительной фразой:

Ihren ferneren Aufträgen uns bestens empfohlen haltend, zeichnen wir
hochachtungsvoll

Umgehender Erledigung gern gewärtig, zeichne ich
hochachtungsvoll

и т. п.

Датированіе письма.

Указаніе времени и мѣста отправки письма помѣщается обыкновенно на верху первой страницы письма съ правой стороны. Число обозначается цифрой, стоящей послѣ слова „den" и отдѣляется отъ названія мѣсяца точкой:

, 2 Мая 19.. г. = , den 2. Mai 19..

Если мѣсяцъ обозначается также цифрой, что менѣе употребительно, то вторая цифра почти всегда бываетъ также арабская, а не римская: , 2. 5. 1905 или 2. 5. 05.

Употребленіе временъ и нѣкоторыя особыя выраженія.

Вмѣсто будущаго времени нерѣдко ставится настоящее: Въ приложеніи Вы найдете: Beigeschlossen *finden Sie.* Товаръ будетъ продаваться съ аукціона: die Ware *kommt* zur Versteigerung.

Для выраженія приказанія въ болѣе мягкой формѣ употребляется конструкція съ глаголомъ *belieben* (изволить, благоволить): belieben Sie uns gutzuschreiben (благоволите записать въ кредитъ нашего счета).

Русское дѣепричастіе чаще всего переводится настоящимъ временемъ напр.: anbei überreichen wir (препровождая или прилагая при семъ), или indem wir es Ihrem Ermessen anheim stellen (предоставляя это на Ваше благоусмотрѣніе).

Для увеличеніе вѣжливости просьбы очень употребительна конструкція съ глаголомъ wollen. Напр. вмѣсто: „wir bitten Sie uns die Tratte, mit Ihrer Annahme versehen, zurückzusenden", — wir bitten Sie uns die Tratte, mit Ihrer Annahme versehen, zurücksenden zu wollen".

Слова: „въ ожиданіи", „ожидая" чаще переводятся не при помощи глагола erwarten или выраженія „in der Erwartung", но черезъ gewärtig sein:

> Wir bleiben Ihrer billigsten Abrechnung darüber gern gewärtig und zeichnen ....

Коммерческая корреспонденція.

Коммерческая корреспонденція служитъ для пріобрѣтенія, поддержанія и расширенія дѣловыхъ связей.

Кромѣ того коммерческая корреспонденція имѣетъ важное значеніе еще съ двухъ точекъ зрѣнія:

1. Подтверждая состоявшіяся сдѣлки, она является доказательнымъ матеріаломъ въ случаѣ возникновенія споровъ.
2. Она служитъ основой всѣхъ бухгалтерскихъ записей.

Только лицо вполнѣ освѣдомленное съ ходомъ даннаго дѣла и притомъ хорошо знакомое съ соотвѣтствующей отраслью торговли можетъ написать хорошее дѣловое письмо. Кромѣ того отъ корреспондента требуется:

1. Знаніе оборотовъ и выраженій, употребляемыхъ въ коммерческой корреспонденціи;
2. Умѣніе выражаться кратко, ясно и точно;
3. Умѣніе такъ расположить письмо, чтобы съ перваго взгляда можно было составить себѣ понятіе о его содержаніи.

Для того, чтобы научить всему этому, совершенно безполезно давать длинныя, теоретическія наставленія, такъ какъ требованія и формулы отличаются необыкновеннымъ разнообразіемъ, въ зависимости отъ характера и размѣровъ торговаго предпріятія.

Скорѣе и вѣрнѣе всего учащійся пріобрѣтетъ необходимыя познанія, изучая хорошіе образцы и упражняясь въ подражаніи имъ. Въ этомъ дѣлѣ ему окажутъ существенную пользу помѣщенныя ниже серіи писемъ.

Эти серіи писемъ подобраны такимъ образомъ, что каждая составляетъ одно законченное цѣлое, обнимая всѣ фазы какого либо предпріятія, начиная отъ завязыванія дѣловыхъ сношеній и кончая заключеніемъ сдѣлки. Отдѣльные примѣры выясняютъ различные способы, которыми можно придти къ желаемому концу.

Всѣ серіи писемъ размѣщены такимъ образомъ, чтобы учащійся шелъ постепенно отъ болѣе легкаго къ болѣе трудному.

По содержанію всѣ письма раздѣлены на 4 отдѣла, а именно:

Отдѣлъ А. — Продажа товаровъ.
,, В. — Банковое дѣло.
,, С. — Коммиссіонное дѣло.
,, Д. — Экспедиціонное дѣло.

Der kaufmännische Briefwechsel.

Der Briefwechsel des Kaufmanns hat die Erwerbung, Erhaltung und Erweiterung seiner geschäftlichen Beziehungen zur Aufgabe.

Der kaufmännische Brief ist in doppelter Hinsicht von Bedeutung:

1. stellt er die getroffenen Abmachungen fest und dient deshalb in Streitfällen als Beweismittel;
2. bildet er die Grundlage für die Eintragungen in die Geschäftsbücher.

Einen sachgemäßen Brief wird nur der verfassen können, der mit dem Entwickelungsgange des Geschäftes, über welches er schreibt, wohlvertraut ist und zugleich die zur Erledigung desselben erforderlichen geschäftstechnischen Kenntnisse besitzt. — Diese Kenntnisse allein aber befähigen noch nicht zur Abfassung eines guten kaufmännischen Briefes; der Korrespondent muß außerdem:

1. die im kaufmännischen Briefwechsel üblichen Ausdrucksformen beherrschen;
2. sich kurz, deutlich und sprachrichtig ausdrücken;
3. für übersichtliche Anordnung des Brieftextes sorgen.

In dieser Beziehung theoretische Anweisungen zu erteilen ist zwecklos, weil die Ansprüche außerordentlich verschieden sind und die Ausdrucksformeln je nach Art und Umfang des Geschäftes wesentlich voneinander abweichen.

Durch eingehendes Studium und gewissenhafte Nachahmung geeigneter Vorbilder wird der Lernende am schnellsten und sichersten in den Besitz der erforderlichen Kenntnisse gelangen. Die folgenden, dem Verkehrsleben der Gegenwart entlehnten Briefgruppen sollen ihm dabei behilflich sein.

Jede dieser Gruppen behandelt einen Geschäftsgang, d. h. sie umfaßt alle Verhandlungen, die von der Anbahnung bis zur Abwickelung des betreffenden Geschäfts geführt worden sind. Die verschiedenen Möglichkeiten, wie ein und derselbe Geschäftsgang sich abwickeln kann, sind in den einzelnen Beispielen berücksichtigt worden.

Die Gruppen sind untereinander so geordnet, daß der Lernende vom Leichteren zum Schwereren geführt wird.

Dem Inhalt nach behandelt die Sammlung in vier getrennten Abteilungen:

Abteilung A das Warengeschäft;
„ B „ Bankgeschäft;
„ C „ Kommissionsgeschäft;
„ D „ Speditionsgeschäft.

Въ началѣ каждаго отдѣла помѣщены краткія общія замѣчанія о характерѣ данныхъ торговыхъ операцій, а передъ каждой серіей писемъ находится конспектъ всѣхъ писемъ данной серіи, чтобы читающему сразу сталъ понятенъ весь ходъ переписки.

Въ концѣ книги вмѣстѣ съ образцами векселей и пр. помѣщенъ цѣлый рядъ подобныхъ конспектовъ, разработка которыхъ въ цѣлыя письма послужитъ весьма полезнымъ упражненіемъ для учащагося.

A. Продажа товаровъ.

При продажѣ товаровъ мы будемъ имѣть дѣло со слѣдующаго рода письмами:

a) Запросы о качествѣ и цѣнахъ товаровъ;
b) Предложенія;
c) Заказы;
d) Подтвержденія полученія заказовъ и увѣдомленія объ исполненіи ихъ;
e) Уплата по счетамъ (покрытіе фактурныхъ суммъ);
f) Подтвержденіе полученія платежей.

Кромѣ того въ отдѣльныхъ случаяхъ письма могутъ заключать:

g) Освѣдомленія или справки;
h) Изъявленія неудовольствія или жалобы;
i) Напоминанія объ уплатѣ денегъ.

a) Запросы о качествѣ и цѣнахъ товаровъ.

Одна изъ существенныхъ задачъ купца заключается въ томъ, чтобы обезпечить себѣ наиболѣе выгодный путь пріобрѣтенія товара. Если онъ получитъ мало предложеній, или сдѣланныя предложенія покажутся ему недостаточными, то онъ самъ начнетъ запрашивать различныхъ поставщиковъ и отдастъ затѣмъ предпочтеніе наиболѣе выгодному предложенію.

Эти запросы могутъ быть сдѣланы устно, по телефону, по телеграфу или при помощи письма, и могутъ касаться качества, количества и цѣны товара, а также и условій поставки.

Во избѣжаніе недоразумѣній обыкновенно принято подтверждать письмомъ всѣ сдѣлки, заключенныя устно, по телефону или по телеграфу.

Die jeder Abteilung vorangehenden Erläuterungen sollen einen allgemeinen Überblick über die Gattung vermitteln, während die den einzelnen Geschäftsgängen vorgedruckten Inhaltsangaben den geschäftlichen Vorgang beleuchten sollen. Diese Inhaltsangaben mögen zugleich als Anleitung zur Ausarbeitung der Aufgaben dienen.

A. Das Warengeschäft.

Im Warengeschäft kommen hauptsächlich folgende Briefgattungen in Betracht:

a) Anfragen (Bitte um Preisanstellung);
b) Anträge (Angebote, Anerbieten, Offerten);
c) Bestellungen (Aufträge, Orders);
d) Auftragsbestätigungen oder Ausführungsanzeigen mit Rechnung;
e) Begleichung der Rechnung (Anschaffung, Zahlung, Regulierung);
f) Empfangsbestätigungen (Empfangsanzeigen).

In einzelnen Fällen werden noch hinzukommen:

g) Erkundigungen;
h) Beschwerden (Reklamationen);
i) Mahnungen.

a) Anfragen (Bitte um Preisanstellung).

Eine wesentliche Aufgabe des Kaufmanns besteht darin, sich für seine Ware die billigsten Bezugsquellen zu sichern. Fehlt es ihm an Angeboten, oder erscheint ihm das Gebotene ungenügend, so wird er bei verschiedenen Lieferanten Umfrage halten und unter den eingehenden Angeboten seine Wahl treffen.

Anfragen können mündlich, telephonisch, telegraphisch oder brieflich erfolgen; sie erstrecken sich auf Beschaffenheit (Qualität), Menge (Quantität), Preis und Lieferungsbedingungen.

Für gewöhnlich bestätigt der vorsichtige Geschäftsmann brieflich die persönlich, telephonisch oder telegraphisch eingezogenen Erkundigungen sowie die Antworten, die er darauf erhalten hat.

b) Предложенія.

Предложенія товаровъ могутъ быть сдѣланы устно, часто при посредствѣ разъѣздныхъ приказчиковъ, представителей, торговыхъ агентовъ или коммиссіонеровъ. Точно также предложеніе можно сдѣлать по телефону, по телеграфу или при помощи письма.

Предложенія, разсылаемыя по почтѣ большому кругу покупателей, обыкновенно печатаются (предложенія при помощи циркуляровъ). Такіе циркуляры обыкновенно датируются „числомъ почтоваго штемпеля" и нерѣдко имѣютъ форму прейсъ-курантовъ.

Рукописныя предложенія часто сопровождаются посылкой образцовъ и нерѣдко относятся къ одной опредѣленной партіи товара, при чемъ точно обозначается: качество, количество и цѣна товара, а равно и условія поставки.

Въ такомъ случаѣ дѣлающій предложеніе обязанъ поставить товаръ на указанныхъ условіяхъ, если ему будетъ своевременно сдѣланъ заказъ. Если онъ не хочетъ связать себя подобнымъ обязательствомъ, то долженъ оговорить это въ письмѣ словами „безъ обязательства" и т. п.

c) Заказы.

Заказы должны содержать ясное и точное указаніе качества, количества и цѣны товара, если заказчикъ лимитируетъ эту послѣднюю. Кромѣ того при заказѣ часто сообщаются данныя объ упаковкѣ, способѣ пересылки товара и покрытіи суммы фактуры.

Если заказчикъ можетъ сослаться на прежніе заказы, то, во избѣжаніе повторенія, онъ можетъ сдѣлать заказъ „на прежнихъ условіяхъ".

d) Подтвержденія полученія заказовъ, увѣдомленія объ исполненіи таковыхъ; счета.

Если заказъ не можетъ быть исполненъ немедленно, то слѣдуетъ послать заказчику подтвержденіе полученія заказа и при этомъ повторить подробности заказа, чтобы предотвратить возникновеніе въ будущемъ какихъ-либо недоразумѣній.

Если заказъ исполняется немедленно, то вмѣсто подтвержденія полученія такового пишется увѣдомленіе объ исполненіи его, при чемъ посылается фактура или счетъ.

Увѣдомленіе объ исполненіи должно заключать:

1. Указаніе времени поступленія заказа и способа полученія его (по телефону, по телеграфу, по почтѣ, черезъ представителя и т. д.);
2. Указаніе времени исполненія заказа и способа отправки;
3. Исчисленіе стоимости товара и просьба записать фактурную сумму въ кредитъ счета отправителя;
4. Условія, касающіяся покрытія фактурныхъ суммъ;
5. Просьбу о дальнѣйшихъ заказахъ.

b) Anträge (Anerbieten, Preisanstellung, Offerte).

Anträge können unmittelbar (direkt) oder mittelbar (indirekt) gemacht werden.

Indirekte Anerbieten erfolgen durch Auslegen der Ware an der Verkaufsstelle oder durch Vermittlung von Reisenden, Agenten, Kommissionären.

Direkte Anerbieten können persönlich, telephonisch, telegraphisch oder schriftlich gemacht werden.

Die schriftlichen Anerbietungen sind entweder allgemein gehalten und für einen größeren Kundenkreis berechnet (Zirkularanerbieten), oder sie tragen den Bedürfnissen des einzelnen Kunden Rechnung (briefliche Anerbieten).

Häufig gehen mit den brieflichen Anerbieten zugleich Warenproben und Preislisten an die Adressaten ab.

Lautet das Anerbieten auf einen bestimmten Warenposten, oder sind Qualität, Quantität, Preis und Lieferungsbedingungen angegeben, so ist der Verkäufer verpflichtet zu liefern.

Will er sich das Verfügungsrecht über die dem Käufer angestellte Ware vorbehalten, so muß er seinem Antrag das Wort „freibleibend" beifügen.

c) Bestellungen (Aufträge, Orders).

Bei Bestellungen müssen Beschaffenheit, Menge und Preis der geforderten Ware genau angegeben sein; häufig wird man dem Auftrag Vorschriften über Verpackung, Versendung und Zahlung hinzufügen.

Kann sich der Besteller auf früher erteilte Aufträge beziehen, so vermeidet er die Wiederholung dieser Angaben durch den Zusatz „wie gehabt".

d) Ausführungs- und Versandanzeigen; Rechnungen.

Kann ein Auftrag nicht sofort erledigt werden, so wird dem Auftraggeber vorläufig der Eingang desselben angezeigt. Zur Verhütung von Mißverständnissen wird die Bestellung in der Auftragsbestätigung wiederholt, oder es wird dem Briefe eine Kommissionskopie beigelegt.

Ist der Auftrag sofort ausführbar, so tritt an die Stelle der Auftragsbestätigung entweder die Versandanzeige oder der Fakturenbrief oder die Rechnung.

Die Versandanzeige oder der Text des Fakturenbriefes enthält:

1. Datum und Form der Bestellung (durch Telephon, Depesche, Brief, Vertreter);
2. Datum der Ausführung und Form der Versendung;
3. Rechnungsbetrag nebst Bitte um dessen Gutschrift;
4. Abmachungen bezüglich der Zahlung;
5. Bitte um weitere Aufträge.

Въ самой фактурѣ или счетѣ должны быть указаны:

1. Имя или фирма отправителя товара (продавца);
2. Мѣсто и время составленія фактуры или счета;
3. Имя или фирма получателя товара (покупателя);
4. Знаки и номеръ, а также родъ упаковки (ящикъ, бочка и т. п.);
5. Количество (размѣры, вѣсъ), наименованіе и цѣна товара;
6. Способъ отправки (съ посыльнымъ, на лошадяхъ, по почтѣ, по морю, по желѣзной дорогѣ: малой, большой скоростью);
7. Способъ уплаты (наложенный платежъ, тратта и т. п.).

Кромѣ того могутъ быть сдѣланы указанія относительно срока поставки, страхованія товара въ пути, условій возврата тары, права заявлять неудовольствіе и т. п.

e) Уплата по счетамъ, покрытіе фактурныхъ суммъ.

Покрытіе фактурныхъ суммъ можетъ быть весьма разнообразнымъ, а именно мы различаемъ время, мѣсто, форму и родъ платежа.

Время. Платежъ можетъ быть произведенъ „впередъ", или вскорѣ послѣ полученія товара (разсчетъ наличными не позднѣе 30 дней послѣ полученія товара), или же наконецъ въ извѣстный, заранѣе опредѣленный срокъ.

Наложенный платежъ есть также своего рода платежъ впередъ, такъ какъ обусловливаетъ выдачу товара лишь послѣ уплаты причитающихся за него денегъ.

Мѣсто и родъ платежа. Платежъ можетъ быть произведенъ:

1. По мѣсту жительства кредитора (денежные взносы).
2. По мѣсту жительства должника (инкассированіе).
3. Переносомъ суммъ съ одного счета на другой при посредствѣ банка (виременты, операціи по условному текущему счету).

Форма. Платежъ можетъ быть произведенъ:

Наличными деньгами: золото, серебро, кредитные билеты;

Цѣнными бумагами: векселя, чеки, переводы;

Товаромъ.

Если товаръ купленъ на срокъ и покупатель уплачиваетъ за него въ указанный срокъ, то онъ обязанъ внести всю сумму полностью, если же онъ платитъ раньше срока, то имѣетъ право сдѣлать скидку со счета. Подобная скидка (дисконтъ) вообще производится нерѣдко при уплатѣ наличными и опредѣляется въ видѣ извѣстнаго процента (не годового) съ суммы счета. Напр. скидка въ 3% со счета въ 1000 руб., которые слѣдуетъ уплатить черезъ три мѣсяца, составитъ 30 руб.

Die Rechnung selbst muß folgende Angaben enthalten:

1. Namen oder Firma des Absenders der Ware (Verkäufers);
2. Ort und Zeit der Ausstellung der Rechnung;
3. Namen oder Firma des Empfängers der Ware (Käufers);
4. Zeichen und Nummer sowie Art der Verpackung (Faß, Kiste, Sack etc.);
5. Menge (Anzahl, Maß, Gewicht), Namen und Preis der Ware;
6. Beförderungsart (Bote, Fuhrmann, Post, Schiff, Bahn: Eilgut, Frachtgut);
7. Angaben über Zahlung (Anschaffung, Regulierung).

Außerdem können noch Lieferungsfristen vereinbart, Versicherung der Ware auf dem Transport vorgesehen oder Bedingungen über Rücksendung der Verpackung, Zulässigkeit von Reklamationen usw. gestellt werden.

e) Begleichung der Rechnung (Zahlung, Anschaffung, Regulierung).

Die Erlegung des Rechnungsbetrags seitens des Käufers kann nach Zeit, Form und Art verschieden sein. Die Begleichung kann erfolgen:

a) „Zug um Zug", d. h. bei Übernahme der Ware;
b) „per Kasse", d. h. innerhalb einer kurzen Frist (10 bis 30 Tage) vom Datum der Faktur ab gerechnet;
c) „auf Ziel", d. h. nach einer im voraus bestimmten Frist;
d) „gegen Einsendung des Betrags" bei der Bestellung;
e) „gegen Nachnahme" durch die Post- und Bahnverwaltung.

Bar- und Zielkauf. Erfolgt die Bezahlung der Ware „Zug um Zug" oder „per Kasse", so spricht man von „Bar- oder Kontantkauf"; ist der Kaufpreis „auf Ziel" vereinbart, so bezeichnet man das Geschäft als Zeit- oder Zielkauf.

Zahlungsmittel:

a) Bargeld (Gold, Silber oder Banknoten);
b) Wertpapiere (Wechsel, Scheck, Anweisung);
c) Waren, die in Gegenrechnung gestellt (abgerechnet, verrechnet) werden.

Zahlungsformen:

a) Entrichtung des Betrags an der Kasse gegen Quittung;
b) Aushändigung des Betrags an den Verkäufer oder an dessen Bevollmächtigten (Reisenden, Agenten);
c) Zusendung des Betrags durch Vermittlung der Post (Postanweisung, Geldbrief);
d) Übertragung der Summe von einem Konto auf das andere (Giroverkehr).

Skonto. Käufer, die das vom Verkäufer gewährte Ziel in Anspruch nehmen, haben den vollen Fakturenpreis zu erlegen.

Käufer, welche vorziehen früher zu zahlen, können in der Regel einen Preisnachlaß beanspruchen, dessen Höhe sehr verschieden ist.

Im Warengeschäft pflegt die Höhe dieses Preisnachlasses in Prozenten ausgedrückt am Kopf der Faktur angegeben zu sein und wird meist Skonto, selten Rabatt oder Dekort genannt. Der für Skonto angegebene Prozentsatz bezieht sich auf die jeweilige Zahlungsfrist.

Sind also bei einer Rechnung von 1000 Mark, die in 3 Monaten zahlbar ist, 3% Skonto angegeben, so beträgt der Preisnachlaß bei Barzahlung 30 Mark.

Дисконтъ (Учетъ) векселей. Банки и частныя лица, принимая векселя до срока, также дѣлаютъ скидку съ суммы векселя, учитываютъ его, опредѣляя учетъ также въ видѣ процентовъ, но въ данномъ случаѣ уже годовыхъ. Напр. при принятіи векселя въ 1000 руб. за 3 мѣсяца до срока дисконтъ въ 3% составитъ 7 руб. 50 коп.

Принятіе платежей разъѣздными приказчиками можетъ имѣть мѣсто лишь тогда, когда они имѣютъ на то спеціальную довѣренность отъ хозяина фирмы.

Взысканіе. Если срокъ платежа по счету истекъ, то покрытіе до 200 руб. можно взыскать при посредствѣ почты (письмо съ наложеннымъ платежомъ). Нерѣдко также кредиторъ поручаетъ знакомой фирмѣ или банку, на мѣстѣ жительства должника, получить съ него данную сумму подъ расписку, о чемъ предварительно посылается увѣдомленіе самому должнику.

Переносъ суммы съ одного счета на другой возможенъ только въ томъ случаѣ если и продавецъ и покупатель имѣютъ условный текущій счетъ въ одномъ и томъ-же банкѣ.

Красный чекъ. Переносъ суммы съ одного счета на другой производится Государственнымъ банкомъ безплатно, при чемъ данная операція совершается при помощи краснаго, исключительно именного чека.

Бѣлый чекъ. Если лицо, имѣющее условный текущій счетъ, желаетъ распорядиться выдачей извѣстной суммы за свой счетъ, то пользуется для этой операціи бѣлымъ чекомъ, который можетъ быть „на предъявителя" или именнымъ.

Двойная квитанція или расписка. При платежѣ за счетъ третьяго лица обыкновенно даютъ двойную квитанцію, при чемъ въ обѣихъ квитанціяхъ должно быть упомянуто, что „квитанція выдана въ двухъ экземплярахъ, имѣющихъ силу только одной."

f) Подтвержденіе полученія платежей.

Полученіе платежа должно быть подтверждено письмомъ, въ которомъ слѣдуетъ указать размѣръ полученной суммы, размѣръ скидки, если таковая была сдѣлана, и вкратцѣ содержаніе сдѣланной бухгалтерской записи. Такое увѣдомленіе часто оканчивается словами благодарности за присланное покрытіе и предложеніями дальнѣйшихъ услугъ.

Diskont. Im Bankgeschäft wird auf Wechsel, die noch nicht fällig sind, ebenfalls ein Preisnachlaß als Entschädigung für die Zinsen berechnet, welche bis zur Einlösung der Wechsel laufen. Auch dieser Preisnachlaß wird nach Prozenten berechnet und heißt Diskont. Der für Diskont angegebene Prozentsatz bezieht sich auf das Jahr.

Sind also bei einem Wechsel von 1000 Mark, der in 90 Tagen fällig ist, 3% Diskont zu berechnen, so beträgt der Preisnachlaß bei Begebung desselben 7,50 Mark.

Annahme von Geldbeträgen. Handlungsreisende sind kraft ihrer Stellung zur Erhebung von Geldern bei der Kundschaft befugt, dagegen müssen Agenten zur Entgegennahme von Zahlungen besonders bevollmächtigt sein.

Einziehung von Geldbeträgen. Fällig gewordene Rechnungsbeträge können durch Vermittlung der Post (Postaufträge, Postnachnahmekarten) eingezogen werden. — Mitunter beauftragt der Gläubiger einen Geschäftsfreund oder ein Bankhaus am Platze des Schuldners, den Betrag gegen Quittung zu erheben, nachdem er den Schuldner zuvor brieflich von diesem Schritte verständigt hat.

Überweisung. Die Begleichung des Rechnungsbetrags durch Überweisung kann nur erfolgen, wenn Käufer und Verkäufer bei demselben Bankhause Girokonto haben. Sie erfolgt durch Übertragung der vom Auftraggeber bezeichneten Summe von dessen Konto auf das Konto des andern Girokunden.

Roter Scheck. Die Reichsbank besorgt diese Übertragungen für ihre Girokontoinhaber kostenlos und in jeder beliebigen Höhe, gleichviel ob die Überweisungen auf denselben Platz lauten oder nach einem anderen Orte bestimmt sind, an dem die Bank eine Zweiganstalt unterhält.

Zu Übertragungen auf Konten an demselben oder an einem auswärtigen Bankplatze sind rote Scheckformulare bestimmt, die die Reichsbank kostenlos in Heften von mindestens 50 Stück an ihre Girokunden abgibt. Diese Scheckbücher sind sorgfältig aufzubewahren.

Weißer Scheck. Bare Abhebungen erfolgen durch weiße Schecks, welche auf eine bestimmte Firma lauten und zur Erhebung von Bargeld an den Überbringer dienen.

Doppelquittung. Bei Zahlungen für Rechnung dritter werden die Quittungen oft doppelt ausgestellt; sie tragen dann den Vermerk „doppelt für einfach gültig“.

f) Empfangsbestätigungen (Empfangsanzeigen).

Der Eingang einer Geldsendung wird dem Absender vom Empfänger durch Brief oder Postkarte bestätigt. Die Empfangsanzeige gibt den Betrag, das Zahlungsmittel, etwaige Abzüge für Skonto etc. und die Verbuchung an, die das Geld gefunden hat. Sie schließt gewöhnlich mit einem Worte des Dankes und der Empfehlung zu ferneren Diensten.

Продажа товаровъ.

Кофе.

1. Танфани и Ко. въ Одессѣ, печатаннымъ циркуляромъ, помѣченнымъ числомъ почтоваго штемпеля, предлагаютъ своимъ покупателямъ кофе различныхъ сортовъ.

2. 10 Августа 19.. года Танфани и Ко. повторяютъ письменно свое предложеніе А. Г. Гриценко въ Кіевѣ и съ той-же почтой посылаютъ прейсъ-курантъ и образцы.

3. 15 Августа 19.. года А. Г. Гриценко подтверждаетъ полученіе предложенія и дѣлаетъ заказъ.

4. 17 Августа 19.. года Танфани и Ко. увѣдомляютъ объ исполненіи заказа и высылаютъ фактуру.

5. 28 Августа 19.. года А. Г. Гриценко высылаетъ покрытіе по почтѣ, сдѣлавъ скидку за платежъ наличными.

6. 29 Августа 19.. года Танфани и Ко. подтверждаютъ открытымъ письмомъ полученіе покрытія.

1.

Г. Танфани и Ко.
Импортъ — Экспортъ
Телефонъ № 315.

Одесса, 19.. г.
Число почтоваго штемпеля.

М. Г.

Симъ имѣемъ честь увѣдомить Васъ, что нами получено, изъ первыхъ рукъ, нѣсколько партій прекраснаго кофе, каковой мы можемъ предложить Вамъ, франко станція назначенія, по слѣдующимъ цѣнамъ

Кофе „Ріо“, средней доброты, смотря по качеству	по	17,20—18,00	руб.	за	пудъ
Сантосъ, высшаго качества	„	18,05—19,00	„	„	„
Явайскій	„	18,50—20,00	„	„	„
Менадо	„	21,00—23,00	„	„	„

Вмѣстѣ съ тѣмъ считаемъ необходимымъ сообщить Вамъ, что повышеніе цѣнъ на мѣстѣ, начавшееся въ концѣ прошлаго года, все еще продолжается, вслѣдствіе чего можемъ настоятельно рекомендовать Вамъ возможно скорѣе закупить необходимое Вамъ количество товара.

Надѣясь, что Вы почтите насъ Вашими заказами, остаемся

съ совершеннымъ почтеніемъ

Г. Танфани и Ко.

Briefe im Warengeschäft.

Kaffee.

1. Unter dem Datum des Poststempels offerieren Blank & Co., Leipzig, durch gedrucktes Zirkular ihrer Kundschaft besonders preiswerte Kaffees.

2. Am 10. August 19 . . wiederholen Blank & Co. brieflich ihre Offerte, da das Zirkular unbeantwortet geblieben ist; gleichzeitig überreichen sie Preisliste und Proben.

3. Am 15. August 19 . . bestätigt Richard Martin, Grimma, den Empfang des Antrags vom 10. d. M. und erteilt einen Auftrag.

4. Am 17. August 19 . . zeigen Blank & Co. mittels Fakturenbriefs an, daß der Auftrag ausgeführt ist.

5. Am 28. August 19 . . schickt Richard Martin den Rechnungsbetrag abzüglich Skonto per Post ein.

6. Am 29. August 19 . . bekennen sich Blank & Co. durch Postkarte zum Empfang des Geldes.

1.

Blank & Co.,
Kaffeeimport.
Fernsprecher No. 868.

Leipzig, Datum des Poststempels.

P. P.

Infolge günstiger Abschlüsse sind wir in der Lage, Ihnen folgende Kaffees in vorzüglicher Qualität zu den beistehenden sehr vorteilhaften Preisen unter bekannten Konditionen zu offerieren:

reell breitbohnigen Rio, je nach Qualität	85— 89	Pfennig.
„ Santos Perl	72— 98	„
gewaschenen Guatemala	74— 84	„
Preanger	95—105	„
Menado	110—125	„

Wir bemerken, daß die Ende vorigen Jahres begonnene Preissteigerung langsam fortschreitet und sich besonders in den billigsten Sorten sehr bemerkbar macht. Es empfiehlt sich deshalb, mit der Bestellung nicht zu zögern.

Hochachtungsvoll

Blank & Co.

2.

Г. Танфани и Ко.
Импортъ — Экспортъ
Телефонъ № 315.

Одесса, 10 Августа 19.. года.

Господину А. Г. Гриценко, Кіевъ.

Къ крайнему сожалѣнію нашему мы давно уже не получали отъ Васъ никакихъ заказовъ. Надѣемся, однако, что въ ближайшемъ будущемъ сношенія наши опять оживятся и посылаемъ Вамъ, одновременно съ этимъ письмомъ, нашъ новѣйшій прейсъ-курантъ и нѣсколько образцовъ кофе.

Обращаемъ Ваше особенное вниманіе на слѣдующіе два сорта, которые мы можемъ поставить Вамъ на прежнихъ условіяхъ, считая

№ 820 Менадо,	высшей доброты	по	22,50	руб.	за	пудъ
№ 842 Гватемала	„	„	„	17,00	„	„	„

Мы разсчитываемъ, что Вы воспользуетесь нашимъ предложеніемъ, въ ожиданіи чего пребываемъ

съ совершеннымъ почтеніемъ

Г. Танфани и Ко.

3.

Чайная и Колоніальная торговля
А. Г. Гриценко
Кіевъ, Крещатикъ, соб. домъ.

Кіевъ, 15 Августа 19.. года.

Господамъ Г. Танфани и Ко., Одесса.

Милостивые Государи.

Принося благодарность за прейсъ-курантъ и образцы кофе, присланные при письмѣ Вашемъ отъ 15 с. м., спѣшу увѣдомить Васъ, что въ настоящее время мнѣ не требуется предлагаемыхъ Вами сортовъ. Наоборотъ, я просилъ бы Васъ выслать мнѣ малой скоростью

2 мѣшка кофе Мартиника	по	22,00	руб.	за	пудъ
1 кипу кофе ямайскаго	„	18,50	„	„	„

Въ ожиданіи немедленнаго исполненія моего заказа остаюсь

съ совершеннымъ почтеніемъ

А. Г. Гриценко.

2.

Blank & Co.,
Kaffeeimport.
Fernsprecher No. 868.

Leipzig, den 10. August 19..

Herrn Richard Martin, Grimma.

Zu unserem Bedauern vermissen wir seit längerer Zeit Ihre geschätzten Aufträge.

Wir übersandten Ihnen heute per Post unsere soeben zur Ausgabe gelangte Preisliste für rohe und geröstete Kaffees zur gefl. Durchsicht.

Außerdem bemusterten wir Ihnen als besonders preiswert, ab hier, zu den bekannten Bedingungen:

No. 820	ff. Menado	per $^1/_2$ kg	à	120 Pf.
„ 842	ff. Guatemala	„ „ „	à	82 „

Es würde uns freuen, wenn diese Kaffees Ihren Beifall fänden, und Sie uns Ihre geschätzten Aufträge überschreiben wollten.

Hochachtungsvoll

Blank & Co.

3.

Richard Martin,
Kolonialwaren.

Grimma, den 15. August 19..

Herren Blank & Co., Leipzig.

Im Besitz Ihres Geehrten vom 10. d. M. danke ich Ihnen für gefl. Zusendung der Preisliste und Proben.

Für die mir bemusterten Kaffees habe ich augenblicklich keine Verwendung. Dagegen bitte ich Sie, mir als Frachtgut zu senden:

2	Sack Salem Plantagen	à ℳ	1,10
1	„ ff. Santos reell breitbohnig	à „	0,65

Ich rechne auf umgehende Erledigung meines Auftrags und zeichne

hochachtungsvoll

Richard Martin.

4.

Г. Танфани и Ко.
Импортъ — Экспортъ
Телефонъ № 315.

Одесса, 17 Августа 19.. года.

Господину А. Г. Гриценко, Кіевъ.

Подтверждая полученіе почт. письма Вашего отъ 15 Августа с. г., извѣщаемъ Васъ объ исполненіи Вашего заказа и прилагаемъ при семъ фактуру на

Руб. 267,20,

каковую сумму просимъ занести въ кредитъ нашего счета.

Въ ожиданіи Вашихъ дальнѣйшихъ заказовъ, пребываемъ

съ совершеннымъ почтеніемъ
Г. Танфани и Ко.

Г. Танфани и Ко. Одесса, 17 Августа 19.. года.

Счетъ

Господину А. Г. Гриценко, Кіевъ.

Отправлено Вамъ, согласно Вашему заказу, за Вашъ счетъ и рискъ по желѣзной дорогѣ, малой скоростью, срокомъ на 3 мѣсяца.

Знаки	число мѣстъ	Наименованіе товаровъ	цѣна за пудъ		сумма	
			руб.	коп.	руб.	коп.
Г. Т.						
25	2	Мѣшк. кофе Мартиника, вѣсъ нетто 9 пуд.	22	—	198	—
26	1	Кипа кофе Ямайскаго, вѣсъ нетто 3 пуд. 8 ф.	18	50	69	20
		Итого:			267	20

5.

Чайная и колоніальная торговля
А. Г. Гриценко
Кіевъ, Крещатикъ, соб. домъ.

Кіевъ, 28 Августа 19.. года.

Господамъ Г. Танфани и Ко., Одесса.

Милостивые Государи.

Въ покрытіе Вашего счета отъ 17 Августа с. г. на
Руб. 267,20 при семъ высылаю Вамъ за
вычетомъ скидки 2% „ 5,35
всего Руб. 261,85.

Прошу Васъ подтвердить полученіе означенной суммы и остаюсь

съ совершеннымъ почтеніемъ
А. Г. Гриценко.

4.

Blank & Co.,
Kaffeeimport.
Fernsprecher No. 868.

Leipzig, den 17. August 19..

Herrn Richard Martin, Grimma.

Über den uns am 15. d. M. brieflich *erteilten Auftrag beehren wir uns, Ihnen untenstehende Faktur zu erteilen, deren Betrag Sie uns mit:*

ℳ 437,95 *gefl. gutschreiben wollen.*

Wir halten uns zu ferneren Aufträgen bestens empfohlen und zeichnen

hochachtungsvoll

Blank & Co.

Rechnung

für Herrn Richard Martin, Grimma
von
Blank & Co.

Ziel 3 Monate *oder per Kasse* mit $1^1/_4$% Skonto
innerhalb 14 Tagen vom Tage der Ausstellung ab.

Erfüllungsort Leipzig.

Reklamationen werden nur berücksichtigt, wenn sie innerhalb 8 Tagen, vom Empfang der Ware an gerechnet, erfolgen.

Wir sandten Ihnen auf Ihre Order, Rechnung und Gefahr ohne unsere Verantwortlichkeit für Gewichtsdifferenzen durch Bahn:

C P	2 Bll. ff. Salem Plantagen			
5 & 6	B° 160 T^a 2 Ntto. 158 à 1,10 per ½ kg . . .	ℳ	347	60
B & C	1 Bll. ff. Santos breitbohnig			
3228	B° 70 T^a ½ Ntto. 69½ à 65 per ½ kg . . .	„	90	35
		ℳ	437	95

5.

Richard Martin,
Kolonialwaren.

Grimma, den 28. August 19..

Herren Blank & Co., Leipzig.

Zum Ausgleich Ihrer Rechnung vom 17. d. M. übersende ich Ihnen beiliegend:

ℳ 432,45,
zuzüglich „ 5,50 $1^1/_4$ % Skonto
ℳ 437,95, wofür Sie mich unter gefl. Empfangsanzeige erkennen wollen.

Hochachtungsvoll

Richard Martin.

6.

Г. Танфани и Ко.
Импортъ — Экспортъ
Телефонъ № 315.

Одесса, 29 Августа 19.. года

Господину А. Г. Гриценко, Кіевъ.

Симъ подтверждаемъ полученіе

Руб. 261,85

въ покрытіе нашего счета отъ 17 с. м.

Принося благодарность за присылку означенной суммы, просимъ Васъ почтить насъ Вашими дальнѣйшими заказами и пребываемъ

съ совершеннымъ почтеніемъ

Г. Танфани и Ко.

6. (Postkarte.)

Herrn Richard Martin, Grimma.

Wir bekennen uns zum Empfange der uns mit Brief vom 28. August 19.. gefälligst übersandten:

ℳ 432,45, die wir nebst
„ 5,50 $1^1/_4$ % Skonto Ihrem werten Konto mit
ℳ 437,95 dankend gutschrieben.

Leipzig,
den 29. August 19..

Hochachtungsvoll
Blank & Co.

Игрушки.

7. 10 Декабря 19.. года П. М. Масловъ, Скопинъ, телеграммой заказалъ магазину Дойникова, Москва, 10 гроссовъ оловянныхъ солдатиковъ по 3 руб. за гроссъ.

8. 10 Декабря 19.. года телеграмма была подтверждена письмомъ.

9. 11 Декабря 19.. года Б. А. Дойниковъ, Москва, обѣщаетъ точно исполнить заказъ.

10. 17 Декабря 19.. года Б. А. Дойниковъ посылаетъ Маслову, Скопинъ, фактуру. Солдатики посланы въ трехъ посылкахъ по 7 фун. Покрытіе фактурной суммы должно быть внесено въ мѣстное агентство Московскаго Международнаго Торговаго Банка.

11. 17 Декабря 19.. года Б. А. Дойниковъ проситъ Скопинское агентство Московскаго Международнаго Торговаго Банка принять платежъ отъ П. М. Маслова и перевести на его счетъ въ Московское Отдѣленіе Государственнаго Банка.

12. 28 Декабря 19.. года П. М. Масловъ увѣдомляетъ, что соотвѣтственная сумма внесена имъ въ агентство Московскаго Международнаго Торговаго Банка и присылаетъ:

13. Одинъ экземпляръ двойной квитанціи, выданной вышеупомянутымъ агентствомъ.

7.

Телеграмма.

Дойникову, Москва.

Немедленно почтой десять гроссовъ солдатъ оловянныхъ по 3.

Масловъ.

Spielwaren.

7. Am 10. Dezember 19 . . bestellt Emil Sanders, Hannover, durch Telegramm bei R. Frank & Söhne, Sonneberg in Thüringen, 10 Dutzend Puppen.

8. Am 10. Dezember 19 . . bestätigt Emil Sanders, Hannover, dieses Telegramm brieflich.

9. Am 11. Dezember 19 . . sichern R. Frank & Söhne, Sonneberg, pünktliche Ausführung der Bestellung zu.

10. Am 17. Dezember 19 . . übersenden R. Frank & Söhne, Sonneberg, Fakturenbrief; die Puppen sind in 5 Postpaketen verschickt worden, der Rechnungsbetrag soll bei Vereinsbank, Hannover, eingezahlt werden.

11. Am 17. Dezember 19 . . beauftragen R. Frank & Söhne, Sonneberg, die Vereinsbank, Hannover, den Rechnungsbetrag bei Reichsbankstelle Erfurt für sie einzuzahlen.

12. Am 28. Dezember 19 . . benachrichtigt Emil Sanders, Hannover, die Lieferanten, daß er den Rechnungsbetrag bei Vereinsbank, Hannover, hinterlegt hat.

13. Am 28. Dezember 19 . . quittiert Vereinsbank, Hannover, auf Formular den empfangenen Rechnungsbetrag.

7.

Depesche unter dem Datum 10. Dezember 19 . .

Puppenfrank Sonneberg.

Sendet postwendend zehn Dutzend Puppen 712.

Sanders.

8.

П. М. Масловъ,
въ Скопинѣ.
Рязанская ул. домъ Сушкина.

Скопинъ, 10 Декабря 19.. года.

Господину Б. А. Дойникову, Москва.

Милостивый Государь.

Симъ подтверждаю мою телеграмму отъ сего числа

„немедленно почтой десять гроссовъ солдатъ оловянныхъ по 3".

Прошу Васъ прислать товаръ не позднѣе 18. с. м. Если Вы не можете исполнить заказъ къ сроку, то прошу считать таковой не состоявшимся.

Съ совершеннымъ почтенiемъ

П. М. Масловъ.

9.

Складъ игрушекъ
Б. А. Дойникова
Телефонъ 2567.
Условный текущiй счетъ въ
Москов. Отд. Государств. Банка.

Москва, 11 Декабря 19.. года.

Господину П. М. Маслову, Скопинъ.

Милостивый Государь.

Симъ подтверждаю полученiе Вашего заказа на

„10 гроссовъ оловянныхъ солдатиковъ по 3 руб." и

спѣшу увѣдомить Васъ, что товаръ будетъ отправленъ къ желаемому Вами сроку.

Въ ожиданiи Вашихъ дальнѣйшихъ заказовъ пребываю

съ совершеннымъ почтенiемъ

Б. Дойниковъ.

8.

Hannover, den 10. Dezember 19 . .

Herren R. Frank & Söhne, Sonneberg.

Ich bestätige mein heutiges Telegramm:

„Sendet postwendend zehn Dutzend Puppen 712“.

Die Ware muß spätestens am 18. d. M. hier eintreffen; andernfalls ich bitte die Zusendung zu unterlassen.

Achtungsvoll

Emil Sanders.

9.

Sonneberg, den 11. Dezember 19 . .

Herrn Emil Sanders, Hannover.

Ihren gefälligen Auftrag vom 10. d. M. auf:

10 Dutzend Puppen 712

haben wir vorgemerkt und werden Ihnen die Sendung rechtzeitig zugehen lassen.

Stets gern zu Ihren Diensten

hochachtungsvoll

p. pa. R. Frank & Söhne

R. Welter.

10.

Складъ игрушекъ
Б. А. Дойникова
Телефонъ 2567.
Условный текущій счетъ
въ Москов. Отд. Государств. Банка.

Москва, 17 Декабря 19.. года.

Господину П. М. Маслову, Скопинъ.

Милостивый Государь.

При семъ имѣю честь препроводить Вамъ счетъ на заказанный Вами товаръ всего на сумму

Руб. 29.—

Покрытіе счета благоволите внести, какъ прежде, въ Скопинское агентство Московскаго Международнаго Торговаго Банка.

Въ надеждѣ, что Вы останетесь довольны исполненіемъ заказа остаюсь

съ совершеннымъ почтеніемъ

При семъ 1 счетъ. Б. Дойниковъ.

Телефонъ 2567.

Адресъ для телеграммъ:
Москва Дойникову.

Складъ игрушекъ
Б. А. Дойникова

Игрушки русскихъ и иностранныхъ фабрикъ.

Садовыя игры.

Корзины.

Счетъ

Господину П. М. Маслову, Скопинъ.

Претензіи прошу заявлять не позднѣе 14 дней со дня написанія сего счета.

Знаки	Гроссовъ	Дюжинъ	Штукъ	*Отправлено Вамъ по почтѣ за Вашъ счетъ и рискъ*	Руб.	Коп.
	10			Солдатъ оловянныхъ		
				въ трехъ посылкахъ	30	—
				скидка 10%	3	—
					27	—
				Упаковка	—	50
				Пересылка	1	50
				Итого Руб.	29	—

„Подробные прейсъ-куранты высылаются безплатно“.

10.

Telephon No. 2614.
Depeschenadresse: Puppenfrank.
Girokonto: Reichsbankstelle Erfurt.

Sonneberg, den 17. Dezember 19 . .

Rechnung

für Herrn Emil Sanders, Hannover.

von R. Frank & Söhne.

Reklamationen werden nur 8 Tage nach Empfang der Ware berücksichtigt.
Konditionen: 4 Monat; per Kasse mit 3% Skonto, franko hier.

Kistenzeichen	*Gross*	*Dutzend*	*Stück*	*Wir senden Ihnen für Ihre Rechnung und Gefahr durch:* die Post 5 Pakete mit Adresse:		*Zahlbar in Erfurt*	
		10		Puppen 712	M	3	30	—
				·/. 10% Skonto	„		3	—
					M		27	—
				Packung	„		1	—
				Porto	„		2	50
				zur gefl. Gutschrift	M		30	50

Den Betrag belieben Sie wie früher bei Vereinsbank Hannover für unsere Rechnung zu erlegen.

Wir bitten um baldige Erneuerung Ihrer geschätzten Aufträge und empfehlen uns

hochachtungsvoll

R. Frank & Söhne.

11.

Складъ игрушекъ
В. А. Дойникова
Телефонъ 2567.
Условный текущій счетъ
въ Москов. Отдѣл. Госуд. Банка.

Москва, 17 Декабря 19.. года.

Въ Скопинское Агентство Московскаго Международнаго Торговаго Банка.

Симъ имѣю честь увѣдомить Васъ, что г. П. М. Масловъ тамъ, долженъ внести Вамъ небольшую сумму, причитающуюся мнѣ за поставленный ему товаръ. Благоволите принять этотъ платежъ и перевести на мой счетъ въ Московское Отдѣленіе Государственнаго Банка.

Съ совершеннымъ почтеніемъ

Б. Дойниковъ.

12.

П. М. Масловъ
въ Скопинѣ
Рязанская ул. домъ Сушкина.

Скопинъ, 28 Декабря 19.. года.

Господину Б. А. Дойникову, Москва.

Милостивый Государь.

Въ покрытіе счета Вашего отъ 17 с. м. мною внесена сегодня въ Скопинское агентство Московскаго Международнаго Торговаго Банка сумма въ

руб. 29.—,

каковую прошу Васъ записать въ кредитъ моего счета.

При семъ препровождаю расписку банка въ полученіи денегъ и остаюсь

съ совершеннымъ почтеніемъ

П. Масловъ.

13.

Скопинъ, 28 Декабря 19.. года.

Получено нами отъ г. П. М. Маслова здѣсь

по порученію и за счетъ } Господина Б. А. Дойникова, Москва

двадцать девять рублей

въ чемъ дана двойная расписка, которой одинъ только экземпляръ имѣетъ силу.

гербовая марка

Руб. 29.—

Скопинское Агентство Московскаго Международнаго Торговаго Банка.

(подписи).

11.

Sonneberg, den 17. Dezember 19 . .

Vereinsbank, Hannover.

Herr Emil Sanders, dort, wird demnächst für unsere Rechnung bei Ihnen einen kleineren Betrag erlegen, den Sie gefl. mit der Reichsbankstelle Erfurt zu unseren Gunsten verrechnen wollen.

Hochachtungsvoll

R. Frank & Söhne.

12.

Hannover, den 28. Dezember 19 . .

Herren R. Frank & Söhne, Sonneberg.

Zum Ausgleich der mir am 17. Dezember a. c. gesandten Rechnung erlegte ich heute bei der hiesigen Vereinsbank:

	ℳ 29,60
die Sie zuzüglich 3 % Skonto	„ —,90
mit	ℳ 30,50

zur Entlastung meines Kontos verwenden wollen.

Achtungsvoll

Emil Sanders.

13.

Vereinsbank, Hannover.

No. 116 A | *Für* ℳ 29,60

Hannover, 28. Dezember 19 . .

Wir beehren uns, Ihnen doppelt *nur für einfach gültig anzuzeigen, daß uns heute von*

Herrn Emil Sanders, hier,

im Auftrage } Ihre eigene
und für Rechnung }

Mark Neunundzwanzig 60/100

erlegt wurden, welche wir Ihnen unter besonderer Aufgabe gutbringen.

Hochachtungsvoll

Herren R. Frank & Söhne, Sonneberg.

Vereinsbank.

Wilk. Klein.

Вязаныя издѣлія.

14. 1 Августа 19.. г. Ѳ. К. Колесниковъ, Москва подтверждаетъ Акц. Об. чулочной фабрики въ Петербургѣ заказъ, данный по телефону; поставка товара должна состояться въ сентябрѣ.

15. 2 Августа 19.. г. Акц. Об. чулочной фабрики подтверждаетъ полученіе заказа.

16. 25 Сентября 19.. г. Акц. Об. чулочной фабрики въ Петербургѣ сообщаетъ объ исполненіи заказа.

17. 25 Сентября 19.. г. Акц. Об. чулочной фабрики въ Петербургѣ высылаетъ Ѳ. К. Колесникову фактуру на отправленный товаръ.

18. 26 Сентября 19.. г. Московское Общество Страхованія и Транспортированія кладей спрашиваетъ Ѳ. К. Колесникова въ Москвѣ распоряженій относительно принятаго для отправки товара.

19. 27 Сентября 19.. г. Ѳ. К. Колесниковъ проситъ переслать товаръ на его имя въ Москву.

20. 30 Сентября 19.. г. Ѳ. К. Колесниковъ увѣдомляетъ чулочную фабрику о переводѣ денегъ черезъ Государственный Банкъ.

21. 2 Октября 19.. г. Чулочная фабрика подтверждаетъ полученіе перевода.

14.

Складъ чулокъ, фуфаекъ
и
другихъ вязаныхъ издѣлій
Ѳ. К. Колесникова
въ Москвѣ.
Телефонъ № 13.

Москва, 1 Августа 19.. г.

Въ главную контору Акціонернаго Общества Чулочной Фабрики,
Петербургъ.

Вслѣдствіе только что происходившаго разговора нашего по телефону симъ подтверждаю заказъ мой на

100 дюжинъ носковъ № 246 по 2 руб.
150 „ чулокъ шерстяныхъ № 316 по 8 руб.,

данный на слѣдующихъ условіяхъ: срокъ поставки—конецъ сентября, при платежѣ въ теченіе 30 дней со скидкой въ 2%.

Благоволите сдать товаръ Московскому Обществу Страхованія и Транспортированія кладей, которому я сообщу свои инструкціи относительно дальнѣйшей отправки.

Прошу Васъ выполнить заказъ возможно тщательно и немедленно подтвердить мнѣ полученіе его.

Съ совершеннымъ почтеніемъ
Ѳ. Колесниковъ.

Strickwaren.

14. Am 1. August 19.. bestätigt Alfred Krause, Riesa a/Elbe, der Chemnitzer Tricotagenfabrik, A.-G., Chemnitz i. S., den soeben telephonisch erteilten Auftrag auf eine Lieferung per September.

15. Am 2. August 19.. bestätigt die Chemnitzer Tricotagenfabrik, A.-G., Chemnitz i. S., diesen Auftrag.

16. Am 25. September 19.. meldet die Chemnitzer Tricotagenfabrik, A.-G., Chemnitz i. S. die Ausführung des Auftrags.

17. Am 25. September 19.. überreicht die Chemnitzer Tricotagenfabrik, A.-G., Chemnitz i. S. Alfred Krause, Riesa a/E., Faktur.

18. Am 26. September 19.. bitten Spediteure J. Schneider & Co., Chemnitz i. S., durch Postkarte, Alfred Krause, Riesa a/E., über die Ware zu verfügen.

19. Am 27. September 19.. ordnet Alfred Krause, Riesa a/E., an, ihm die Strickwaren zuzusenden.

20. Am 30. September 19.. meldet Alfred Krause, Riesa a/E., der Chemnitzer Tricotagenfabrik, A.-G., daß er den Fakturenbetrag bei der Reichsbank angewiesen habe.

21. Am 2. Oktober 19.. quittiert die Chemnitzer Tricotagenfabrik, A.-G., Chemnitz i. S., über den Empfang des Geldes.

14.

Alfred Krause.
Telephon No. 13.

Riesa a/E., den 1. August 19..

Chemnitzer Tricotagenfabrik, A.-G., Chemnitz.

Unter Bezugnahme auf die soeben gehabte telephonische Besprechung wiederhole ich hiermit den Ihnen erteilten Auftrag auf:

100	Dtzd. Strümpfe	No. 246	à	*M*	3,—
150	„ „	„ 316	à	„	3,50

lieferbar per Ende September, gegen 30 Tage Ziel bei 2 % Skonto; Verpackung franko.

Die Sendung belieben Sie wie bisher zur Verfügung der Herren J. Schneider & Co., dort, zu halten, denen ich Versandauftrag erteilen werde.

Sorgfältigster Ausführung meines Auftrags, dessen umgehende Bestätigung ich mir erbitte, gewärtig, zeichne ich

hochachtungsvoll

Alfred Krause.

15.

**Акціонерное Общество Чулочной фабрики
въ Петербургѣ.
Адресъ для телеграммъ: Петербургъ Чулокъ.
Телефонъ № 416.**

Петербургъ, 2/VIII 19.. г.

Господину Θ. К. Колесникову, Москва.

Симъ подтверждаемъ, что нами принятъ отъ Васъ заказъ на

100 дюжинъ носковъ № 246 по 2 руб.
150 „ чулокъ шерстяныхъ № 316 по 8 руб.

при условіи поставки въ концѣ сентября и уплаты въ теченіе 30 дней со скидкой въ 2%.

Мы приложимъ всѣ старанія къ наилучшему исполненію Вашего заказа и, въ надеждѣ на полученіе дальнѣйшихъ порученій Вашихъ, пребываемъ

съ совершеннымъ почтеніемъ

За директора Акціонернаго Общества Чулочной Фабрики

Е. Грюнбергъ.

16.

**Акціонерное Общество Чулочной фабрики
въ Петербургѣ.
Адресъ для телеграммъ: Петербургъ Чулокъ.
Телефонъ № 416.**

Петербургъ, 25 Сентября 19.. г.

Господину Θ. К. Колесникову, Москва.

Симъ имѣемъ честь увѣдомить Васъ, что заказъ Вашъ отъ 1 Августа с. г. нами исполненъ и согласно предписанію товаръ сданъ Московскому Обществу Страхованія и Транспортированія кладей.

При семъ посылаемъ Вамъ фактуру, причитающеюся по которой суммою въ

Руб. 1400.— благоволите кредитовать нашъ счетъ.

Ожидая Вашихъ дальнѣйшихъ порученій пребываемъ

съ совершеннымъ почтеніемъ

За директора Акціонернаго Общества Чулочной фабрики

Е. Грюнбергъ.

15.

Chemnitzer Tricotagenfabrik, A.-G.,
Chemnitz.
Girokonto bei der Reichsbank.
Girokonto bei der Sächs. Bank.
Telegrammadresse: Tricotnolte.
Telephonanschluß No. 416.

Chemnitz, den 2. August 19..

Herrn Alfred Krause, Riesa a/E.

Hierdurch bestätigen wir Ihnen dankend den uns gestern erteilten Auftrag auf:

100 Dutzend Strümpfe No. 246 à ℳ 3,—
150 „ „ „ 316 à „ 3,50

per Ende September, gegen Kasse mit 2% Skonto.

Wir werden die Bestellung sorgfältig ausführen und halten uns für ferneren Bedarf bestens empfohlen.

Hochachtungsvoll
Chemnitzer Tricotagenfabrik, A.-G.
Richard Nolte.

16.

Mitteilung

von

Chemnitzer Tricotagenfabrik, A.-G., Chemnitz.

(*Kopierfähig.*) Chemnitz, den 25. September 19..

An die Firma J. Schneider & Co., Chemnitz.

Sie wollen abholen und wie nachstehend expedieren:

Marke	*No.*	*Zahl*	*Kolli*	*Inhalt*	*Gewicht Kilo*		*Empfänger*	*Bemerkungen wegen Art der Beförderung Assekuranz etc.*
					Brutto	*Netto*		
A. N.	5100	1	Kiste	Strickwaren	300,—	270,—	A. Krause Riesa a/E.	p. Frachtgut ohne Assekuranz.

Diese Kiste bitten wir zur Verfügung des Herrn Alfred Krause, Riesa a. E., zu halten.

Hochachtungsvoll
Chemnitzer Trikotagenfabrik, A.-G.
Richard Nolte.

17.

Акціонерное Общество Чулочной фабрики
въ Петербургѣ.

Условныйтекущій счетъ въ Государственномъ Банкѣ № 1728.
Условный текущій счетъ въ Русскомъ для Внѣшней Торговли Банкѣ.
Телефонъ № 416.

С.-Петербургъ, 25 Сентября 19.. г.

Счетъ

Господину Ө. К. Колесникову, Москва.

Отправлено Вамъ за Вашъ счетъ и рискъ черезъ
Московское Общество Страхованія и Транспортированія кладей.

Знаки	Число мѣстъ	Наименованіе товаровъ		цѣна Руб.	цѣна Коп.	сумма Руб.	сумма Коп.
Ч. Ф. 4235/36	2 ящика	100 дюжинъ носковъ	№ 246	2	—	200	—
		150 „ чулокъ шерстяныхъ	№ 316	8	—	1200	—
			Итого			1400	—

Заявленія претензій принимаются не позднѣе двухъ недѣль со дня написанія счета.

18. Открытое письмо.

Московское Общество Страхованія и Транспортированія Кладей.

С.-Петербургъ, 26/IX 19.. г.

Г-ну. Ө. К. Колесникову, Москва.

Честь имѣемъ увѣдомить Васъ, что нами приняты для Васъ отъ Акц. Об. Чулочной Фабрики 2 ящика чулокъ знаки Ч. Ф. 4235/36, вѣсъ брутто 5 пуд. 20 фун., и покорнѣйше просимъ Вашихъ распоряженій о направленіи означенной клади.

За Главнаго Агента

В. Петровъ.

17.

Chemnitzer Tricotagenfabrik, A.-G., Chemnitz.

Chemnitz, den 25. September 19 .

Rechnung

für Herrn Alfred Krause, Riesa a/E.
von Chemnitzer Tricotagenfabrik, A.-G.

Gerichtsstand Chemnitz.	Wir sandten Ihnen für Ihre werte Rechnung und Gefahr durch J. Schneider & Co., hier:	ℳ	₰	ℳ	₰
Str.-Fol. 17. Komm.-No. 196.	100 Dtzd. Strümpfe No. 246 à	3	—	300	—
	150 „ do. „ 316 „	3	50	525	—
	Ziel 30 Tage. 2% Skonto.			825	—

Den uns am 1. August d. J. gütigst erteilten Auftrag haben wir bestens ausgeführt und die Ware aufgabegemäß zur Verfügung der Speditionsfirma J. Schneider & Co. hier gestellt.

Wir bitten, uns den obenstehenden Rechnungsbetrag von

M. 825.—

gefl. gutbringen zu wollen und uns auch fernerhin mit Ihren geschätzten Aufträgen zu beehren.

Hochachtungsvoll

Chemnitzer Tricotagenfabrik A.-G.
Richard Nolte.

Alle unsere Waren reisen ab Abgangsstation auf Gefahr des Empfängers. Reklamationen haben innerhalb 8 Tagen zu erfolgen, andernfalls lehnen wir jede Verbindlichkeit ab.

18. (Postkarte.)

J. Schneider & Co., Chemnitz.

ersuchen um Verfügung über:

1 Kiste Strickwaren
von Sendung der Chemnitzer Tricotagenfabrik, A.-G.

Chemnitz i. S., 26./9. 19 . .

Hochachtungsvoll

J. Schneider & Co.

19. Открытое письмо.

Ѳ. К. Колесниковъ
въ Москвѣ.

Москва, 27 Сентября 19.. г.

Въ С.-Петербургскую контору Московскаго Общества Страхованія и Транспортированія кладей.

Я получилъ Ваше почтенное письмо отъ 26 с. м. и покорнѣйше прошу Васъ переслать означенную кладь по моему адресу въ Москву.

Съ совершеннымъ почтеніемъ

Ѳ. Колесниковъ.

20.

Складъ чулокъ,
фуфаекъ и другихъ вязаныхъ издѣлій
Ѳ. К. Колесникова
въ Москвѣ.
Телефонъ № 13.

Москва, 30 Сентября 19.. г.

Въ Главную Контору Акціонернаго Общества Чулочной фабрики,
Петербургъ.

При семъ имѣю честь препроводить Вамъ переводный билетъ Московской Конторы Государственнаго Банка за № 2275 на

Руб. 1372.—

каковую сумму благоволите записать въ покрытіе Вашего счета отъ 25 с. м. на Руб. 1400, со скидкой въ 2% за наличный разсчетъ.

Съ совершеннымъ почтеніемъ

Ѳ. К. Колесниковъ.

19. (Postkarte.)

Alfred Krause.
Telephon No. 13.

Riesa a/E., den 27. September 19..

Speditionsfirma J. Schneider & Co., Chemnitz.

Die Ihnen von der Chemnitzer Tricotagenfabrik, A.-G., für mich übergebene Kiste wollen Sie als Frachtgut an meine Adresse hier abfertigen.

Achtungsvoll
Alfred Krause.

20.

Alfred Krause.
Telephon No. 13.

Riesa a/E., den 30. September 19.

Chemnitzer Tricotagenfabrik, A.-G., Chemnitz.

Durch Reichsbankgirokonto überwies ich Ihnen heute:

	ℳ 808,50,	die Sie zuzüglich
2% Skonto	„ 16,50	
	ℳ 825,—	

zum Ausgleich Ihrer Rechnung vom 25. d. M. verwenden wollen.
Ich bitte, mir den Empfang zu bestätigen.

Hochachtungsvoll
Alfred Krause.

21.

Акціонерное Общество Чулочной Фабрики
въ Петербургѣ.
Телефонъ № 416.
Адресъ для телеграммъ: Петербургъ чулокъ.

С.-Петербургъ, 2 Октября 19.. г.

Господину Ѳ. К. Колесникову, Москва.

Мы получили Ваше почтенное письмо отъ 30 Сентября съ приложеніемъ переводнаго билета Московской Конторы Государственнаго Банка на

Руб. 1372.—

каковую сумму мы записали въ покрытіе нашего счета отъ 25 Сентября с. г.

Прося Васъ почтить насъ новыми заказами пребываемъ

съ совершеннымъ почтеніемъ

За директора Акціонернаго Общества Чулочной Фабрики
Е. Грюнбергъ.

21.

Chemnitzer Tricotagenfabrik, A.-G.,
Chemnitz.
Girokonto bei der Reichsbank.
Girokonto bei der Sächs. Bank.
Telegrammadresse: Tricotnolte.
Telephonanschluß No. 416.

Chemnitz, den 2. Oktober 19 . .

Herrn Alfred Krause, Riesa a/E.

Wir empfingen Ihr Geehrtes vom 30. September a. c. und haben den uns durch Reichsbank überwiesenen Betrag von:

	ℳ 808,50
zuzüglich 2 % Diskonto	„ 16,50
	ℳ 825,—

zum Ausgleich unserer Faktur vom 25. September d. J. verwendet.

Ihren weiteren Aufträgen gern entgegensehend, zeichnen wir

hochachtungsvoll

Chemnitzer Tricotagenfabrik, A.-G.
Richard Nolte.

Бумага.

22. 3 Ноября 19.. г. М. Торчигинъ, Москва, спрашиваетъ Г. М. Поливанова и Ко., Рязань, о цѣнѣ и срокѣ поставки почтовой бумаги по прилагаемому образцу.

23. 4 Ноября 19.. г. Г. М. Поливановъ и Ко., Рязань, берутся исполнить заказъ въ 4 недѣли и присылаютъ различные образцы съ указаніемъ цѣнъ и условій поставки.

24. 10 Ноября 19.. г. Г. М. Поливановъ и Ко., Рязань, не получая отвѣта на предложеніе отъ 4/XI, просятъ сообщить получать ли они заказъ.

25. 11 Ноября 19.. г. М. Торчигинъ сообщаетъ, что находитъ цѣны слишкомъ высокими.

26. 12 Ноября 19.. г. Г. М. Поливановъ и Ко., Рязань, соглашаются понизить цѣны, чтобы получить заказъ.

27. 13 Ноября 19.. г. М. Торчигинъ, Москва, телеграфируетъ цѣну, которую можетъ принять и проситъ отвѣта телеграммой. Получивъ послѣднюю, онъ дѣлаетъ въ тотъ-же день заказъ, указывая условія поставки.

28. 15 Ноября 19.. г. Г. М. Поливановъ и Ко., Рязань, подтверждаютъ полученіе заказа и просятъ уплатить имъ разницу въ фрахтѣ при посылкѣ большой скоростью.

29. 23 Ноября 19.. г. Г. М. Поливановъ и Ко., Рязань, увѣдомляютъ объ отправкѣ части товара большой скоростью.

30. 14 Декабря 19.. г. Г. М. Поливановъ и Ко., Рязань, посылаютъ письмо съ фактурой и просятъ кредитовать ихъ на сумму фактуры.

31. 10 Января 19.. г. М. Торчигинъ, Москва, посылаетъ переводный билетъ Государственнаго Банка, считая скидку въ 3% за наличный разсчетъ.

32. 13 Января 19.. г. Г. М. Поливановъ и Ко., Рязань, подтверждаютъ полученіе покрытія счета.

22.

Писчебумажный магазинъ и фабрика конторскихъ книгъ
М. О. Торчигина въ Москвѣ.
Телефонъ № 346.

Москва, 3 Ноября 19.. г.

Господамъ Г. М. Поливанову и Ко., Рязань.

Милостивые Государи.

Ознакомившись съ Вашимъ прейсъ-курантомъ, присланнымъ мнѣ нѣсколько дней тому назадъ, я рѣшился дать Вамъ заказъ на почтовую бумагу. Въ виду этого покорнѣйше прошу Васъ сообщить мнѣ крайнюю цѣну бумаги, возможно ближе подходящей по сатинировкѣ и цвѣту къ прилагаемому образцу. Бумага должна быть съ водяными знаками и размѣра 21×31.

При разсчетѣ цѣны прошу Васъ принять во вниманіе, что заказъ будетъ на 1000 стопъ.

Благоволите также сообщить время, потребное Вамъ для исполненія заказа.

Въ ожиданіи скораго отвѣта остаюсь

съ совершеннымъ почтеніемъ

При семъ 1 образчикъ. М. Торчигинъ.

Papier.

22. Am 3. November 19 .. fragt Max Arnold, Dresden, bei A. Berger & Co., Chemnitz, an, zu welchem Preis und bis wann sie einen Posten Briefpapier nach Probe liefern können.

23. Am 4. November 19 .. erklären sich A. Berger & Co., Chemnitz, bereit, die Lieferung in ca. 4 Wochen zu bewerkstelligen, und überreichen verschiedene Muster unter Angabe der Lieferungsbedingungen.

24. Am 10. November 19 .. fragen A. Berger & Co., Chemnitz, die auf Ihre Offerte vom 4./11. keine Antwort erhalten haben, an, ob ihnen die Lieferung übertragen wird.

25. Am 11. November 19 .. erwidert Max Arnold, Dresden, daß ihm der geforderte Preis zu hoch ist.

26. Am 12. November 19 .. erklären sich A. Berger & Co., Chemnitz, zu einer Preisherabminderung bereit, um den Auftrag zu erhalten.

27. Am 13. November 19 .. macht M. Arnold, Dresden, telegraphisch Gegenofferte, er verlangt Drahtantwort. Nach Eingang der letzteren erteilt M. Arnold am gleichen Tage seinen Auftrag und gibt Vorschriften über Ablieferung und Zusendung.

28. Am 13. November 19 .. übersenden Berger & Co., Chemnitz, Kommissionskopie und verlangen Vergütung des durch die Eilgutsendung entstehenden Mehrbetrags an Fracht.

29. Am 23. November 19 .. zeigen A. Berger & Co., Chemnitz, den Versand der Eilgutsendung an.

30. Am 14. Dezember 19 .. überreichen Berger & Co., Chemnitz, Faktur und Brief mit der Bitte um Gutschrift.

31. Am 10. Januar 19 .. überweist M. Arnold, Dresden, den Fakturenbetrag abzüglich 2% Skonto durch Reichsbankgiro.

32. Am 13. Januar 19 .. bekennen sich Berger & Co., Chemnitz, zum Empfange des Geldes.

22.

Max Arnold, Dresden.
Telephon No. 346.

Dresden, den 3. November 19 ..

Herren Albert Berger & Co., Chemnitz i. S.

Unter Bezugnahme auf die mir kürzlich übersandte Preisliste frage ich hiermit an, zu welchem äußersten Preis Sie mir ein Postpapier liefern würden, welches dem anliegenden Muster in Satinage, Färbung und Gewicht möglichst nahe kommt, und welche Lieferzeit Sie hierfür beanspruchen.

Format 46 × 59, Gewicht ca. 18 kg per ‰ Bg., mit Wasserzeichen, bei Abnahme von ca. 1200 kg.

Muster

Hochachtungsvoll
Max Arnold.

23.

Г. М. Поливановъ и Ко.
Адресъ для телеграммъ:
Рязань Полапія.

Рязань, 4 Ноября 19.. г.

Господину М. О. Торчигину, Москва.

Милостивый Государь.

Получивъ Ваше почтенное письмо отъ 3 с. м. спѣшимъ выслать Вамъ образцы бумаги, весьма похожей на присланный намъ образецъ.

При заказѣ не менѣе 1000 стопъ мы можемъ считать Вамъ слѣдующія цѣны съ доставкой на мѣсто и уплатой черезъ 6 мѣсяцевъ, а при наличномъ разсчетѣ со скидкой въ 3%.

№ 6313	чистая тряпичная, сатинированная, съ водяными знаками, размѣръ 21 × 35 за стопу .	1 руб. 50 коп.
№ 6317	тоже лучшаго качества за стопу	1 руб. 70 коп.
№ 6320	тоже самаго высшаго качества за стопу . .	1 руб. 85 коп.

Поставка черезъ мѣсяцъ по полученіи заказа.

Намъ будетъ весьма пріятно получить заказъ Вашей уважаемой фирмы, въ ожиданіи чего пребываемъ

съ совершеннымъ почтеніемъ

За Г. М. Поливанова и Ко.
Ив. Плотниковъ.

При семъ 3 образца.

24.

Г. М. Поливановъ и Ко.
Адресъ для телеграммъ:
Рязань Полапія.

Рязань, 10 Ноября 19.. г.

Господину М. О. Торчигину, Москва.

Милостивый Государь.

Ссылаясь на наше письмо отъ 4 с. м., покорнѣйше просимъ Васъ сообщить намъ нашли ли Вы наши предложенія подходящими для себя.

На-дняхъ мы приступаемъ къ изготовленію новыхъ сортовъ товара, и въ виду многочисленныхъ заказовъ должны точно разсчитать время работы, чтобы во-время удовлетворить нашихъ почтенныхъ покупателей. Въ виду этого благоволите отвѣтить намъ возможно скорѣе.

Въ ожиданіи Вашего благопріятнаго отвѣта остаемся

съ совершеннымъ почтеніемъ

Г. М. Поливановъ и Ко.

23.

A. Berger & Co.
Telegr.-Adr. Bergerold.
Fernsprechanschlufs No. 146.

Chemnitz i. S., den 4. November 19..

Herrn Max Arnold, Dresden.

Für die uns mit Ihrem geehrten Gestrigen übermittelte Anfrage verbindlichst dankend, übersenden wir Ihnen beigeschlossen einige Muster, die der uns übersandten Papierprobe entsprechen.

Bei Entnahme von mindestens 60 000 Bogen berechnen wir Ihnen, frei Haus, Ziel 3 Monate, bar 2 % Skonto:

No.	6313 f.	weiß	Velin	Post,	46 × 59 ‰	Bg.	16	kg	ℳ	22,—
„	6317 ff.	„	„	„	do.	„	17/18	„	„	23,50
„	6320 spf.	„	„	„	do.	„	15	„	„	25,—

Lieferzeit ca. 4 Wochen.

Es würde uns freuen, Ihren geschätzten Auftrag zu erhalten, und zeichnen wir in dessen Erwartung

hochachtungsvoll

A. Berger & Co.

3 Muster

24.

A. Berger & Co.
Telegr.-Adr. Bergerold.
Fernsprechanschlufs No. 146.

Chemnitz i. S., den 10. November 19..

Herrn Max Arnold, Dresden.

Wir beziehen uns auf unser Ergebenes vom 4. d. M. und bitten Sie uns gefl. mitzuteilen, ob Sie geneigt sind, von unserem Angebot Gebrauch zu machen.

In den nächsten Tagen gehen wir an die Anfertigung neuer Marken und müssen infolge zahlreich einlaufender Bestellungen genau disponieren, um die Lieferfristen einzuhalten.

Gefl. umgehender Erledigung unserer Anfrage gern gewärtig, zeichnen wir

hochachtungsvoll

A. Berger & Co.

Писчебумажный магазинъ и фабрика конторскихъ книгъ
М. О. Торчигина
въ Москвѣ.
Телефонъ № 346.

25.

Москва, 11 Ноября 19..

Господамъ Г. М. Поливанову и Ко., Рязань.

Милостивые Государи.

Въ отвѣтъ на Ваше предложеніе отъ 4 с. м. и на Ваше почт. письмо отъ 10 с. м. имѣю честь сообщить Вамъ, что присланный Вами образецъ № 6317 вполнѣ отвѣчаетъ моимъ желаніямъ, но цѣна, Вами назначенная, слишкомъ высока для меня. До сихъ поръ, при заказѣ столь большой партіи, я никогда не платилъ за такой товаръ болѣе 1 руб. 40 коп. за стопу, при кредитѣ въ 9 мѣсяцевъ. Въ виду этого, не имѣя возможности поднять цѣну болѣе чѣмъ на 20%, изъ опасенія потерять своихъ постоянныхъ покупателей, я, къ сожалѣнію, не могу воспользоваться Вашимъ предложеніемъ.

Съ совершеннымъ почтеніемъ
М. Торчигинъ.

Г. М. Поливановъ и Ко.
Адресъ для телегр.: Рязань, Поланія.

26.

Рязань, 12 Ноября 19..

Господину М. О. Торчигину, Москва.

Милостивый Государь.

Получивъ Ваше почт. письмо отъ 11 с. м. позволяемъ себѣ замѣтить Вамъ, что при настоящемъ положеніи рынка мы совершенно лишены возможности сохранить прежнія цѣны.

Вамъ несомнѣнно извѣстно, что цѣны сырыхъ матеріаловъ сильно повысились; что же касается топлива и рабочихъ рукъ, то и таковые вздорожали почти на 35%. Въ виду этого всѣ крупныя бумажныя фабрики были вынуждены поднять цѣны своихъ произведеній по крайнѣй мѣрѣ на 15%, чтобы хотя отчасти покрыть излишніе расходы на матеріалы и плату рабочимъ.

Весьма сомнительно, чтобы это поднятіе цѣнъ пріостановилось. Что касается нашихъ цѣнъ, то во всякомъ случаѣ онѣ повышены далеко не въ той степени, въ какой увеличились цѣны сырыхъ продуктовъ и рабочихъ рукъ. Тѣмъ не менѣе, крайне желая войти въ дѣловыя сношенія съ Вашей уважаемой фирмой, измѣняемъ наше предложеніе слѣдующимъ образомъ:

№ 6317 лучшаго качества, чистая тряпичная почтовая бумага, сатинированная, съ водяными знаками, 21 × 35 за стопу 1 руб. 60 коп.

Остальныя условія остаются безъ измѣненія.

Надѣемся, что наша предупредительность обезпечитъ намъ полученіе Вашихъ заказовъ и остаемся

съ совершеннымъ почтеніемъ
Г. М. Поливановъ и Ко.

25.

Max Arnold, Dresden.
Telephon No. 346.

Dresden, den 11. November 19..

Herren A. Berger & Co., Chemnitz i. S.

Im Besitz Ihrer gefl. Offerte vom 4. d. M. und in Erledigung Ihrer gestrigen Anfrage teile ich Ihnen ergebenst mit, daß mir die Qualität des unter No. 6317 bemusterten Papiers passen würde, wenn mir der Preis nicht zu hoch wäre.

Bisher habe ich bei Entnahme so bedeutender Posten nie mehr als ca. 20 ℳ per ‰ Bg., frei Haus, bei 6 Monat Ziel bezahlt; ich kann meiner Kundschaft eine Preissteigerung von ca. 17 % nicht zumuten.

Hochachtungsvoll
Max Arnold.

26.

A. Berger & Co.
Telegr.-Adr. Bergerold.
Fernsprechanschlufs No. 146.

Chemnitz i. S., den 12. November 19..

Herrn Max Arnold, Dresden.

Soeben erhalten wir Ihr geehrtes Gestriges und erlauben uns ganz ergebenst darauf hinzuweisen, daß es unter den jetzigen Umständen ganz unmöglich ist, die früheren Notierungen einzuhalten oder zum Vergleich heranzuziehen.

Es wird Ihrer Aufmerksamkeit nicht entgangen sein, daß sowohl die zur Papiererzeugung erforderlichen Rohstoffe als auch die zur Herstellung nötigen Kohlen und die den Arbeitern gewährten Löhne eine gewaltige Erhöhung, bis zu 35 %, erfahren haben.

Angesichts dieser Preissteigerung haben sich sämtliche Papierfabriken von Bedeutung dahin geeinigt, für ihre Erzeugnisse einen Preisaufschlag von mindestens 15 % eintreten zu lassen, um die Mehrausgaben für Material und Arbeitslöhne einigermaßen zu decken.

Es ist sehr zweifelhaft, ob die Preissteigerung damit zum Stillstand gekommen ist; jedenfalls haben wir bei unserer Offerte den oben angeführten Tatsachen nur sehr bescheiden Rechnung getragen.

Da wir jedoch großen Wert darauf legen, mit Ihrem geschätzten Hause in Verbindung zu treten, so ermäßigen wir hiermit unsere Offerte:

No. 6317 ff. Post von M. 23,50 auf M. 22,50 per 1000 Bg.;

die übrigen Lieferungsbedingungen bleiben unverändert.

Wir hoffen, uns durch dieses Entgegenkommen Ihren Auftrag gesichert zu haben, auf dessen gewissenhafte und schnelle Ausführung Sie rechnen dürfen.

Hochachtungsvoll
A. Berger & Co.

27.

Писчебумажный магазинъ и фабрика конторскихъ книгъ
М. О. Торчигина
въ Москвѣ.
Телефонъ № 346.

Москва, 13 Ноября 19.. г.

Господамъ Г. М. Поливанову и Ко., Рязань.

Милостивые Государи.

Въ отвѣтъ на Ваше почтенное письмо отъ 12 с. м. я телеграфировалъ Вамъ: „даю 150 за стопу; телеграфируйте“ и только что получилъ отъ Васъ отвѣтъ: „согласны“.

Въ виду этого подтверждаю Вамъ слѣдующій заказъ: 1000 стопъ почтовой бумаги, чистой тряпичной, сатинированной № 6317, 21 × 35, съ водяными знаками „М. Т.“, по 1 руб. 50 коп. за стопу съ доставкой въ Москву; кредитъ 6 мѣсяцевъ или 3% скидки за наличный разсчетъ.

Согласно Вашему письму отъ 10 с. м. я разсчитываю, что Вы сейчасъ-же приступите къ исполненію заказа. Благоволите выслать, немедленно по изготовленіи, 300 стопъ большою скоростью. Остальное прошу выслать малой скоростью.

Въ ожиданіи подтвержденія принятія заказа остаюсь

съ совершеннымъ почтеніемъ

М. Торчигинъ.

28.

Г. М. Поливановъ и Ко.
Адресъ для телеграммъ:
Рязань, Поланія.

Рязань, 15 Ноября 19..

Господину М. О. Торчигину, Москва.

Милостивый Государь.

Симъ подтверждаемъ полученіе Вашего заказа на: 1000 стопъ почтовой бумаги лучшаго сорта № 6317, размѣръ 21 × 35, съ водяными знаками „М. Т.“ по 1 руб. 50 коп. за стопу съ доставкой на станцію Москва товарная Моск. Каз. ж. д., не позднѣе мѣсяца отъ вышеписаннаго числа. Кредитъ 6 мѣсяцевъ или 3% скидки за наличный разсчетъ.

Отправка товара большой скоростью почти лишаетъ насъ всякой пользы при исполненіи Вашего заказа, въ виду чего просимъ Васъ уплатить при полученіи товара разницу въ фрахтѣ.

Позволяемъ себѣ надѣяться, что Вы исполните нашу просьбу и остаемся

съ совершеннымъ почтеніемъ

Г. М. Поливановъ и Ко.

27.

Max Arnold, Dresden.
Telephon No. 346.

Dresden, den 13. November 19..

Herren A. Berger & Co., Chemnitz i. S.

In Beantwortung Ihres geehrten Heutigen telegraphierte ich Ihnen:
„Offerte erhalten, Gegenofferte Zwanzig Zwei, Drahtantwort."
Soeben erhalte ich Ihre Depesche:
„Akzeptieren Gegenofferte".

Indem ich Ihnen für Ihr Entgegenkommen verbindlichst danke, bitte ich nunmehr, für mich in Nota zu nehmen:

ca. 1200 kg # 6317 Velin Post, 46 × 59 cm, ‰ Bogen = 18 kg
à ℳ 22,— per 1000 Bogen,

frei Haus, 3 Monate Ziel oder 2 % Skonto.

Aus Ihrem Schreiben vom 10. d. M. entnehme ich, daß Sie mit der Herstellung sofort beginnen können.

Ich bitte, mir ca. 20 000 Bogen sofort nach Fertigstellung per Eilgut, den Rest per Frachtgut zugehen zu lassen.

Gefl. Auftragsbestätigung gern entgegensehend

hochachtungsvoll
Max Arnold.

28.

Auftragsbestätigung

von A. Berger & Co., Chemnitz i. S., an Herrn Max Arnold, Dresden.

Chemnitz i. S., den 13. November 19..

Lager No.	*Menge*	*Benennung*	*Format in cm*	*Gewicht in kg f. 1000 Bg.*	*Preis f. 1000 Bg.*	*Wasser-zeichen*	*Lieferzeit und Bedingungen*
6317	ca. 1200 kg	ff. weiß Velin Post	46 × 59 flach-liegend	17—18 kg per 1000 Bg.	ℳ 22	M. A.	sofort nach Fertig-stellung, frei Haus

Für vorstehenden Auftrag verbindlichst dankend, bemerkten wir uns, daß Sie die ersten 20 000 Bogen als Eilgutsendung zu erhalten wünschen.

Wir werden unsern Spediteur, Herrn F. Lehmann, dort, veranlassen, Ihnen die Frachtdifferenz in Rechnung zu stellen, vorausgesetzt daß Sie diesem Vorschlag zustimmen.

Hochachtungsvoll
A. Berger & Co.

29.

Меморандумъ

отъ **Г. М. Поливанова и Ко.** **Рязань**	Господину *М. О. Торчигину, Москва.* Рязань, *23 Ноября* 19.. г.

Отправлено Вамъ сегодня по ж. д. большой скоростью
въ 2 ящикахъ 300 стопъ почтовой бумаги знаки
Г. П. и Ко. 1220/1221

Фактура будетъ выслана по исполненіи всего заказа.

При семъ:
дубликатъ накладной.

Съ совершеннымъ почтеніемъ

Г. М. Поливановъ и Ко.

30.

Г. М. Поливановъ и Ко.
Адресъ для телеграммъ:
Рязань, Поланія.

Рязань, 14 Декабря 19.. г.

Господину М. О. Торчигину, Москва.

Милостивый Государь.

При семъ имѣемъ честь препроводить къ Вамъ квитанцію за № 15 672 на отправленный Вамъ товаръ, согласно прилагаемому при семъ счету, на общую сумму въ
Руб. 1500, каковою благоволите кредитовать нашъ счетъ.

Съ совершеннымъ почтеніемъ

Г. М. Поливановъ и Ко.

29.

Mitteilung

von	*an*
A. Berger & Co., Chemnitz i. S.	*Herrn* Max Arnold, Dresden.

Durch Herrn F. Lehmann, dort, ließen wir soeben als Eilgut:

M. A. 1220/1221 2 Kisten Postpapier

an Sie abgehen.

Faktura folgt nach Erledigung des ganzen Auftrags. Inzwischen empfehlen wir uns

Chemnitz i. S., hochachtungsvoll

den 23. November 19.. A. Berger & Co.

30.

A. Berger & Co.
Telegr.-Adr. Bergerold.
Fernsprechanschlufs No. 146.

Chemnitz i. S., den 14. Dezember 19..

Herrn Max Arnold, Dresden.

Wir beehren uns, Ihnen umstehend Rechnung über unsere Sendungen vom 23. XI. und vom 14. XII. zu überreichen.

Den Betrag derselben:

M 1343,40,

bitten wir uns gefl. gutzuschreiben und sehen Ihren weiteren Aufträgen gern entgegen.

Hochachtungsvoll

A. Berger & Co.

Паровая писчебумажная фабрика

Адресъ для телеграммъ: Рязань, Поланія.

Г. М. Поливанова и Ко.

въ Рязани.

Условный текущ. счетъ въ Государ. Банкѣ № 1275.

Рязань, 14 Декабря 19.. г.

Счетъ

Господ*ину М. О. Торчигину, Москва.*

Отправлено Вамъ за Вашъ счетъ и рискъ *по ж. д.* срокомъ на *6 мѣсяцевъ,* или со скидкой 3% за наличный разсчетъ.

Знаки	Число мѣстъ.	Стопъ	Наименованіе товара	Руб.	Коп.
Г. П. и Ко. 1220/1221 1327, 1328 1329, 1340	6	1000	Почтовой бумаги . . . . . № 6317	1500	—
			Итого	1500	—

гербовая марка

31.

Писчебумажный магазинъ и фабрика конторскихъ книгъ
М. О. Торчигина
въ Москвѣ.
Телефонъ № 346.

Москва, 10 Января 19.. г.

Господамъ Г. М. Поливанову и Ко., Рязань.

Милостивые Государи.

При семъ имѣю честь препроводить къ Вамъ трансфертъ Московской Конторы Государственнаго Банка въ

Руб. 1455 за № 5721/02,

въ покрытіе Вашей фактуры отъ 14 Декабря п. г. по слѣдующему разсчету:

Ваша фактура отъ 14 Декабря п. г. .	руб. 1500
Скидка 3%	„ 45
Итого	руб. 1455.

Съ совершеннымъ почтеніемъ

М. О. Торчигинъ.

Chemnitz i. S., den 14. Dezember 19..

Rechnung

für Herrn Max Arnold, Dresden,

von A. Berger & Co., Chemnitz i. S.

Zahlbar: Ziel 3 Monate oder mit 2 %, Skonto gegen bar.

Bogen	*No.*		
60 000	6317	Sandten per Eilgut 2 Kisten M. A. 1220/1221	
	"	" " Frachtgut 4 " G. K. 377—380	
		ff. weiß Velin Post, 46 × 59 cm, 18 kg per 1000 Bg.	
		à *M* 22,—	1320,00
		Verpackung	23,40
		M	1343,40

31.

Max Arnold, Dresden.
Telephon No. 346.

Dresden, den 10. Januar 19..

Herren A. Berger & Co., Chemnitz i. S.

Durch die Reichsbank überweise ich Ihnen heute:

M 1316,50, welche Sie
zuzüglich " 26,90 2 % Skonto von *M* 1343,40

zur Begleichung Ihrer Rechnung vom 14. v. M. verwenden wollen.

Hochachtungsvoll

Max Arnold.

32.

Г. М. Поливановъ и Ко.
Адресъ для телеграммъ:
Рязань, Полания.

Рязань, 13 Января 19.. г.

Господину М. О. Торчигину, Москва.

Милостивый Государь.

Симъ подтверждаемъ полученіе трансферта Московской Конторы Государственнаго Банка въ

Руб. 1455 за № 5721/02,

каковую сумму мы записали въ покрытіе нашего счета отъ 14 Декабря п. г.

Въ ожиданіи Вашихъ новыхъ заказовъ пребываемъ

съ совершеннымъ почтеніемъ

Г. М. Поливановъ и Ко.

32.

A. Berger & Co.
Telegr.-Adr. Bergerold.
Fernsprechanschlufs No. 146.

Chemnitz i. S., den 13. Januar 19..

Herrn Max Arnold, Dresden.

Sie überwiesen uns durch Reichsbank:

	ℳ 1316,50,	die wir unter
Zuschlag von	„ 26,90	2 % Skonto
	ℳ 1343,40	dankend zum Ausgleich unserer

Rechnung vom 14. v. M. verwendeten.

Ihnen unsere weiteren Dienste bestens gewidmet haltend, zeichnen wir

hochachtungsvoll

A. Berger & Co.

Вино.

33. 20 Сентября 19.. г. В. П. Дракопуло, владѣлецъ виноградниковъ въ Симферополѣ, сообщаетъ своимъ постояннымъ покупателямъ посредствомъ циркуляра о видахъ на урожай и предлагаетъ свои вина.

34. 15 Октября 19.. г. В. П. Дракопуло въ Симферополѣ посылаетъ въ гостинницу „Континенталь“ въ Харьковѣ образцы винъ.

35. 20 Октября 19.. г. владѣлецъ гостинницы Континенталь проситъ прислать другія пробы болѣе густого цвѣта.

36. 22 Октября 19.. г. В. П. Дракопуло въ Симферополѣ посылаетъ пробы вина и назначаетъ особенно дешевыя цѣны, если будетъ заказано не менѣе 300 ведеръ.

37. 28 Октября 19.. г. владѣлецъ гостинницы Континенталь заказываетъ 300 ведеръ и опредѣляетъ условія поставки и платежа.

38. 3 Ноября 19.. г. В. П. Дракопуло въ Симферополѣ присылаетъ счетъ на вино и проситъ произвести уплату при посредствѣ перевода на его условный текущій счетъ въ Государственномъ Банкѣ.

39. 6 Ноября 19.. г. владѣлецъ гостинницы Континенталь посылаетъ чекъ Азовско-Донского Банка, объясняя причину измѣненія способа уплаты.

40. 9 Ноября 19.. г. В. П. Дракопуло въ Симферополѣ подтверждаетъ полученіе покрытія счета и проситъ новыхъ заказахъ.

33.

В. П. Дракопуло
Симферополь. Севастополь. Судакъ.
Условный тек. счетъ въ
Севастопольск. Конт. Гос. Банка.

Симферополь, 20/IX 19.. г.

М. Г.

Окончивъ сборъ винограда, подобно предшествующимъ годамъ, имѣю честь сообщить Вамъ свѣдѣнія объ урожаѣ текущаго года, предполагая, что таковыя могутъ интересовать Васъ.

Сборъ винограда происходилъ при самой благопріятной, сухой погодѣ. Виноградъ прекрасно вызрѣлъ и качество его не оставляетъ желать ничего лучшаго. Къ сожалѣнію, въ количественномъ отношеніи урожай значительно ниже прошлогодняго, такъ какъ весной виноградники мѣстами сильно пострадали отъ позднихъ утреннихъ морозовъ.

Тѣмъ не менѣе я могу поставить Вамъ хорошее, легкое столовое вино начиная отъ 1 руб 70 коп. за ведро и дороже.

Позволяю себѣ надѣяться, что Вы воспользуетесь тѣмъ обстоятельствомъ, что цѣны еще не поднялись, чего можно ожидать въ самомъ непродолжительномъ времени, и вскорѣ почтите меня своими заказами.

Образцы высылаются немедленно, по первому требованію.

Съ совершеннымъ почтеніемъ

В. П. Дракопуло.

Wein.

33. Ende September 19.. verständigt Robert Wenk, Weingutsbesitzer in Mainz, seine Kundschaft durch Rundschreiben über die Ernteaussichten und bietet seine Weine an.

34. Am 15. Oktober 19.. sendet Robert Wenk, Mainz, an Bloch & Kramer, Bremen, Weinproben und Probenverzeichnis.

35. Am 20. Oktober 19.. bitten Bloch & Kramer, Bremen, um eine zweite Probesendung.

36. Am 22. Oktober 19.. schickt Robert Wenk, Mainz, die gewünschten Proben und bittet um baldige Bestellung.

37. Am 28. Oktober 19.. bestellen Bloch & Kramer, Bremen, 60 Hektoliter Wein nach Probe, unter Angabe der Lieferungs- und Zahlungsbedingungen.

38. Am 3. November 19.. übersendet Robert Wenk, Mainz, Rechnung über den bestellten Wein und bittet, den Betrag auf sein Reichsbank Giro-Konto zu überweisen.

39. Am 3. Dezember 19.. senden Bloch & Kramer, Bremen, Scheck auf die Bremer Bank; sie erklären, warum sie diesen Zahlungsmodus vorziehen.

40. Am 5. Dezember 19.. quittiert Robert Wenk, Mainz, über den Empfang des Geldes und bittet um fernere Aufträge.

33.

Robert Wenk.
Weingutsbesitzer,
Weingroßhandlung.
Reichsbank-Giro-Konto.

Mainz, Ende September 19..

P. P.

Die diesjährige Weinernte verspricht einen nach Menge und Güte zufriedenstellenden Ertrag. — Die Trauben haben sich infolge des warmen, trockenen Wetters der letzten Wochen kräftig entwickelt, so daß auch die billigen und mittleren Preislagen blumig und mild ausfallen dürften.

Die Frühjahrsfröste haben bei dem gesunden Stand unserer Weinberge wenig, und in geschützten Lagen nur ganz vereinzelt geschadet. Auch der Menge nach steht deshalb eine gute Durchschnittsernte zu erwarten. Zur Versendung gelangen von jetzt ab die umstehend verzeichneten Tafelweine.

Ich bin überzeugt, daß sie zu Ihrer vollen Zufriedenheit ausfallen werden; besonders die besseren Marken haben mir bereits zahlreiche anerkennende Äußerungen eingebracht.

Proben stehen auf Wunsch unentgeltlich und portofrei gern zu Diensten.

Ihren gefl. Aufträgen entgegensehend, empfehle ich mich Ihnen

hochachtungsvoll

Robert Wenk.

34.

В. П. Дракопуло
Симферополь. Севастополь. Судакъ.
Услов. тек. счетъ въ Севастопольской Конт. Гос. Банка.

Севастополь, 15 Октября 19.. г.

Въ гостинницу „Континенталь“, Харьковъ.

Имѣя удовольствіе считать Васъ въ числѣ своихъ постоянныхъ покупателей, позволяю себѣ препроводить Вамъ въ дополненіе къ моему циркуляру отъ 20-го п. м. нѣсколько образцовъ легкихъ виноградныхъ винъ, поступающихъ въ продажу въ этомъ году.

Я увѣренъ, что эти безусловно натуральныя и хорошо выдержанныя вина моихъ собственныхъ садовъ понравятся Вамъ, и что Вы и въ этомъ году пополните свои запасы вина, почтивъ меня новыми заказами.

Обращаю Ваше вниманіе на исключительно благопріятныя цѣны настоящаго года и прошу Васъ сообщить мнѣ Ваши заказы въ возможно непродолжительномъ времени, такъ какъ я имѣю основаніе разсчитывать, что наиболѣе любимые публикой сорта вскорѣ будутъ окончательно распроданы.

При семъ прилагаю списокъ посылаемыхъ образцовъ съ обозначеніемъ цѣнъ. При платежѣ не позднѣе мѣсяца со дня написанія фактуры будетъ сдѣлана обычная скидка въ 2%.

Въ ожиданіи скораго отвѣта пребываю

съ совершеннымъ почтеніемъ

В. П. Дракопуло.

При семъ списокъ посылаемыхъ образцовъ.

35.

Гостинница „Континенталь“
Харьковъ, Дворянская ул. № 45.
При гостинницѣ имѣется первоклассный ресторанъ.
Вина лучшихъ русскихъ и иностранныхъ фирмъ.
Телефонъ № 575.

Харьковъ, 20/X 19.. г.

Господину В. П. Дракопуло, Симферополь.

Милостивый Государь.

Мы получили Ваше почт. письмо отъ 15 с. м., а равно и упомянутые въ немъ образцы.

По вкусу намъ понравился болѣе другихъ № 35, обладающій дѣйствительно весьма пріятнымъ букетомъ, но цвѣтъ его не

34.

Robert Wenk.
Weingutsbesitzer,
Weingrofshandlung.
Reichsbank Giro-Konto.

Mainz, den 15. Oktober 19..

Herren Bloch & Kramer, Bremen.

Unter Bezugnahme auf unsere langjährige angenehme Geschäftsverbindung und im Anschluß an mein Rundschreiben vom September gestatte ich mir, Ihnen einige Proben der jetzt zum Versand kommenden leichten Tafelweine einzusenden.

Ich gebe mich der angenehmen Hoffnung hin, daß diese selbst gepflegten, haltbaren und äußerst preiswerten Weine Ihren vollen Beifall finden und Sie veranlassen werden, auch in diesem Jahre Ihre Weinbestände bei mir zu ergänzen.

Hinsichtlich der Preise tat ich das denkbar Mögliche; für Naturreinheit, Haltbarkeit und Bekömmlichkeit übernehme ich volle Bürgschaft.

Sie würden mir durch baldige Mitteilung Ihrer gefl. Entschließung einen Gefallen erweisen; es ist anzunehmen, daß ein großer Teil der Ihnen bemusterten und sehr beliebten Marken bald geräumt sein wird.

Ich sehe gütiger Zuwendung Ihrer Aufträge gern entgegen und sichere Ihnen im voraus sorgfältigste Bedienung zu.

Hochachtungsvoll

Robert Wenk.

1 Probenverzeichnis.

35.

Bloch & Kramer,
Bremen.

Bremen, den 20. Oktober 19..

Herrn Robert Wenk, Mainz.

Wir erhielten Ihren Brief vom 15. d. M., auch die darin angezeigten Proben sind uns zugegangen.

Der mit No. 2435 bezeichnete Wein ist recht angenehm, wenn auch ein wenig herb im Geschmack; er würde sich für die Ansprüche unserer Kundschaft besser eignen, wenn die Farbe etwas dunkler wäre.

вполнѣ удовлетворяетъ насъ; не можете ли Вы поставить намъ вино сходнаго вкуса, но болѣе густого цвѣта.

Мы просили бы Васъ, если возможно, прислать новые образцы и сообщить Ваши крайнія цѣны.

Съ совершеннымъ почтеніемъ

Управляющій Василій Звѣревъ.

36.

В. П. Дракопуло
Симферополь. Севастополь. Судакъ.
Услов. тек. счетъ въ
Севастопольской Конт. Госуд. Банка.

Симферополь, 22 Октября 19.. г.

Въ Гостинницу „Континенталь", Харьковъ.

Получивъ Ваше почт. письмо отъ 20 с. м., сегодня я отправилъ Вамъ новыя пробы вина того же года. Сортъ № 11 по вкусу почти тождественъ съ № 35, но отличается такой густотой цвѣта, которая навѣрно удовлетворитъ вполнѣ Вашимъ желаніямъ.

Моя крайняя цѣна будетъ 3 руб. 50 коп. за ведро съ доставкой въ Харьковъ и при заказѣ не менѣе 300 ведеръ; платежъ не позднѣе 30 дней безъ всякой скидки.

Въ ожиданіи Вашего скораго отвѣта пребываю

съ совершеннымъ почтеніемъ

В. П. Дракопуло.

37.

Гостинница „Континенталь"
Харьковъ, Дворянская ул. № 45.
При гостинницѣ имѣется первоклассный ресторанъ.
Вина лучшихъ русскихъ и иностранныхъ фирмъ.
Телефонъ № 575.

Харьковъ, 28/X 19.. г.

Господину В. П. Дракопуло, Симферополь.

Получивъ Ваше почт. письмо отъ 22 с. м., а равно и новыя пробы винъ, имѣемъ честь сообщить Вамъ, что № 11 какъ по вкусу, такъ и по цвѣту вполнѣ отвѣчаетъ нашимъ желаніямъ. Въ виду этого просимъ Васъ выслать намъ 300 ведеръ на сообщенныхъ Вами условіяхъ, т. е. по 3 руб. 50 коп. за ведро съ доставкой, при платежѣ не позднѣе 30 дней со дня написанія фактуры безъ всякой скидки.

Съ совершеннымъ почтеніемъ

Управляющій Василій Звѣревъ.

Wir fragen ergebenst an, ob Sie uns eine im Geschmack ähnliche Marke von etwas kräftigerer Färbung anstellen können, und bitten um billigste Preisnotierung.

Hochachtungsvoll

Bloch & Kramer.

36.

Robert Wenk,
Weingutsbesitzer,
Weingroſshandlung.
Reichsbank-Giro-Konto.

Mainz, den 22. Oktober 19..

Herren Bloch & Kramer, Bremen.

In umgehender Erledigung Ihrer gefl. Anfrage vom 20. d. M. übersende ich Ihnen einige weitere Proben, die Ihren Wünschen bezüglich der Farbe entsprechen dürften.

Die Preise habe ich äußerst niedrig gestellt, entgegenkommend würde ich Ihnen bei Bestellung von mindestens 5000 Litern den Wein franko Bremen liefern, wenn Zahlung innerhalb 30 Tagen nach Empfang der Ware ohne irgendwelche Abzüge für Skonto erfolgt.

Es würde mich besonders freuen, Ihren Auftrag recht bald entgegennehmen zu können.

Hochachtungsvoll

Robert Wenk.

37.

Bloch & Kramer,
Bremen.

Bremen, den 28. Oktober 19..

Herrn Robert Wenk, Mainz.

Wir empfingen Ihren Brief vom 22. d. M. nebst angebogenem Probenverzeichnis.

Der mit No. 11 ausgezeichnete 99er Laubenheimer paßt uns von den übersandten Proben am besten.

Wir bitten, uns davon zu senden:

60 Hektoliter in Halbstückfässern franko

hier, zahlbar 30 Tage nach Empfang, ohne Abzug, zum Preise von ℳ 50 per 100 Liter.

Ihrer umgehenden Versandanzeige gern entgegensehend

hochachtungsvoll

Bloch & Kramer.

38.

Услов. тек. счетъ
въ Севастопольской
Конторѣ Гос. Банка

В. П. Дракопуло
Вина собственныхъ садовъ
въ Симферополѣ и Судакѣ.

Главная контора въ
Симферополѣ.
Отдѣленія въ
Севастополѣ и Судакѣ.

Симферополь, 3 Ноября 19.. г.

СЧЕТЪ

Гостинницѣ „Континенталь", Харковъ.

Отправлено Вамъ черезъ Компанію „Надежда", франко Харьковъ.

Знаки	Ведеръ		За ведро		сумма	
			руб.	коп.	руб.	коп.
В. Д. 172/187	300	Вина краснаго № 11	3	50	1050	—

гербовая марка

(Другая страница того же листа.)

В. П. Дракопуло
Симферополь. Севастополь. Судакъ.
Услов. тек. счетъ въ
Севастопольской конт. Госуд. Банка.

Симферополь, 3 XI 190. г.

Въ Гостинницу „Континенталь", Харьковъ.

При семъ имѣю честь препроводить счетъ на высланное Вамъ сегодня вино на сумму въ

Руб. 1050.—,

уплачиваемую безъ скидки въ теченіе 30 дней со дня написанія счета. Покрытіе благоволите произвести при посредствѣ перевода на мой условный текущій счетъ въ Севастопольской Конторѣ Государственнаго Банка.

Въ надеждѣ, что Вы останетесь вполнѣ довольны исполненіемъ Вашего заказа, пребываю

съ совершеннымъ почтеніемъ

В. П. Дракопуло.

38.

Giro-Konto
bei der Reichsbank.

Drahtnachrichten:
Weinwenk, Mainz.

RECHNUNG

für Herren *Bloch & Kramer, Bremen,*

von **Weingutsbesitzer Robert Wenk.**

Mainz, den 3. November 19..

Sandte Ihnen laut Auftrag *vom 28. Oktober* für Ihre werte Rechnung und Gefahr *durch Rheinische Transport-Gesellschaft William Egern & Co., Mainz, frei:*

Nummer	*Liter*	*Ziel 30 Tage gegen meine Tratte*	*Preis für 100 Liter*	*Betrag*	
R. W. 24/35	6000	*99er Laubenheimer.* ℳ	50	3000	—

12 Fässer gefl. frei zurück.

Ich hoffe, daß diese probetreu ausgeführte Sendung zu Ihrer vollsten Zufriedenheit ausfällt und Ihnen recht bald Anlaß zu, weiteren Bestellungen gibt.

Den Rechnungsbetrag von ℳ 3000,— bitte ich mir durch Überweisung auf mein Reichsbank-Giro-Konto zugehen zu lassen.

Hochachtungsvoll

Robert Wenk.

Bezugsbedingungen: Erfüllungsort für Lieferung und Zahlung ist Mainz. — Ziel 3 Monate, für Barzahlung 2% Skonto. — Die Zusendung geschieht auf Gefahr des Auftraggebers. — Die Fässer werden spundvoll und in gutem Zustande versandt; sie kommen zum Selbstkostenpreis in Ansatz und werden zu dem berechneten Preise wieder gutgeschrieben, wenn sie innerhalb vier Wochen franko Mainz in gutem Zustand zurückgeschickt werden.

Gibt eine Lieferung dem Empfänger Anlaß zu Klagen, so ist mir sofort Nachricht zu geben. — Beschwerden, die später als 3 Wochen nach Ankunft des Weines erfolgen, bleiben durchaus unberücksichtigt.

39.

Гостиница „Континенталь"
Харьковъ, Дворянская ул. № 45.
При гостиницѣ имѣется первоклассный ресторанъ.
Вина лучшихъ русскихъ и иностранныхъ фирмъ.
Телефонъ № 575.

Харьковъ, 6/XI 19.. г.

Господину В. П. Дракопуло, Симферополь.

Мы получили Ваше почт. письмо отъ 3 с. м., но сожалѣемъ, что поставлены въ необходимость избрать другой способъ уплаты, такъ какъ не имѣемъ условнаго текущаго счета въ Государственномъ Банкѣ.

При семъ посылаемъ Вамъ переводный билетъ Азовско-Донского Банка въ

Руб. 1050,

каковую сумму просимъ Васъ записать въ покрытіе Вашего счета отъ 3 ноября с. г. и о полученіи ея почтить насъ увѣдомленіемъ.

Съ совершеннымъ почтеніемъ

Управляющій Василій Звѣревъ.

При семъ 1 перев. бил. Азовско-Донского Банка.

40.

В. П. Дракопуло
Симферополь. Севастополь. Суданъ.
Услов. тек. счетъ въ Севастопольской Конт. Госуд. Банка.

Симферополь, 9 Ноября 19.. г.

Въ Гостинницу „Континенталь", Харьковъ.

Симъ подтверждаю полученіе переводнаго билета Азовско-Донского Банка въ

Руб. 1050,

каковая сумма записана мною въ покрытіе счета отъ 3 с. м.

Въ надеждѣ, что Вы и впредь почтите меня Вашими заказами, пребываю

съ совершеннымъ почтеніемъ

В. П. Дракопуло.

39.

Bloch & Kramer,
Bremen.

Bremen, den 3. Dezember 19..

Herrn Robert Wenk, Mainz.

In höflicher Erwiderung Ihres Briefes vom 3. November 19.. bedauern wir, dem darin ausgesprochenen Wunsche hinsichtlich der Regulierung Ihres Guthabens nicht entsprechen zu können, da wir nicht Girokunden der Reichsbank sind.

Es ist bei uns Geschäftsgepflogenheit, die Rechnungen unserer Lieferanten durch Schecks auf die Bremer Bank, hier, zu begleichen.

Sie erhalten deshalb über die Ihnen gutkommenden:

ℳ 3000,—

beigeschlossen einen Scheck auf eben genanntes Bankhaus.

Wir bitten um gefl. Gutschrift unter Anzeige.

Hochachtungsvoll
Bloch & Kramer

1 Scheck
auf Bremer Bank.

40.

Robert Wenk.
Weingutsbesitzer,
Weingroßhandlung.
Reichsbank-Giro-Konto.

Mainz, den 5. Dezember 19..

Herren Bloch & Kramer, Bremen.

Ihrem Schreiben vom 3. d. M. entnahm ich:

ℳ 3000,—

in 1 Scheck auf die Bremer Bank, Bremen, wofür ich Sie unter üblichem Vorbehalt bestens dankend erkannt habe.

Sobald die Fässer zurück sind, werde ich den Betrag zum Ausgleich der Rechnung vom 3. November 19.. verwenden.

Ich hoffe, daß Sie sich bei fernerem Bedarf gern meiner erinnern werden, und empfehle mich

hochachtungsvoll
Robert Wenk.

Искусственные цвѣты.

41. Число почтоваго штемпеля. С. Б. Флейшеръ въ Варшавѣ увѣдомляетъ о скоромъ посѣщенiи его разъѣздного приказчика.

42. 10 Мая 19.. г. разъѣздной приказчикъ Iосифъ Гольдштейнъ, находясь проѣздомъ въ Москвѣ, посылаетъ отчетъ за послѣднiе дни и заказъ за № 413.

43. 15 Мая 19.. г. С. Б. Флейшеръ въ Варшавѣ посылаетъ счетъ г-жѣ Смирновой въ Москву на товаръ, отправленный съ наложеннымъ платежомъ.

44. 15 Мая 19.. г. С. Б. Флейшеръ въ Варшавѣ подтверждаетъ своему разъѣздному приказчику, находящемуся въ Тулѣ, полученiе его отчета отъ 10 с. м. и поручаетъ навести справки объ одной покупательницѣ.

41.

Фабрика искусственныхъ цвѣтовъ и цвѣточныхъ принадлежностей
С. Б. Флейшера
Варшава, Маршалковская № 75.

Варшава, 19.. г.
Число почтоваго штемпеля.

М. Г.

Симъ имѣю честь увѣдомить Васъ, что мой разъѣздной приказчикъ

г. **Iосифъ Гольдштейнъ**

лично посѣтитъ Васъ въ ближайшемъ будущемъ.

Надѣюсь, что Вы передадите ему Ваши заказы на слѣдующiй сезонъ, въ ожиданiи чего пребываю

съ совершеннымъ почтенiемъ

С. Б. Флейшеръ.

42.

Москва, 10 Мая 19.. г.
Гостинница Било.

Господину С. Б. Флейшеръ, Варшава.

Милостивый Государь.

Симъ имѣю честь подтвердить полученiе Вашего письма отъ 7 с. м., содержанiе котораго я принялъ къ свѣдѣнiю. Я надѣюсь, что Вы уже получили мои письма отъ 6 и 7 с. м. съ увѣдомленiями о заказахъ за 407—412.

Kunstblumen.

41. Die Anmeldung des Geschäftsreisenden der Fabrik künstlicher Blumen, Gebrüder Werner, München, erfolgt durch Postkarte mit Firma ohne weiteren Text.

42. Am 10. Mai 19.. berichtet der auf der Tour befindliche Reisende der Firma Gebrüder Werner über die geschäftlichen Ergebnisse der letzten Tage und übersendet einen Orderzettel, der die Kommissionsnummer 413 trägt.

43. Am 15. Mai übersenden Gebrüder Werner, München, Rechnung an Anna Lange, Regensburg; den Betrag erheben sie bei der Zusendung durch Postnachnahme.

44. Am 15. Mai bestätigen Gebrüder Werner, München, ihrem Reisenden den Reisebericht vom 10. Mai nach Freising; sie beauftragen ihn, Erkundigung über eine Kundin einzuziehen.

41.

Datum des Poststempels.

Reise-Avis

von

Gebrüder Werner,

Fabrik künstlicher Blumen.

Frühlings-Str. 9. München. Frühlings-Str. 9.

42.

Gebrüder Werner,
Kunstblumenfabrik.

Regensburg, den 10. Mai 19..

Herren Gebrüder Werner, München.

Ich empfange soeben Ihr gestriges Schreiben, dessen Inhalt ich mir dienen lasse, und schätze Sie im Besitz meiner Briefe vom 8. und 9. d. M. nebst Anlagen: Kommissionsnoten No. 407—412.

Мнѣ не удалось получить платежъ отъ г-жи Смирновой здѣсь, но въ виду того, что дѣло ея очень хорошо развивается, я полагаю, что слѣдуетъ принять ея новый заказъ (талонъ № 413) и выслать товаръ съ наложеннымъ платежомъ въ суммѣ стараго и новаго счетовъ. Г-жа Смирнова согласилась на это, такъ что, исполняя ея заказъ, мы ничѣмъ не рискуемъ.

Я получилъ сегодня слѣдующіе платежи:

отъ г-жи Сербиной	133	руб.
„ М. Н. Дементьева	312	руб. 50
всего	445	руб. 50 коп.,

каковую сумму я внесъ въ контору Государственнаго Банка для перевода на Вашъ счетъ.

Г-жа Сербина скинула 3 руб. 70 коп. со счета отъ 23 ноября пр. г., на что я согласился подъ условіемъ, что она откажется отъ ранѣе заявленной претензіи.

Я предлагалъ нашъ товаръ и показывалъ образцы г-жѣ Э. Журданъ, магазинъ которой славится среди самой изысканной публики. Къ сожалѣнію, мнѣ не удалось получить заказа, но г-жа Журданъ обѣщала мнѣ дать крупный заказъ во время слѣдующаго пріѣзда моего въ Москву.

Дѣла вообще идутъ тихо; покупаютъ мало и неохотно.

Адресъ мой, начиная съ пятницы до воскресенія: Тула, Европейская гостинница.

Съ истиннымъ почтеніемъ

І. Гольдштейнъ.

При семъ заказъ № 413.

Заказъ № 413.

Господину С. Б. Флейшеръ

въ Варшавѣ.

Отъ *А. Л. Смирновой, Москва.*

Время поставки: *немедленно.*

Условія: *наложенный платежъ со включеніемъ суммы прежняго счета.*

Способъ отправки: *по почтѣ.*

№	Количество	Цѣна руб.	коп.	Особыя отмѣтки
1007	2 гросса	12	—	связан. букетиками
1114	2 „	12	—	
1170	1 гроссъ	36	—	
1301	1 „	8	—	

Leider war es mir nicht möglich, bei Fräulein Lange, hier, Zahlung für unsere letzte Sendung zu erlangen. Da diese Kundin ein sehr gutes Geschäft am Platze macht, empfehle ich, den neuen Auftrag (Orderzettel No. 413) gleichwohl auszuführen und bei Zusendung den Betrag der rückständigen Rechnung durch Postnachnahme mit zu erheben. Fräulein Lange ist mit diesem Vorschlag, durch welchen ja ein weiteres Risiko nicht entsteht, einverstanden.

An Kasse vereinnahmte ich:

bei Ottilie Haller	ℳ 312,50
„ Klara Otto	„ 133,—
die ich mit	ℳ 445,50

bei der hiesigen Reichsbankstelle einzahlte.

Bei Fräulein Weber konnte ich trotz aller Bemühungen keinen Auftrag erlangen. Ihr Geschäft ist schnell bei der besseren Kundschaft beliebt geworden und erfreut sich lebhaften Zuspruchs. Für die nächste Tour hat sie mir eine größere Bestellung fest zugesagt.

Im allgemeinen ist das Geschäft flau, wenig Kauflust.

Meine Adresse von Freitag bis Sonntag: Amberg (Drei Könige).

Orderzettel 413

Hochachtungsvoll ergebenst

Karl Berger.

Komm.-No. 413.

Gebrüder Werner,
München.

Lieferbar per sofort.

Nachnahme zuzüglich des früheren Rechnungsbetrags.

Fräulein Anna Lange, Regensburg.

1007	20	Gros	à	2,60	ℳ
1114	10	„	à	—,80	„
1170	10	„	à	2,10	„
1301	10	Dtzd.	à	2,60	„
780	6	Stück	à	1,—	„
172	6	„	à	—,90	„

43.

(лѣвая половина листа.)

Фабрика искусственныхъ цвѣтовъ и цвѣточныхъ принадлежностей
С. Б. Флейшера
Варшава, Маршалковская 75.

Варшава, 15/28 Мая 19.. г.

Госпожѣ А. М. Смирновой, Москва.

Милостивая Государыня.

При семъ имѣю честь препроводить Вамъ счетъ на товаръ, заказанный мнѣ черезъ моего разъѣздного приказчика г. I. Гольдштейна. Товаръ отправленъ, согласно Вашему желанію, по почтѣ съ наложеннымъ платежомъ въ суммѣ 224 руб. 75 коп., каковымъ покрывается также нашъ счетъ отъ 18 Декабря 19.. г.

Еслибы Вамъ понадобились еще страусовыя перья, аграфы и. т. п., то я всегда готовъ служить Вамъ.

Надѣюсь, что при случаѣ Вы опять почтите меня своими заказами и остаюсь

съ совершеннымъ почтеніемъ

С. Б. Флейшеръ.

(правая сторона листа.)

Цвѣты для шляпокъ.
Вѣнчальные уборы.

Фабрика искусственныхъ цвѣтовъ и цвѣточныхъ принадлежностей
С. Б. Флейшера
Варшава, Маршалковская 75.

Цѣлыя комнатныя растенія.
Букеты. Гирлянды.

СЧЕТЪ

Госпожѣ А. М. Смирновой, Москва.

Отправлено Вамъ за Вашъ счетъ и рискъ по почтѣ съ наложеннымъ платежомъ:

№	Количество	Наименованіе товара	Руб.	Коп.
1007	2 гросса	вѣтокъ фіалокъ съ цвѣтками и бутонами . .	24	—
1114	2 „	вѣтокъ незабудокъ	24	—
1170	1 гроссъ	Розъ	36	—
1301	1 „	Ландышей съ бутонами	6	—
		Почтовые расходы	1	80
	гербовая марка	Итого	91	80

☛ Товаръ, заказанный по образцамъ, обратно не принимается. ☚

43.

München, den 15. Mai 19

Gebrüder Werner.

Rechnung für Fräulein Anna Lange, Regensburg.

Sie empfangen für Ihre werte Rechnung und Gefahr durch Post:

1 Kistchen G. F. M. No. 5643

20	Gros	Maiblumen	1007	à 2,60	ℳ 52,—
10	„	Veilchen	1114	à —,80	„ 8,—
10	„	Vergißmeinnicht	1170	à 2,10	„ 21,—
10	Dtzd.	Rosen	1301	à 2,60	„ 26,—
6	Stück	Zweige	780	à 1,—	„ 6,—
6	„	„	172	à —,90	„ 5,40
		Porto			„ —,60
		Kiste			„ —,75
					ℳ 119,75
				2%	„ 2,40
				netto	ℳ 117,35

durch Nachnahme.

Wir sandten Ihnen heute mit gleicher Post die uns durch unseren Herrn K. Berger gütigst bestellten Waren in bester Ausführung und hoffen gern, daß die Sachen Ihren vollen Beifall finden. Ihrem Wunsche gemäß ging die Sendung per Nachnahme in Höhe von ℳ 182,85 an Sie ab, womit zugleich unsere Rechnung vom 18. Dezember 19.. beglichen ist.

Sollten Sie noch etwas in Agraffen, Posen, Straußfedern etc. benötigen, so stehen wir Ihnen auch mit Auswahlsendungen jederzeit gern zu Diensten.

Wir bitten Sie, uns bei neuem Bedarf mit Ihren weiteren Aufträgen zu beehren, und zeichnen

hochachtungsvoll

Gebrüder Werner.

☞ Nach Muster bestellte Ware wird nicht zurückgenommen. Reklamationen, welche später als 3 Tage nach Empfang der Ware gemacht werden, können wir nicht berücksichtigen. ☜

44.

Фабрика искусственныхъ цвѣтовъ и цвѣточныхъ принадлежностей
С. Б. Флейшера
Варшава, Маршалковская 75.

Варшава, 15/28 Мая 19.. г.

Господину I. Гольдштейнъ, временно въ Тулѣ.

Увѣдомляю Васъ, что заказъ № 413, присланный при письмѣ отъ 10 с. м., уже исполненъ.

Я отмѣтилъ также, что Вами внесено въ контору Государственнаго Банка 445 руб. 50 коп.

Что касается свѣдѣній о г-жѣ Якобсонъ, доставленныхъ справочнымъ бюро „Меркурій", то таковыя оказались болѣе благопріятными, чѣмъ отзывъ г. Вейнштейнъ въ Тулѣ, который при семъ посылаю.

Потрудитесь, по возможности, сами провѣрить эти свѣдѣнія и сообщить Ваше мнѣніе о кредитоспособности этой фирмы.

Съ понедѣльника буду адресовать Вамъ письма въ Курскъ до востребованія.

Съ почтеніемъ

С. Б. Флейшеръ.

44.

Gebrüder Werner,
Kunstblumenfabrik.

München, den 15. Mai 19..

Herrn Karl Berger, z. Z. Freising.

Ihrem Briefe vom 10. d. M. entnahmen wir:

Orderzettel No. 413,

den wir sofort erledigten. Wir bemerkten uns, daß Sie bei der Reichsbankstelle Regensburg

M 445,50

für uns erlegten, die wir Ihrem Reisekonto gutschrieben.

Die Ihnen seitens „Kreditreform" über Wwe. Müller/Straubing erteilte Auskunft lautet ungleich günstiger als die im Original beifolgende Mitteilung der Auskunftei Schimmelpfeng.

Wir bitten, die Sache eingehend zu prüfen und uns ausführlich mitzuteilen, was Sie selbst von der Kreditwürdigkeit der betreffenden Firma halten.

Ab morgen adressieren wir: „Drei Könige", Amberg.

Achtungsvoll

Gebrüder Werner.

Полотно.

45. Товарищество Ярославской Мануфактуры разсылаетъ циркуляръ о томъ, что оно назначило своимъ представителемъ для Донской области и Сѣвернаго Кавказа И. С. Болдырева въ Ростовѣ на/Д.

46. 11 Марта 19.. г. И. С. Болдыревъ посылаетъ Товариществу первые полученные имъ заказы.

47. 17 Марта 19.. г. Товарищество Ярославской Мануфактуры подтверждаетъ полученіе заказовъ и предлагаетъ продать нѣкоторые товары, имѣющіеся на складѣ, по пониженной цѣнѣ.

48. 23 Марта 19.. г. И. С. Болдыревъ предлагаетъ эти товары В. Абрамьянцу въ Майкопѣ.

49. 25 Марта 19.. г. В. Абрамьянцъ проситъ понизить цѣну и отсрочить платежъ.

50. 27 Марта 19.. г. И. С. Болдыревъ отклоняетъ пониженіе цѣны, но соглашается на уплату черезъ 6 мѣсяцевъ.

51. 29 Марта 19.. г. В. Абрамьянцъ проситъ выслать товаръ.

52. 7 Апрѣля 19.. г. Товарищество Ярославской Мануфактуры посылаетъ счетъ В. Абрамьянцу.

53. 1 Октября 19.. г. В. Абрамьянцъ высылаетъ покрытіе счета денежнымъ письмомъ.

54. 8 Октября 19.. г. Товарищество подтверждаетъ полученіе денегъ и предлагаетъ свои услуги для поставки различныхъ полотняныхъ товаровъ.

45.

Товарищество
Ярославской Полотняной Мануфактуры.
Адресъ для телеграммъ:
Ярославль, полотно.

Ярославль, 19.. г.
Число почтоваго штемпеля.

М. Г.

Симъ имѣемъ честь увѣдомить Васъ, что вслѣдствіе смерти нашего представителя для Донской области и Сѣвернаго Кавказа г. А. Н. Джури и прекращенія дѣлъ этой фирмы мы передали наше представительство тамъ

господину И. С. Болдыреву въ Ростовѣ на Д.,

который въ ближайшемъ будущемъ представитъ Вамъ наши новѣйшіе образцы.

Въ надеждѣ, что Вы почтите насъ Вашими заказами черезъ нашего новаго представителя, пребываемъ

съ совершеннымъ почтеніемъ

Товарищество Ярославской Полотняной Мануфактуры.

Leinwand.

45. Die Westfälische Leinenweberei, Gesellschaft mit beschränkter Haftung in Bielefeld, zeigt durch Zirkular an, daß sie für die Provinz Westfalen einen neuen Agenten, Felix Bertram, Minden, bestellt hat.

46. Am 11. März 19.. übersendet Felix Bertram, Minden, der von ihm vertretenen Firma die ersten Aufträge.

47. Am 12. März 19.. bestätigt die Westf. Leinenweberei, Bielefeld, den Eingang der Orders und stellt ihrem Agenten verschiedene Lagerware zu billigerem Preise an.

48. Am 14. März 19.. empfiehlt der Agent die ihm angestellten Waren als Gelegenheitskauf an Max Ernst, Herford.

49. Am 15. März 19.. fordert Max Ernst, Herford, eine Preisherabminderung und Hinausschiebung des Zahlungstermins.

50. Am 16. März 19.. bedauert Felix Bertram, Minden, im Preise nichts nachlassen zu können, gewährt aber 3 Monat Ziel und verlangt umgehende Entschließung.

51. Am 18. März 19.. bittet Max Ernst, Herford, um Zusendung der Ware.

52. Am 20. März 19.. überreicht die Weberei Bielefeld dem Käufer die Rechnung.

53. Am 1. Mai 19.. sendet Max Ernst, Herford, den Rechnungsbetrag abzüglich 2% Skonto ein.

54. Am 2. Mai 19.. bestätigt die Weberei Bielefeld den Empfang des Geldes und bittet um fernere Aufträge.

45.

Bielefeld, Datum des Poststempels.

P. P.

Wir beehren uns, Ihnen die ergebene Mitteilung zu machen, daß wir uns veranlaßt gesehen haben, einen Wechsel in der Leitung unseres Mindener Hauses vorzunehmen, und von nun ab

Herrn Felix Bertram

mit der Führung unserer Geschäfte in der Provinz Westfalen beauftragt haben.

Genannter Herr wird Ihnen demnächst unsere neuesten Musterbücher vorlegen, um Ihre Aufträge darauf entgegenzunehmen.

Hochachtungsvoll

Westfälische Leinenweberei, G. m. b. H.
Albert Hess.

46.

И. С. Болдыревъ
Агентурно-коммиссіонная контора
Ростовъ на/Д.

Ростовъ на/Д., 11 Марта 19.. г.

Въ Главную контору
Товарищества Ярославской Полотняной Мануфактуры.

Только что вернувшись изъ поѣздки по Кубанской Области, при семъ спѣшу препроводить первые четыре заказа (№ 1—4), полученные мною для Вашей уважаемой фирмы.

При семъ:
заказы № 1—4.

Съ совершеннымъ почтеніемъ
И. С. Болдыревъ.

47.

Товарищество
Ярославской Полотняной Мануфактуры.
Адресъ для телеграммъ:
Ярославль, полотно.

Ярославль, 17 Марта 19.. г.

Господину И. С. Болдыреву, Ростовъ на/Д.

Милостивый Государь.

Симъ подтверждаемъ полученіе заказовъ № 1—4, которые будутъ исполнены согласно предписаніямъ заказчиковъ.

Въ настоящее время у насъ имѣется на складѣ нѣсколько большихъ партій товара, которыя мы желали бы распродать возможно скорѣе, и готовы скинуть съ цѣнъ, обозначенныхъ на образчикахъ, до 20% при наличномъ разсчетѣ. Въ числѣ этихъ товаровъ имѣются между прочимъ:

1) Полотенца полотняныя, качество 111, рисунки 8, 9, 14, 16, 19.
2) Полотно суровое, качество 180.

Въ полотнѣ нитка мѣстами не очень ровна, но порокъ этотъ настолько мало замѣтенъ, что Вы навѣрно скоро найдете покупателей на этотъ товаръ. Въ Ваше распоряженіе мы можемъ доставить на первый разъ 230 дюжинъ полотенецъ и 120 кусковъ полотна.

Съ совершеннымъ почтеніемъ
Товарищество Ярославской Полотняной Мануфактуры
Директоръ А. Кузнецовъ.

46.

Minden, den 11. März 19..

An die

Westfälische Leinenweberei, G. m. b. H., Bielefeld.

Soeben von meiner ersten Tour zurückgekehrt, überreiche ich Ihnen in der Anlage die mir gewordenen Aufträge 1—4 zur gefl. Erledigung.

Hochachtungsvoll

Felix Bertram.

4 Orders

47.

Westfälische Leinenweberei,
G. m. b. H.

Bielefeld, den 12. März 19..

Herrn Felix Bertram, Minden.

Ihrem Gestrigen entnahmen wir Aufträge 1—4, die wir vorschriftsgemäß erledigen.

An Lager befinden sich:

230 Dtzd. ungeklärte rein leinene Jacquard-Handtücher,
50 × 130, Qualität 111,

die wir bei Abnahme des Postens mit 6,75 netto Kasse abgeben, und

12 Stück geklärtes Hausleinen, 79 breit, Qualität 180.

Diese Stücke sind etwas streifig ausgefallen, wir geben sie Ihnen mit ℳ 3,50 per Stück unter Liste an die Hand.

Da der Fehler kaum bemerkbar ist, dürfte es Ihnen nicht schwer fallen, Nehmer zu finden.

Achtungsvoll

Westfälische Leinenweberei, G. m. b. H.
Albert Hess.

48.

И. С. Болдыревъ.
Агентурно-коммиссіонная контора
Ростовъ на/Д.

Ростовъ на/Д., 23 марта 19.. г.

Господину В. Абрамьянцу, Майкопъ.

Я только что получилъ отъ Товарищества Ярославской Полотняной Мануфактуры увѣдомленіе, что оно готово продать нѣсколько партій товара по значительно пониженнымъ цѣнамъ.

Зная изъ прежней переписки, что Вы неоднократно покупали подобный товаръ, позволяю себѣ предложить Вамъ слѣдующее:

1) 230 дюжинъ полотняныхъ полотенецъ; размѣръ 9×30 вершковъ, пяти рисунковъ, по 4 руб. за дюжину за наличный разсчетъ. Посылаю по почтѣ, какъ образцы, по дюжинѣ каждаго рисунка.

2) 180 скатертей камчатныхъ; размѣръ 2×3 аршина по 3 руб. Всѣ одного рисунка.

По желанію я могу доставить Вамъ салфетки такого же рисунка 14×14 верш. по 7 руб. за дюжину.

Въ ожиданіи Вашего немедленнаго отвѣта остаюсь

съ совершеннымъ почтеніемъ

И. С. Болдыревъ.

49.

В. Абрамьянцъ.
Магазинъ
шелковыхъ и шерстяныхъ матерій,
полотняныхъ издѣлій,
кружевъ, вышивокъ и пр.
Майкопъ,
Базарная площадь, соб. домъ.

Майкопъ, 25 марта 19.. г.

Господину И. С. Болдыреву, Ростовъ на/Д.

Получивъ Ваше почт. письмо отъ 23 с. м. увѣдомляю Васъ, что я взялъ бы предлагаемую Вами партію полотенецъ, если бы Вы уступили ее по 3 руб. 75 коп. за дюжину, срокомъ на 6 мѣсяцевъ.

Что касается столоваго бѣлья, то запасъ его у меня еще настолько великъ, что я не могу воспользоваться Вашимъ предложеніемъ.

Въ ожиданіи Вашего скораго отвѣта пребываю

съ совершеннымъ почтеніемъ

В. Абрамьянцъ.

48.

Minden, den 14. März 19..

Herrn Max Ernst, Herford.

Soeben wurden mir von meinem Hause ca. 230 Dtzd. ungeklärte rein leinene Jacquard-Handtücher, 50 × 130, Qualität 111, zu dem außerordentlich billigen Preise von ℳ 6,75 netto Kasse bei Abnahme des ganzen Postens angestellt.

Das Sortiment besteht aus 5 Mustern.

Da ich aus dem früheren Briefwechsel mit Ihrer w. Firma ersehe, daß Sie öfter ähnliche Qualitäten von uns bezogen haben, so erlaube ich mir, Ihnen diesen äußerst vorteilhaften Posten als Gelegenheitskauf zu empfehlen, und übersende Ihnen je ein Probedutzend durch Post.

Ebenso offeriere ich Ihnen einen Rest von 180 St. gebleicht rein leinen Damasttischtüchern, 130 × 170, Qualität 96, in einem Dessin, die ich Ihnen äußerst à ℳ 6,25 netto Kasse liefern würde.

Auf Wunsch könnte ich Ihnen zum Dessin passende Servietten, 65 × 65, zu ℳ 11,75 netto Kasse, abgeben.

Ihrer gefl. umgehenden Entscheidung sehe ich gern entgegen und zeichne

hochachtungsvoll

Felix Bertram.

49.

Max Ernst, Herford. Herford, den 15. März 19..

Herrn Felix Bertram, Minden.

Im Besitz Ihrer gefl. Offerte vom 14. d. M. bin ich nicht abgeneigt, den angestellten Posten Handtücher zu übernehmen, wenn Sie mir dieselben mit ℳ 6,60 überlassen und außerdem 3 Monat Ziel gewähren.

Mein Lager in Tischzeug ist hinreichend sortiert; ich bedaure deshalb für Ihre weitere Offerte keine Verwendung zu haben.

Umgehender Antwort gern gewärtig, zeichnet

hochachtungsvoll

Max Ernst.

50.

И. С. Болдыревъ.
Агентурно-Коммисіонная контора.
Ростовъ на/Д.

Ростовъ на/Д., 27/III 190 . г.

Господину В. Абрамьянцу, Майкопъ.

Милостивый Государь.

Подтверждая полученіе Вашего почт. письма отъ 25 с. м. увѣдомляю Васъ, что мною назначена была крайняя цѣна и потому, къ сожалѣнію, я не могу сдѣлать Вамъ никакой скидки.

Что касается срока платежа, то я согласенъ на уплату черезъ 6 мѣсяцевъ.

Прошу Васъ немедленно сообщить мнѣ Ваше рѣшеніе, такъ какъ я предлагалъ эту партію полотенецъ такъ-же другимъ фирмамъ, и остаюсь

съ совершеннымъ почтеніемъ

И. С. Болдыревъ.

51.

В. Абрамьянцъ.
Магазинъ
шелковыхъ и шерстяныхъ матерій,
полотняныхъ издѣлій,
кружевъ, вышивокъ и пр.
Майкопъ,
Базарная площадь, соб. домъ.

Майкопъ, 29 Марта 19 . . г.

Господину И. С. Болдыреву, Ростовъ на/Д.

Я получилъ Ваше почт. письмо отъ 27 с. м. и прошу Васъ выслать мнѣ малой скоростью:

230 дюж. полотенецъ по 4 руб. за дюж., ср. на 6 мѣсяцевъ,

одинаковой доброты съ присланными мнѣ образцами.

Въ ожиданіи немедленнаго исполненія моего заказа остаюсь

съ совершеннымъ почтеніемъ

В. Абрамьянцъ.

50.

Minden, den 16. März 19..

Herrn Max Ernst, Herford.

Im Besitze Ihres gestrigen Schreibens bedauere ich, Ihnen nach nochmaliger Kalkulation das Handtuch nicht anders als zu ℳ 6,75 erlassen zu können. Dagegen bin ich bereit, Ihnen diesen Preis ausnahmsweise netto 3 Monat, anstatt netto Kasse anzustellen.

Ich bitte um Ihre umgehende Erklärung, da ich die Handtücher auch anderweit angestellt habe.

Hochachtungsvoll

Felix Bertram.

51.

Max Ernst, Herford. Herford, den 18. März 19..

Herrn Felix Bertram, Minden.

Im Besitze Ihres Briefes vom 16. d. M. ersuche ich Sie, mir als Frachtgut:

230 Dtzd. Handtücher à 6,75 ℳ netto 3 Monat,

in Qualität und Farbe genau der mir am 14. d. M. durch die Post zugegangenen Probe entsprechend, zu übersenden.

Umgehender Erledigung gern gewärtig, zeichne ich

hochachtungsvoll

Max Ernst.

52.

Товарищество
Ярославской Полотняной Мануфактуры.
Адресъ для телеграммъ:
Ярославль, полотно.

Ярославль, 7 Апрѣля 19.. г.

Господину В. Абрамьянцу, Майкопъ.

Симъ извѣщаемъ Васъ, что, согласно увѣдомленію г. И. С. Болдырева въ Ростовѣ на/Д., нами отправлены сегодня черезъ компанію „Надежда", по прилагаемой при семъ накладной:

230 дюжинъ полотенецъ, составляющіе по одновременно высылаемому счету

Руб. 920.— срокомъ на 6 мѣс.

Въ ожиданіи Вашихъ новыхъ заказовъ остаемся

съ совершеннымъ почтеніемъ

Товарищество Ярославской Полотняной Мануфактуры

за Директора И. Кузнецовъ.

(другая страница того же листа)

Собственные склады въ Москвѣ, Петербургѣ, Варшавѣ.

Товарищество
Ярославской Полотняной Мануфактуры
Ярославль.
Адресъ для телеграммъ: Ярославль, полотно.

Представители въ Одессѣ, Ростовѣ на Д., Тифлисѣ.

Ярославль, 7 Апрѣля 19.. г.

СЧЕТЪ

Господину *В. Абрамьянцѣ, Майкопѣ.*

Отправлено Вамъ за Вашъ счетъ и рискъ черезъ *компанію Надежда, малой скоростью,* срокомъ на 6 мѣсяцевъ.

Знаки	Число мѣстъ	Наименованіе товара	Руб.	Коп.
Я. п. М. 1113—1116	4 ящика	230 дюжинъ полотенецъ № 111 по 4 руб.	920	—

гербовая марка

52.

Westfälische Leinenweberei.

Gesellschaft mit beschränkter Haftung.

Bielefeld, den 20. März 19..

Rechnung

für Herrn Max Ernst, Herford.

W. S. W. 1113—1116	230	*Wir sandten Ihnen in* gewöhnlicher *Fracht durch* Spediteur Otto Müller, hier, in 4 Kisten: Dtzd. 50 × 130 ungekl. Jacquard-Handtücher . . . . Dtzd. 30 Tage 2% 90 „ netto.	6,75	1552	50

53.

В. Абрамьянцъ.
Магазинъ
шелковыхъ и шерстяныхъ матерій,
полотняныхъ издѣлій,
кружевъ, вышивокъ и пр.
Майкопъ,
Базарная площадь, соб. домъ.

Майкопъ, 1 Октября 19.. г.

Въ Главную контору Ярославской Полотняной Мануфактуры,
Ярославль.

Милостивые Государи.

Въ покрытіе Вашего счета отъ 7 Апрѣля с. г. посылаю при семъ

920 рублей, кредитными билетами,

о полученіи каковой суммы покорнѣйше прошу почтить меня увѣдомленіемъ.

Съ совершеннымъ почтеніемъ

В. Абрамьянцъ.

54.

Товарищество
Ярославской Полотняной Мануфактуры.
Адресъ для телеграммъ:
Ярославль, полотно.

Ярославль, 8 Октября 19.. г.

Господину В. Абрамьянцу, Майкопъ.

Симъ подтверждаемъ полученіе Вашего письма отъ 1 Октября с. г., вмѣстѣ съ упоминаемыми въ немъ

Руб. 920, кредитными билетами,

каковую сумму мы записали въ покрытіе нашего счета отъ 7 Апрѣля с. г.

Надѣемся, что вскорѣ Вы почтите насъ Вашими новыми заказами и пребываемъ

съ совершеннымъ почтеніемъ

Товарищество Ярославской Полотняной Мануфактуры

Директоръ А. Кузнецовъ.

53.

Max Ernst, Herford.

Herford, den 1. Mai 19..

An die

Westfälische Leinenweberei, G. m. b. H., Bielefeld.

Zum Ausgleich Ihrer Rechnung vom 20. März a. c. überreiche ich Ihnen beiliegend:

	ℳ	1521,45	in bar, die Sie mir
zuzüglich	„	31,05	2 % Skonto
mit	ℳ	1552,50	gutbringen wollen.

Hochachtungsvoll

Max Ernst.

Beiliegend:	ℳ	1520,—	in Papiergeld
	„	1,45	in Briefmarken
	ℳ	1521,45	

54.

Westfälische Leinenweberei, G. m. b. H.

Bielefeld, den 2. Mai 19..

Herrn Max Ernst, Herford.

Ihrem gestrigen Schreiben entnahmen wir:

	ℳ	1521,45	in bar, die wir
zuzüglich	„	31,05	2 % Skonto
mit	ℳ	1552,50	

zum Ausgleich unserer Rechnung vom 20. März d. J. verwendeten.

Ihren ferneren Aufträgen uns bestens empfohlen haltend, zeichnen wir

hochachtungsvoll

Westfälische Leinenweberei, G. m. b. H.
Albert Hess.

Освѣдомленіе и напоминаніе.

55. 6 Апрѣля 19.. г. И. А. Сосновскій въ Смоленскѣ проситъ Г. А. Ярцева въ Москвѣ о скорѣйшей высылкѣ покрытія по старому счету.

56. 6 Апрѣля 19.. г. И. А. Сосновскій въ Смоленскѣ справляется у дружественной ему фирмы „А. Г. Яблочкина Сыновья" о кредитоспособности должника.

57. 9 Апрѣля 19.. г. фирма „А. Г. Яблочкина Сыновья" рекомендуетъ энергично требовать уплаты.

58. 10 Апрѣля 19.. г. И. А. Сосновскій въ Смоленскѣ увѣдомляетъ Г. А. Ярцева въ Москвѣ, что онъ будетъ трассировать на него въ суммѣ долга, присчитавъ проценты за просроченный платежъ и расходы.

59. 15 Апрѣля 19.. г. И. А. Сосновскій въ Смоленскѣ трассируетъ на Г. А. Ярцева согласно увѣдомленію отъ 10 с. м.

60. 20 Апрѣля 19.. г. И. А. Сосновскій въ Смоленскѣ требуетъ уплаты, грозя судомъ.

61. 22 Апрѣля 19.. г. Г. А. Ярцевъ въ Москвѣ предлагаетъ взять въ уплату по счету акцептованный имъ вексель, индоссированный фирмой „В. Прохоровъ и Ко." въ Ивановѣ-Вознесенскѣ.

62. 24 Апрѣля 19.. г. И. А. Сосновскій въ Смоленскѣ соглашается на такое покрытіе его счета.

63. 25 Апрѣля 19.. г. Ярцевъ въ Москвѣ посылаетъ вексель.

64. 28 Апрѣля 19.. г. И. А. Сосновскій въ Смоленскѣ увѣдомляетъ о полученіи векселя, и принимаетъ его въ уплату по счету съ обычной оговоркой.

55.

И. А. Сосновскій
въ Смоленскѣ.

Смоленскъ, 6 Апрѣля 19.. г.

Господину Г. А. Ярцеву, Москва.

При просмотрѣ моихъ книгъ, я нашелъ, что моя фактура отъ 15 Іюня п. г. на

Руб. 496,75, ср. н. 15 Января с. г.

все еще не оплачена.

15 Февраля с. г. я уже позволилъ себѣ напомнить Вамъ о просроченномъ платежѣ, но не получилъ отъ Васъ никакого отвѣта. Въ виду этого прошу Васъ не замедлить присылкой покрытія моей фактуры и остаюсь

съ совершеннымъ почтеніемъ

И. А. Сосновскій.

Erkundigung und Mahnung.

55. Am 6. April 19.. ersucht Emil Held in Braunschweig die Firma Rudolf Reh in Wolfenbüttel um baldige Einsendung eines fälligen Rechnungsbetrags.

56. Am 6. April 19.. erkundigt sich Emil Held in Braunschweig bei seinen Geschäftsfreunden A. Feller & Co., Wolfenbüttel, nach der Kreditwürdigkeit seines Schuldners.

57. Am 9. April 19.. empfehlen A. Feller & Co., Wolfenbüttel, energisches Vorgehen gegen den Schuldner.

58. Am 10. April 19.. zeigt Emil Held, Braunschweig, seinem Schuldner an, daß er den Rechnungsbetrag zuzüglich Verzugszinsen und Spesen durch Postnachnahme erheben werde.

59. Am 13. April 19.. schickt Emil Held, Braunschweig, Postnachnahmekarte über den Rechnungsbetrag an Rudolf Reh in Wolfenbüttel ein.

60. Am 16. April 19.. verlangt Emil Held, Braunschweig, zur Vermeidung gerichtlicher Klage Zahlung.

61. Am 17. April 19.. schlägt Rudolf Reh, Wolfenbüttel, vor, sein von Falb & Co., Helmstedt, indossiertes Akzept in Zahlung nehmen zu wollen.

62. Am 18. April 19.. erklärt sich Emil Held, Braunschweig, mit dieser Form der Anschaffung einverstanden.

63. Am 20. April 19.. übersendet Rudolf Reh, Wolfenbüttel, das Akzept und bittet um Entlastung.

64. Am 21. April 19.. bekennt sich Emil Held, Braunschweig, zum Empfang des Wechsels und quittiert unter dem üblichen Vorbehalt über seine Forderung.

55.

Emil Held, Braunschweig. Braunschweig, den 6. April 19..

Herrn Rudolf Reh, Wolfenbüttel.

Bei Durchsicht meiner Bücher finde ich Ihr Konto noch immer mit dem Betrag meiner Rechnung vom 15. Oktober v. J.

ℳ 496,75 per 15./12. v. J.

belastet.

Unter dem 15. Februar d. J. erlaubte ich mir bereits, Sie auf den rückständigen Posten aufmerksam zu machen; eine Antwort ist mir nicht zugegangen.

Da das Ihnen eingeräumte Ziel seit längerer Zeit überschritten ist, ersuche ich Sie um recht baldige Begleichung dieser Summe und zeichne

achtungsvoll

Emil Held.

56.

И. А. Сосновскій
въ Смоленскѣ.

Смоленскъ, 6 Апрѣля 19.. г.

Фабрично-торговому Товариществу А. Г. Яблочкина Сыновей,
Москва.

Настоящимъ позволяю себѣ обратиться къ Вамъ съ просьбой не отказать въ сообщеніи возможно точныхъ и обстоятельныхъ свѣдѣній о состояніи и кредитоспособности фирмы, означенной на прилагаемой запискѣ.

Фирма эта уже много лѣтъ состоитъ въ числѣ моихъ постоянныхъ покупателей, и всегда аккуратно платила по всѣмъ своимъ обязательствамъ, но въ текущемъ году даже оставила безъ отвѣта напоминаніе, посланное 15 Февраля с. г. Сумма, которую мнѣ слѣдуетъ получить, равна приблизительно 500 руб.

Принося Вамъ заранѣе мою благодарность, я гарантирую Вамъ полнѣйшее соблюденіе тайны сообщенія и остаюсь

съ совершеннымъ почтеніемъ

И. А. Сосновскій.

57.

Поставщики Двора **Его Императорскаго Величества.**

Фабрично-торговое Товарищество

А. Г. Яблочкина Сыновей.

Въ **Москвѣ,** Варварка соб. д. — На Нижегородской Ярмаркѣ, — Малый Овощной рядъ.

Москва, 9 Апрѣля 19.. года.

Господину И. А. Сосновскому, Смоленскъ.

Отвѣчая на Вашъ запросъ отъ 6 с. м. имѣемъ честь сообщить Вамъ вполнѣ конфиденціально и безъ нашей отвѣтственности, что въ послѣднее время приходится слышать жалобы на то, что интересующая Васъ фирма стала затягивать платежи.

На сколько можно судить по слухамъ, владѣлецъ фирмы, отличающійся вообще усердіемъ и знаніемъ дѣла, вышелъ въ послѣднее время изъ предѣловъ благоразумія, принявъ участіе въ предпріятіяхъ, доходность которыхъ весьма сомнительна.

Въ виду этого мы совѣтовали бы Вамъ дѣйствовать энергично, иначе, при настоящемъ положеніи вещей, кто-нибудь легко можетъ раньше Васъ начать хлопотать объ огражденіи своихъ интересовъ и тѣмъ затруднить Ваше дѣло.

56.

Emil Held, Braunschweig. Braunschweig, den 6. April 19..

Herren A. Feller & Co., Wolfenbüttel.

Ich gestatte mir heute, Ihre Gefälligkeit in Anspruch zu nehmen, indem ich Sie bitte, mir über den Ruf und die Kreditwürdigkeit der auf dem beiliegenden Zettel verzeichneten Firma eine möglichst genaue Auskunft zu erteilen.

Der in Frage Stehende ist ein langjähriger Kunde meines Hauses und hat früher stets pünktlich reguliert. Eine ihm bereits im Februar d. J. übersandte Mahnung hat er dagegen unbeantwortet gelassen. Das Objekt beträgt annähernd 500 ℳ.

Sie wollen sich diskretester Benutzung Ihrer gefl. Mitteilungen versichert halten.

Zu Gegendiensten stelle ich mich Ihnen stets gern zur Verfügung.

Hochachtungsvoll

Emil Held.

Anlage
1 Adresse.

57.

Feller & Co., Wolfenbüttel. Wolfenbüttel, den 9. April 19..

Herrn Emil Held, Braunschweig.

Im Besitz Ihres Briefes vom 6. d. M. teilen wir Ihnen zu gefl. diskreter Benutzung und ohne jede Gewähr unsererseits mit, daß in neuerer Zeit öfter über langsame Zahlung der in Frage stehenden Firma geklagt wird.

Es scheint, daß der sonst sehr tüchtige und fleißige Inhaber sich über seine Kräfte an industriellen Unternehmungen beteiligt hat, deren Rentabilität zu wünschen übrig läßt.

In Ihrem Interesse dürfte es liegen, energisch vorzugehen, damit Ihnen nicht bei der immerhin gefährdeten Lage andere zuvorkommen.

Надо замѣтить кстати, что у Вашего должника имѣются весьма богатые родственники, и весьма вѣроятно, что они что-нибудь сдѣлають для облегченія его положенія.

. Просимъ Васъ воспользоваться сообщаемыми свѣдѣніями безъ какой-либо отвѣтственности съ нашей стороны и надѣемся, что Вы сохраните ихъ въ полной тайнѣ.

Съ совершеннымъ почтеніемъ

Товарищество А. Г. Яблочкина Сыновей.

58.

И. А. Сосновскій
въ Смоленскѣ.

Смоленскъ, 10 Апрѣля 19.. года.

Господину Г. А. Ярцеву, Москва.

Не получивъ отъ Васъ никакого отвѣта на мои письма отъ 15 февраля и 6 Апрѣля с. г., я вынужденъ вновь обратиться къ Вамъ съ просьбой учинить наконецъ со мной разсчетъ по фактурѣ отъ 15 Іюля п. г.

Если я не получу денегъ до 15 с. м., то я немедленно трассирую на Васъ по предъявленію въ суммѣ фактуры, присчитавъ проценты за просроченный платежъ и мои расходы.

Въ надеждѣ, что настоящая просьба моя не будетъ оставлена безъ вниманія, остаюсь

съ совершеннымъ почтеніемъ

И. А. Сосновскій.

Zur Zeit ist es recht wohl möglich, daß die sehr wohlhabenden Verwandten Ihres Schuldners etwas für ihn tun.

Wir stellen ergebenst anheim, von vorstehender Auskunft, ohne jede Verbindlichkeit unsererseits, den Ihnen geeignet erscheinenden Gebrauch zu machen, und rechnen auf Ihre Verschwiegenheit.

Hochachtungsvoll

A. Feller & Co.

58.

Emil Held, Braunschweig. Braunschweig, den 10. April 19..

Herrn Rudolf Reh, Wolfenbüttel.

Da Sie meine Briefe vom 15. Februar und 6. April d. J. unbeantwortet gelassen haben, ersuche ich Sie hierdurch, den fälligen Rechnungsbetrag zuzüglich ℳ 8,25 Verzugszinsen à 5 %

mit ℳ 505,—

nunmehr innerhalb 3 Tagen zu begleichen.

Sollte ich bis zum 13. April d. J. nicht im Besitze des Geldes sein, so werde ich den Betrag zuzüglich 65 Pfennig Postgebühr durch Postnachnahme bei Ihnen einziehen lassen.

Zur Vermeidung von Weiterungen und Kosten wollen Sie meine Abgabe bei Vorkommen pünktlich einlösen.

Achtungsvoll

Emil Held.

59.

И. А. Сосновскій
въ Смоленскѣ.

Смоленскъ, 15 Апрѣля 19.. г.

Господину Г. А. Ярцеву, Москва.

Въ виду того, что Вы опять не отвѣтили на мое письмо отъ 10 с. м., я рѣшилъ болѣе не оставаться въ тщетномъ ожиданіи и трассировалъ на Васъ сего числа въ суммѣ

Руб. 505,40 моему приказу п/пр.

по слѣдующему разсчету:

Моя фактура отъ 15 Іюля пр. г. . . .	Руб.	496,75	на 15 Января с. г.
Проценты за 3 мѣсяца, считая 6 % год.	„	7,45	
Мои расходы	„	1.20	
	Итого Руб.	505,40.	

Прошу Васъ признать означенный долгъ принятіемъ и своевременной оплатой векселя, и надѣюсь, что Вы не заставите меня прибѣгнуть къ такимъ мѣрамъ, послѣдствія коихъ могли бы быть Вамъ весьма непріятны.

Съ совершеннымъ почтеніемъ

И. А. Сосновскій.

60.

И. А. Сосновскій
въ Смоленскѣ.

Смоленскъ, 20 Апрѣля 19.. г.

Господину Г. А. Ярцеву, Москва.

Я только что получилъ обратно мою тратту, которую Вы платежомъ не оправдали, и не могу не выразить Вамъ моего крайняго удивленія, что Вы не только не производите уплаты по счету отъ 15 Іюля п. г., но и не находите нужнымъ отвѣчать на мои многочисленныя письма.

Въ виду этого я вынужденъ искать защиты моихъ правъ судебнымъ порядкомъ. Принимая, однако, во вниманіе наши многолѣтнія дѣловыя сношенія, я рѣшился прибѣгнуть къ этому крайнему средству только въ томъ случаѣ, если въ теченіе 8 дней отъ сего числа я не получу отъ Васъ полнаго удовлетворенія.

Съ совершеннымъ почтеніемъ

Заказное.

И. А. Сосновскій.

59. (Postnachnahmekarte.)

Vorderseite.

10 Pf. Vorzeigegebühr.	5 Pf. Porto.

Nachnahme: 505 ℳ 65 Pf.
wörtlich: Fünfhundertfünf ℳ 65 Pf.

Absender: Emil Held, Braunschweig.

Herrn Rudolf Reh

in

Wolfenbüttel.

(*Rückseite.*)

Quittung über Mark 505,65

Von Herrn Rudolf Reh, Wolfenbüttel, mit Bezugnahme auf mein Schreiben vom 10./4. d. J.

Fünfhundertfünf Mark 65 Pf.

empfangen zu haben, bescheinige ich hiermit

Braunschweig, den 14./4. 19..

Emil Held.

Falls aus irgend einem Grunde die Einlösung beim ersten Vorzeigen nicht erfolgt, so bleibt die Karte noch 6 Tage beim Postamt liegen und kann bis dahin deren Einlösung bewirkt werden.

60.

Emil Held, Braunschweig.

Braunschweig, den 16. April 19..

Herrn Rudolf Reh, Wolfenbüttel.

Soeben erhalte ich meine Postnachnahmekarte vom 13. d. M. unbezahlt zurück.

Da Sie weder zahlen noch meine Zuschriften beantworten, so sehe ich mich nunmehr gezwungen, gerichtliche Klage gegen Sie anzustrengen.

Ich bedaure, daß unsere mehrjährige Geschäftsverbindung in so unerquicklicher Weise abgebrochen wird, aber Sie werden mir wohl zugeben, daß die Schuld nicht an mir liegt.

Achtungsvoll

Emil Held.

Einschreiben.

61.

Г. А. Ярцевъ
въ Москвѣ.

Москва, 22 Апрѣля 19.. г.

Господину И. А. Сосновскому, Смоленскъ.

Милостивый Государь.

Симъ покорнѣйше прошу Васъ извинить меня за то, что не отвѣчалъ на всѣ Ваши письма, и тѣмъ вынудилъ Васъ угрожать мнѣ судебнымъ преслѣдованіемъ. Въ послѣднее время я имѣлъ, не по своей винѣ, весьма тяжелыя потери и, для предупрежденія большаго несчастія, долженъ былъ немедленно произвести весьма большіе платежи. Вотъ причина, не давшая мнѣ возможности своевременно уплатить Вамъ по фактурѣ отъ 15 Іюля пр. г.

Для того, чтобы избавить меня отъ непріятныхъ послѣдствій преслѣдованія по суду, которымъ Вы угрожаете, мой двоюродный братъ, единственный владѣлецъ фирмы „В. Прохоровъ и Ко.“ въ Ивановѣ-Вознесенскѣ, согласился индоссировать акцептованный мною вексель на сумму Вашей претензіи, т. е. на

Руб. 505,40.

Я думаю, что надпись столь солидной фирмы является для Васъ достаточной гарантіей того, что вексель будетъ своевременно оплаченъ, и потому надѣюсь, что Вы согласитесь принять его въ покрытіе моего долга, и тѣмъ избавите меня отъ весьма тяжелой заботы.

Ожидаю Вашего немедленнаго отвѣта съ выраженіемъ согласія на мое предложеніе, по полученіи каковаго безъ промедленія вышлю акцептованный мною вексель.

Съ совершеннымъ почтеніемъ

Заказное.

Г. А. Ярцевъ.

62.

И. А. Сосновскій
въ Смоленскѣ.

Смоленскъ, 24 Апрѣля 19.. г.

Господину Г. А. Ярцеву, Москва.

Въ отвѣтъ на Ваше письмо отъ 22 с. м. спѣшу увѣдомить Васъ, что я согласенъ на Ваше предложеніе, подъ условіемъ, что Вы вышлете мнѣ акцептованный Вами вексель срокомъ на 3 мѣсяца на сумму фактуры отъ 15 Іюля п. г., т. е. на

	Руб.	496,75	съ прибавленіемъ процентовъ, считая
по 6 % годовыхъ по срокъ платежа	„	15,75	и
моихъ расходовъ	„	1,50	всего на сумму въ
	Руб.	514,00	ср. 25 Іюля с. г.

61.

Rudolf Reh, Wolfenbüttel. Wolfenbüttel, den 17. April 19..

Herrn Emil Held, Braunschweig.

Ich bitte sehr um Entschuldigung, daß ich Ihre verschiedenen Zuschriften und Mahnungen unbeantwortet ließ und dadurch Ihren Entschluß veranlaßte, klagbar gegen mich zu werden.

Ich habe in der letzten Zeit und ohne mein Verschulden schwere Verluste gehabt, die ich, um größeres Unheil zu verhüten, sofort decken mußte; dadurch bin ich verhindert worden, meinen laufenden Verpflichtungen gerecht zu werden.

Um der mir angedrohten gerichtlichen Klage vorzubeugen, hat sich mein Schwager, Herr W. Falb, alleiniger Inhaber der Firma A. Falb & Co. in Helmstedt, bereit erklärt, ein 3 Monat-Akzept, das ich Ihnen zur Deckung meiner Schuld von ℳ 496,75 zuzüglich Spesen und Zinsen einsenden würde, mit seinem Giro zu versehen.

Der Name der genannten Firma bürgt Ihnen für pünktlichen Eingang des Wechselbetrags; ich gebe mich deshalb der Hoffnung hin, daß Sie auf meinen Vorschlag eingehen und mich damit von einer schweren Sorge befreien werden.

Ich sehe Ihrer gefl. Zustimmung postwendend entgegen und werde Ihnen dann mein Akzept umgehend einsenden.

Hochachtungsvoll

Einschreiben.

Rudolf Reh.

62.

Emil Held, Braunschweig. Braunschweig, den 18. April 19..

Herrn Rudolf Reh, Wolfenbüttel.

Den mir soeben mit Ihrem Gestrigen eingeschrieben zugehenden Vorschlag bin ich unter folgenden Bedingungen anzunehmen bereit:

Sie senden mir umgehend ein 3 Monat-Akzept in Höhe des seit 15./12. v. J. offenen Fakturenbetrags von ℳ 496,75, zuzüglich Verzugszinsen bis zum Fälligkeitstag des Akzeptes und meiner Auslagen für Porti.

Вексель долженъ быть индоссированъ г. г. „В. Прохоровъ и Ко.“ и быть въ моихъ рукахъ не позднѣе 28 с. м.

Съ совершеннымъ почтеніемъ

И. А. Сосновскій.

63.

Г. А. Ярцевъ
въ Москвѣ.

Москва, 25 Апрѣля 19.. г.

Господину И. А. Сосновскому, Смоленскъ.

Милостивый Государь.

Приношу Вамъ искреннюю благодарность за любезное согласіе на мое предложеніе и посылаю при семъ акцептованный мною вексель на

Руб. 514.—

ср. 25 Іюля с. г., индоссированный г. г. В. Прохоровъ и Ко.

Покорнѣйше прошу подтвердить полученіе векселя и принятіе его въ покрытіе моего фактурнаго долга, и остаюсь

съ совершеннымъ почтеніемъ

Г. А. Ярцевъ.

64.

И. А. Сосновскій
въ Смоленскѣ.

Смоленскъ, 28 Апрѣля 19.. г.

Господину Г. А. Ярцеву, Москва.

Симъ подтверждаю полученіе Вашего заказного письма отъ 25 с. м. со вложеніемъ акцептованнаго Вами векселя на

Руб. 514.— ср. 25 Іюля с. г.,

который снабженъ передаточной надписью г. г. „В. Прохоровъ и Ко.“

Вексель этотъ принятъ мною, съ обычной оговоркой, въ покрытіе счета моего отъ 15 Іюля п. г.

Съ совершеннымъ почтеніемъ

И. А. Сосновскій.

Dieses Akzept muß das Giro der Firma A. Falb & Co. in Helmstedt tragen und spätestens bis 22. d. M. in meinen Händen sein.

Achtungsvoll

Emil Held.

63.

Rudolf Reh, Wolfenbüttel. Wolfenbüttel, den 20. April 19..

Herrn Emil Held, Braunschweig.

Für das mir mit Ihrem Geehrten vom 18. d. M. gewährte Entgegenkommen spreche ich Ihnen meinen verbindlichsten Dank aus.

In der Anlage überreiche ich Ihnen mein Akzept auf:

ℳ 512,70 per 20./7. d. J. mit Giro A. Falb & Co.

laut unten folgender Aufstellung.

Ich bitte um Empfangsbestätigung und Entlastungsanzeige.

Hochachtungsvoll

Rudolf Reh.

Fakturenbetrag per 15./12. v. J.	ℳ 496,75
Zinsen 15./12.—20./7. d. J., 215 Tage à 5 %	„ 14,85
Portoauslagen	„ 1,10
per 20./7. d. J.	ℳ 512,70

Einschreiben.

64.

Emil Held, Braunschweig. Braunschweig, den 21. April 19..

Herrn Rudolf Reh, Wolfenbüttel.

Ihrem Einschreibebrief, datiert vom 20. April d. J., entfaltete ich:

ℳ 512,70 per 20./7. d. J., mit Giro A. Falb & Co.,

die ich, Eingang vorbehalten, zum Ausgleich meiner Rechnung vom 15. Oktober 19.. verwende.

Achtungsvoll

Emil Held.

B. Банковое дѣло.

Банковыя операціи. Банковое дѣло обнимаетъ собою торговлю деньгами и цѣнными бумагами.

Деньги являются съ одной стороны мѣриломъ стоимости всякаго товара, а съ другой стороны своего рода товаромъ, на который вымѣниваются всѣ другіе товары. Поэтому весьма естественно, что всякій продавецъ товаровъ, волей неволей, входитъ въ сношенія съ тѣми учрежденіями, въ рукахъ которыхъ находятся всѣ денежныя операціи (банки, банкирскія конторы).

Эти учрежденія могутъ заниматься различными операціями за *свой собственный счетъ,* при чемъ могутъ или потерять, или нажить, или же *за счетъ и по порученію другихъ лицъ,* при чемъ ничѣмъ не рискуютъ, но и нажить могутъ, только столько, сколько имъ полагается за коммиссію.

Операціи по кассѣ. Если сношенія купца съ банкомъ ограничиваются отдѣльными сдѣлками, которыя немедленно регулируются, то это будетъ просто отдѣльная операція или операція по кассѣ, если же сдѣлка не регулируется немедленно, а проводится по всѣмъ книгамъ, то говорятъ объ операціи со внесеніемъ въ счетъ даннаго кліента.

Текущій счетъ. Необходимымъ условіемъ открытія текущаго счета является внесеніе въ банкъ извѣстной суммы наличными деньгами (исключеніе составляютъ спеціальные или онкольные текущіе счета, когда по соглашенію съ банкомъ въ обезпеченіе вносятся разныя цѣнности); въ такомъ случаѣ банкъ становится какъ бы кассиромъ вкладчика. Послѣдній получаетъ книжку чековъ и разсчетную книжку, въ которую банкомъ вносятся всѣ поступленія и выдачи. По чеку простого текущаго счета уплата производится немедленно, а при „условномъ" текущемъ счетѣ (правильнѣе при операціи круговыхъ переводовъ или трансфертовъ, собственно Giroverkehr) требуется извѣстнаго рода акцептація чека банкомъ, послѣ которой уплата денегъ производится черезъ нѣсколько дней. Банкъ не только платитъ по чекамъ лица, которому открытъ напр. условный текущій счетъ, но и производитъ за его счетъ различныя порученія по инкассированію векселей, переводамъ, переписыванію суммъ на счетъ третьяго лица и т. д.

Всѣ операціи по текущимъ счетамъ являются чисто операціями кассы, и потому рѣдко вызываютъ переписку.

Конто-корренты. Отличіе конто-коррентовъ отъ текущаго счета заключается главнымъ образомъ въ томъ, что лицо, имѣющее открытый счетъ, всегда непремѣнно должно имѣть въ банкѣ извѣстный вкладъ, сдѣланный наличными деньгами, тогда какъ при конто-коррентахъ купецъ, обыкновенно, имѣетъ въ виду самъ пользоваться кредитомъ банка.

Кредитъ называется покрытымъ, если банкъ обезпеченъ внесеніемъ какихъ-либо цѣнностей, и бланковымъ, если основанъ лишь на довѣріи къ данному лицу или фирмѣ.

B. Das Bankgeschäft.

Da die Banken (Bankiers, Bankhäuser) den Geldverkehr vermitteln, das Geld aber der Wertmesser und zugleich das allgemeine Tauschmittel für alle übrigen Waren ist, so sind alle diejenigen, die das Handelsgewerbe betreiben, auf den Verkehr mit der Bank angewiesen.

Eigengeschäfte; Kommissionsgeschäfte. Der Bankier macht teils Geschäfte für eigene Rechnung (Proper-, Eigengeschäfte); teils handelt er im Auftrag und für Rechnung seiner Kommittenten (Kommissionsgeschäfte).

Kassaverkehr; Verrechnungsverkehr. Beschränkt sich der Verkehr zwischen Kommittent und Bankier auf einzelne Geschäfte, die sofort beglichen werden, so bezeichnet man diese Geschäfte als Einzel- oder Kassegeschäfte. Werden die Geschäfte nicht sofort beglichen, sondern gebucht oder verrechnet, so spricht man von Verrechnungsverkehr. Der Verrechnungsverkehr ist entweder Giroverkehr oder Kontokorrentverkehr.

Giroverkehr. Der Giroverkehr setzt ein ständiges Guthaben des Kunden auf dem für diesen Verkehr geführten Konto (Girokonto) voraus. Dem Girokonto werden bare Einlagen, die der Kontoinhaber für eigene Rechnung macht oder die für seine Rechnung gemacht werden, sofort gutgeschrieben. Außerdem besorgt die Bank das Inkasso der ihr vom Kontoinhaber quittiert übergebenen Wechsel, Anweisungen, Rechnungen und sonstiger Wertpapiere für dessen Rechnung und schreibt ihm die Beträge nach Eingang gut.

Der Kontoinhaber kann jederzeit über sein Guthaben verfügen. Seine sämtlichen Abhebungen sowie alle bar oder durch Verrechnung für ihn eingehenden Beträge werden in ein Kontogegenbuch eingetragen. Die Girogelder werden von den Banken spesenfrei verwaltet, aber gewöhnlich nicht oder doch nur sehr niedrig verzinst. Der Giroverkehr ist ein reines Kassiergeschäft, Anlaß zu Briefwechsel ist selten gegeben.

Kontokorrentverkehr. Der Kontokorrentverkehr setzt ein ständiges Guthaben des Kontoinhabers nicht voraus, sondern dieser nimmt in der Regel den Kredit seines Bankiers in Anspruch.

Der Kredit heißt gedeckt (gedeckter Kredit, Realkredit), wenn der Bankier ein Unterpfand (Deckung) für seine Vorschüsse in Händen hat.

Der Kredit heißt ungedeckt (Blankokredit, Personalkredit), wenn der Bankier lediglich auf persönliches Vertrauen hin Vorschüsse gewährt.

Wird ein gedeckter oder ungedeckter Kredit in der Form gewährt, daß der Bankier die Wechsel akzeptiert, die der Kontoinhaber auf ihn zieht oder auf ihn ziehen läßt, so spricht man von Akzeptkredit.

Сношенія при помощи конто-коррентовъ бываютъ въ высшей степени разнообразны. Сюда относятся всѣ операціи, допускаемыя текущими счетами, трассированія и т. д.

Отдѣльныя операціи. Купцы, не состоящіе съ какимъ-либо банкомъ въ сношеніяхъ при помощи конто-коррентовъ, все-таки прибѣгаютъ къ посредничеству банковъ, когда дѣло идетъ о:

1. Продажѣ или передачѣ векселя съ учетомъ извѣстнаго процента — дисконтѣ векселя.
2. Содѣйствіи, касающемся платежа при помощи векселя — коммиссіонной римессѣ.
3. Содѣйствіи къ полученію платежа при помощи векселя — коммиссіонной траттѣ.
4. Содѣйствіи, касающемся опредѣленій мѣста платежа — домициляцій.
5. Содѣйствіи въ случаѣ непринятія векселя или неплатежа по нему — интервенированіи.

Der Kontokorrentverkehr ist sehr mannigfaltig; gleichwohl kann ein großer Teil des Briefwechsels durch Formulare erledigt werden, da sich gewisse Geschäftsvorfälle ständig wiederholen.

Kaufleute, die nicht im Kontokorrentverkehr mit einem Bankier stehen, werden die Vermittelung eines solchen gleichwohl in Anspruch nehmen, wenn es sich handelt um:

1. Begebung von Wechseln gegen Zinsenabzug,	Diskontwechsel;
2. Vermittelung von Auszahlungen durch Wechsel,	Kommissionsrimessen;
3. Vermittelung von Einziehungen durch Wechsel,	Kommissionstratten;
4. Vermittelung bei Einlösung von Wechseln,	Domizilwechsel;
5. Vermittelung im Notfall (Intervention),	Notleidende Wechsel.

Письма, касающіяся банковыхъ операцій.

Дисконтъ векселей.

При передачѣ векселя до наступленія срока (дисконтированіе) векселедержатель получаетъ вексельную сумму, но не всю, а съ вычетомъ извѣстнаго процента (дисконтъ) за время, остающееся до срока платежа.

Банкъ, дисконтирующій вексель, можетъ покупать его за свой собственный счетъ, или лишь служитъ посредникомъ при продажѣ.

Если векселя предлагаются банку для дисконтированія, то потребуется написать слѣдующія три письма:

1. Продавецъ — банку; — присылка векселей для дисконта.
2. Банкъ — продавцу; — пересылка соотвѣтствующей суммы.
3. Продавецъ — банку; — подтвержденіе полученія денегъ.

65. 10 Ноября 19.. г. Н. Громовъ, Подольскъ, присылаетъ для учета вексель Московскому Международному Торговому Банку и проситъ выслать деньги переводомъ по почтѣ.

66. 12 Ноября 19.. г. Московскій Международный Торговый Банкъ высылаетъ вексельную сумму Н. Громову, Подольскъ.

67. 14 Ноября 19.. г. Н. Громовъ, Подольскъ, подтверждаетъ полученіе денегъ.

65.

Подольскъ, 10 Ноября 19.. г.

Въ Московскій Международный Торговый Банкъ.

Препровождая къ Вамъ при семъ 1 вексель въ

Руб. 150 ср. 31 Января сл. г. н./М. Мюллеръ тамъ,

прошу Васъ принять его въ учетъ, а причитающуюся мнѣ сумму перевести мнѣ по почтѣ.

Съ совершеннымъ почтеніемъ

Н. Громовъ.

Briefe im Bankgeschäft.

Diskontwechsel.

Bei Begebung von Wechseln vor ihrem Verfalltag (Diskontierung) werden die Zinsen (Diskont) für die noch verbleibende Laufzeit des Wechsels von der Wechselsumme gekürzt.

Die Bank, welcher Wechsel zur Diskontierung angeboten werden, kauft dieselben entweder für eigene Rechnung, oder sie vermittelt den Verkauf.

Werden einem Bankhaus Wechsel zur Diskontierung angeboten, so sind zur ordnungsgemäßen Erledigung des Geschäfts folgende drei Briefe erforderlich:

1. Der Wechselverkäufer an die Bank; Zusendung des Diskontwechsels.
2. Die Bank an den Wechselverkäufer; Übermittelung des Gegenwerts.
3. Der Wechselverkäufer an die Bank; Empfangsbestätigung.

65. Am 10. November 19.. übersendet C. Nestel, Ettlingen, an die Rheinische Kreditbank, Karlsruhe, einen Wechsel zur Diskontierung und bittet, ihm den Betrag durch Postanweisung zu übermitteln.

66. Am 12. November 19.. sendet die Rheinische Kreditbank den Wechselerlös unter Abrechnung an C. Nestel, Ettlingen.

67. Am 14. November 19.. bekennt sich C. Nestel, Ettlingen, zum Empfang des Geldes.

65.

Ettlingen, den 10. November 19..

Rheinische Kreditbank, Karlsruhe.

Anbei übersende ich Ihnen eingeschrieben:

ℳ 356,30 per 31. Januar n. J. auf A. Stieler, dort,

mit der Bitte, diesen Wechsel in Diskont zu nehmen und mir den Gegenwert durch Postanweisung zugehen zu lassen.

Hochachtungsvoll

C. Nestel.

66.

Московскій
Международный Торговый Банкъ.

Москва, 12 Ноября 19.. г.

Господину Н. Громову, Подольскъ.

При почт. письмѣ Вашемъ отъ 10 ноября с. г. мы получили отъ Васъ вексель въ

	Руб. 150,—	н./М. Мюллеръ здѣсь ср. 31 Января сл. г., каковую сумму за исключеніемъ
		Руб. 2,— учета изъ 6% за 80 дней
÷	„ 2,38	„ 0,38 коммиссіи ¼ %.
	Руб. 147,62	за вычетомъ затѣмъ
	„ 97	почтов. расходовъ и гербов. марокъ
всего	Руб. 146,65	препровождаемъ къ Вамъ переводомъ по почтѣ, полученіе коего просимъ подтвердить

(Подписи).

67.

Подольскъ, 14 Ноября 19.. г.

Въ Московскій Международный Торговый Банкъ.

Симъ подтверждаю полученіе перевода Вашего по почтѣ на

Руб. 146,65

за вексель, посланный къ Вамъ для учета при письмѣ отъ 10 с. м.

Съ совершеннымъ почтеніемъ

Н. Громовъ.

66.

Rheinische Kreditbank,
Karlsruhe.

Karlsruhe, den 12. November 19..

Herrn C. Nestel, Ettlingen.

Für den uns mit Ihrem Schreiben vom 10. d. M. übermittelten Wechsel:

ℳ 356,30 per 31./I. n. J.

übersenden wir Ihnen durch Postanweisung:

	ℳ	351,25,	welche Sie
zuzüglich	„	3,85	5% Diskont 78 Tage
	„	—,90	¼% Provision
	„	—,30	Porto
	ℳ	356,30	

zur Begleichung dieser Angelegenheit verwenden wollen.

Hochachtungsvoll
Wechselkasse
der
Rheinischen Kreditbank.
Lenz. Müller.

67.

Ettlingen, den 14. November 19..

Rheinische Kreditbank, Karlsruhe.

Die mir durch Postanweisung als Gegenwert für meine Rimesse übersandten:

ℳ	351,25	verwende ich zuzüglich
„	5,05	Diskont und Spesen
ℳ	356,30	

zu Ihrer Entlastung.

Hochachtungsvoll
C. Nestel.

Коммиссіонныя тратты и римессы.

Если должна быть произведена уплата долга при помощи векселя и при посредствѣ третьяго лица (банка, дружественной фирмы и т. п.), т. е. если не пользуются конто-коррентомъ, то для ремитированія или трассированія требуется написать шесть писемъ.

Пользоваться услугами банка для ремитированія выгодно въ томъ случаѣ, если одновременно можно разрѣшить ему рамбурсироваться при помощи трассированія.

Въ такомъ случаѣ коммитентъ, поручая банку ремитировать своему кредитору (коммиссіонная римесса), въ то-же время уполномочиваетъ банкъ рамбурсироваться, трассируя на должника его коммитента (коммиссіонная тратта).

Коммиссіонная римесса.

1. Коммитентъ къ посреднику; порученіе ремитировать.
2. Коммитентъ къ получателю; оповѣщеніе о римессѣ.
3. Посредникъ къ получателю; отсылка римессы.
4. Посредникъ къ коммитенту; извѣщеніе объ исполненіи порученія (отвѣтъ на № 1).
5. Получатель къ посреднику; увѣдомленіе о полученіи римессы (отвѣтъ на № 3).
6. Получатель къ коммитенту; увѣдомленіе о кредитованіи римессой (отвѣтъ на № 2).

Коммиссіонная тратта.

1. Коммитентъ къ посреднику; порученіе трассировать.
2. Коммитентъ къ трассату; аккредитованіе трассента у трассата.
3. Посредникъ къ трассату; извѣщеніе о трассированіи.
4. Посредникъ къ коммитенту; такое-же извѣщеніе съ представленіемъ разсчета. [(отвѣтъ на № 1).
5. Трассатъ къ посреднику; принятіе тратты (отвѣтъ на № 3).
6. Трассатъ къ коммитенту; увѣдомленіе о дебитованіе траттой (отвѣтъ на № 2).

68. 2 Іюля 19.. г. Ив. Масленникова Наслѣдники, Серпуховъ, просятъ Московскій Международный Торговый Банкъ ремитировать И. И. Овсянникову съ Сыномъ. Петербургъ, около 6000 руб. ср. приблизительно на 2 мѣсяца.

69. Въ томъ же письмѣ Ив. Масленникова Наслѣдники, Серпуховъ, уполномочиваютъ тотъ же Банкъ трассировать въ суммѣ римессъ, принимая во вниманіе дисконтъ, на Черникова и Ко. въ Нижнемъ-Новгородѣ на срокъ 31 Іюля с. г.

70. 2 Іюля 19.. г. Ив. Масленникова Наслѣдники, Серпуховъ, увѣдомляютъ И. И. Овсянникова съ Сыномъ, въ Петербургѣ, о порученіи Московскому Международному Банку ремитировать имъ ок. 6000 руб. и просятъ кредитовать счетъ по покупкѣ.

Kommissionswechsel.

Soll eine Schuld außerhalb des Kontokorrentverkehrs durch Vermittlung eines dritten (Bankier oder Geschäftsfreund) durch Wechsel beglichen werden, so sind zur ordnungsgemäßen Erledigung der Remittierung und der Trassierung je sechs Briefe erforderlich.

Die Remittierung einem Bankhaus zu übertragen wird vorteilhaft sein, wenn demselben gleichzeitig Deckung durch Trassierung gewährt werden kann.

In diesem Falle beauftragt der Auftraggeber die Bank, Rimessen an seinen Gläubiger (Kommissionsrimessen) zu machen, und ermächtigt sie gleichzeitig, sich für den Rimessenbetrag auf einen seiner Schuldner durch Tratte (Kommissionstratte) zu erholen.

Kommissionsrimessen.

1. Der	Schuldner	an den	Vermittler;	Auftrag zu remittieren.
2. „	Schuldner	„ „	Gläubiger;	Rimessenavis.
3. „	Vermittler	„ „	Gläubiger;	Zusendung der Rimessen.
4. „	Vermittler	„ „	Schuldner;	Ausführungsanzeige (Antwort zu 1).
5. „	Gläubiger	„ „	Vermittler;	Empfangsanzeige (Antwort zu 3).
6. „	Gläubiger	„ „	Schuldner;	Gutschrift der Rimessen (Antwort zu 2).

Kommissionstratten.

1. Der	Schuldner	an den	Gläubiger;	Auftrag zu trassieren.
2. „	Schuldner	„ „	Vermittler;	Trattenavis.
3. „	Gläubiger	„ „	Vermittler;	Bitte um Inschutznahme.
4. „	Gläubiger	„ „	Schuldner;	Ausführungsanzeige (Antwort zu 1).
5. „	Vermittler	„ „	Gläubiger;	Zusage der Inschutznahme (Antwort zu 3).
6. „	Vermittler	„ „	Schuldner;	Belastung für die Trassierung (Antwort zu 2).

68. Am 2. Juli 19.. ersuchen Ritter & Co., Chemnitz, die Kreditbank, Leipzig, an Feller & Sohn, Bremen, rund 6000 Mark ca. 2 Monat laufende Rimessen zu machen.

69. In demselben Briefe weisen Ritter & Co., Chemnitz, die Kreditbank, Leipzig, an, sich unter Diskontberechnung auf Gebrüder Roth, Dresden, per ult. Juli für den Rimessenbetrag zu erholen.

70. Am 2. Juli 19.. verständigen Ritter & Co., Chemnitz, die Firma Feller & Sohn, Bremen, davon, daß ihr durch Kreditbank, Leipzig, Rimessen im Betrage von ca. 6000 Mark zugehen werden, und bitten um Gutschrift auf Einkaufskonto.

71. 2 Іюля 19.. г. Ив. Масленникова Наслѣдники, Серпуховъ, увѣдомляютъ Черникова и Ко. въ Ниж.-Новгородѣ, что поручили Московскому Международному Торговому Банку трассировать на нихъ.

72. 3 Іюля 19.. г. Московскій Международный Торговый Банкъ посылаетъ римессы И. И. Овсянникову съ Сыномъ, въ Петербургѣ, за счетъ Ив. Масленникова Насл. въ Серпуховѣ.

73. 3 Іюля 19.. г. Московскій Международный Торговый Банкъ увѣдомляетъ Черникова и Ко. въ Н. Новгородѣ о трассированіи за счетъ Ив. Масленникова Насл. Серпуховъ.

74. 5 Іюля 19.. г. Черниковъ и Ко. въ Н.-Новгородѣ увѣдомляютъ Московскій Международный Торговый Банкъ, что они гонорируютъ выданную на нихъ тратту.

75. 5 Іюля 19.. г. Черниковъ и Ко. въ Н. Новгородѣ увѣдомляютъ Ив. Масленникова Насл., Серпуховъ, что они оправдаютъ платежомъ тратту, выданную на нихъ Моск. Международнымъ Торговымъ Банкомъ.

76. 5 Іюля 19.. г. И. И. Овсянниковъ съ Сыномъ, Петербургъ, увѣдомляютъ Московскій Международный Торговый Банкъ о полученіи римессъ.

77. 5 Іюля 19.. г. И. И. Овсянниковъ съ Сыномъ, Петербургъ, увѣдомляютъ Ив. Масленникова Насл., Серпуховъ, что они кредитовали римессами счетъ ихъ по покупкѣ.

78. 5 Іюля 19.. г. Московскій Международный Торговый Банкъ посылаетъ Ив. Масленникова Наслѣдникамъ, Серпуховъ, счетъ на посланныя римессы.

79. Въ томъ-же письмѣ Банкъ увѣдомляетъ Ив. Мосленникова Насл., Серпуховъ, что онъ, согласно данному полномочію, рамбурсировался на Черникова и Ко. въ Н. Новгородѣ.

68. 69.

Бумагопрядильная фабрика
Ив. Масленникова Наслѣдниковъ
въ Серпуховѣ.

Серпуховъ, 2 Іюля 19.. г.

Въ Московскій Международный Торговый Банкъ.

Симъ покорнѣйше просимъ Васъ, по полученіи сего, ремитировать за нашъ счетъ г. г. И. И. Овсянниковъ съ Сыномъ въ Петербургѣ приблизительно ср. на 2 мѣсяца

Руб. 6000 (шесть тысячъ руб.),

за каковую сумму, съ прибавленіемъ Вашихъ расходовъ, благоволите возмѣстить себя посредствомъ трассированія на Черникова и Ко. въ Нижнемъ-Новгородѣ, ср. конецъ сего мѣсяца.

Съ совершеннымъ почтеніемъ
(Штемпель) Ив. Масленникова Наслѣдники.
П. Масленниковъ.

71. Am 2. Juli 19.. verständigen Ritter & Co., Chemnitz, Gebrüder Roth, Dresden, davon, daß sie die Kreditbank ermächtigt haben, auf sie zu ziehen.

72. Am 3. Juli 19.. macht die Kreditbank, Leipzig, an Feller & Sohn, Bremen, Rimessen für Rechnung von Ritter & Co., Chemnitz.

73. Am 3. Juli 19.. benachrichtigt die Kreditbank, Leipzig, Gebrüder Roth, Dresden, davon, daß sie für Rechnung von Ritter & Co., Chemnitz, Tratte auf sie abgegeben habe.

74. Am 4. Juli 19.. erklären sich Gebrüder Roth, Dresden, der Kreditbank, Leipzig, gegenüber bereit, die auf sie abgegebenen Kommissionstratten zu honorieren.

75. Am 4. Juli 19.. erklären sich Gebrüder Roth, Dresden, der Firma Ritter & Co., Chemnitz, gegenüber bereit, die von der Kreditbank, Leipzig, ausgeschriebene Tratte zu schützen.

76. Am 5. Juli 19.. bestätigen Feller & Sohn, Bremen, der Kreditbank, Leipzig, den Empfang der Kommissionsrimessen.

77. Am 5. Juli 19.. zeigen Feller & Sohn, Bremen, Ritter & Co., Chemnitz, an, daß sie ihnen die von der Kreditbank, Leipzig, übersandten Rimessen per Verfall auf Einkaufskonto gutgeschrieben haben.

78. Am 5. Juli 19.. übersendet die Kreditbank, Leipzig, an Ritter & Co., Chemnitz, Abrechnung über die nach Bremen gemachten Rimessen.

79. In demselben Brief zeigt die Kreditbank, Leipzig, Ritter & Co., Chemnitz, an, daß sie sich auftragsgemäß für den Betrag ihrer Rimessen auf Gebrüder Roth, Dresden, erholt hat.

68. 69.

Ritter & Co.
Spinnerei und Weberei,
Chemnitz.

Chemnitz, den 2. Juli 19..

Kreditbank, Leipzig.

Hierdurch ersuchen wir Sie, für unsere Rechnung an die Firma Feller & Sohn, Bremen, Schüsselkorbstr. 12, Rimessen mit ca. zwei Monaten Laufzeit im annähernden Betrag von

ℳ 6000, i. W. Sechs Tausend Mark

zu machen.

Für den Gegenwert belieben Sie sich unter Abrechnung auf die Herren Gebrüder Roth, Dresden, per ult. Juli zu erholen.

Hochachtungsvoll

Ritter & Co.

70.

Бумагопрядильная фабрика
Ив. Масленникова Наслѣдниковъ
въ Серпуховѣ.

Серпуховъ, 2 Іюля 19.. г.

Господамъ И. И. Овсянниковъ съ Сыномъ, Петербургъ.

Подтверждая наше письмо отъ 1 с. м., имѣемъ честь увѣдомить Васъ, что мы поручили сегодня Московскому Международному Торговому Банку ремитировать Вамъ около 6000 руб.
Покорнѣйше просимъ Васъ по полученіи означенной суммы кредитовать нашъ счетъ по покупкѣ.

Съ совершеннымъ почтеніемъ

(Штемпель) Ив. Масленникова Наслѣдники.

П. Масленниковъ.

71.

Бумагопрядильная фабрика
Ив. Масленникова Наслѣдниковъ
въ Серпуховѣ.

Серпуховъ, 2 Іюля 19.. г.

Господамъ Черниковъ и Ко., Нижній-Новгородъ.

Мы получили Ваше почт. письмо отъ 30 Іюня с. г. съ выпиской нашего у Васъ счета, заключеннаго по 30 Іюня с. г. съ остаткомъ въ

Руб. 9530 въ нашу пользу.

Сегодня мы уполномочили Московскій Международный Торговый Банкъ трассировать на Васъ приблизительно 6000 руб. конецъ Іюля, и просимъ Васъ оправдать платежомъ эту тратту въ нашъ дебетъ, при увѣдомленіи.

Съ совершеннымъ почтеніемъ

(Штемпель) Ив. Масленникова Наслѣдники.

П. Масленниковъ.

70.

Ritter & Co.
Spinnerei und Weberei,
Chemnitz.

Chemnitz, den 2. Juli 19..

Herren Feller & Sohn, Bremen.

Im Verfolge unseres gestrigen Schreibens teilen wir Ihnen ergebenst mit, daß wir die Kreditbank, Leipzig, beauftragten, Ihnen mittelsichtige Rimessen im Betrage von ca. 6000 ℳ zugehen zu lassen.

Wir bitten, diese Anschaffung unserem Einkaufskonto wie üblich gutzubringen, und zeichnen

hochachtungsvoll

Ritter & Co.

71.

Ritter & Co.
Spinnerei und Weberei,
Chemnitz.

Chemnitz, den 2. Juli 19..

Herren Gebrüder Roth, Dresden.

Ihr gestriges Schreiben überbrachte uns Rechnungsauszug per ult. Juni, dessen Saldo wir gleichförmig mit:

ℳ 9530,— zu unseren Gunsten

vortrugen.

Heute ermächtigen wir Kreditbank, Leipzig, ca. 6000 ℳ per ult. Juli auf Sie abzugeben, die Sie gefl. bei Vorkommen zu Lasten unserer Rechnung honorieren wollen.

Hochachtungsvoll

Ritter & Co.

72.

Московскій Международный Торговый Банкъ.

Москва, 3 Іюля 19.. г.

Господамъ И. И. Овсянниковъ съ Сыномъ, Петербургъ.

По порученію и за счетъ г. г. Ив. Масленникова Наслѣдниковъ въ Серпуховѣ при семъ посылаемъ Вамъ 2 векселя въ

Руб. 3615,30 н/Гриммъ и Ко. тамъ ср. 25 Августа с. г.
„ 2352,70 н/С. Елисѣева тамъ ср. 31 Августа с. г.,

полученіе коихъ просимъ Васъ подтвердить намъ.

(Подписи).

73.

Московскій Международный Торговый Банкъ.

Москва, 3 Іюля 19.. г.

Господамъ Черниковъ и Ко., Нижній-Новгородъ.

По порученію г. г. Ив. Масленникова Наслѣдниковъ въ Серпуховѣ мы трассировали на Васъ сегодня

Руб. 5954.90 пр./нашему ср. 31 Іюля с. г.

и просимъ Васъ оправдать эту тратту въ дебетъ счета вышеназванной фирмы.

(Подписи.)

72.

Kreditbank, Leipzig. Leipzig, den 3. Juli 19..

Herren Feller & Sohn, Bremen.

Im Auftrag und für Rechnung der Herren Ritter & Co., Chemnitz, überreichen wir Ihnen anbei:

ℳ 3615,30 per 25. August d. J., auf Wolf & Co., dort,
„ 2352,70 „ 31. „ „ „ „ Fr. Härtel, dort,

mit der Bitte, uns den Empfang zu bestätigen.

Hochachtungsvoll
p. pa. Kreditbank
L. Kühn. H. Krause.

73.

Kreditbank, Leipzig. Leipzig, den 3. Juli 19..

Herren Gebrüder Roth, Dresden.

Auf Veranlassung der Herren Ritter & Co., Chemnitz, erlaubten wir uns, heute auf Sie:

ℳ 5954,90 per 31. Juli d. J., O/E.

abzugeben.

Wir bitten, diese Tratte bei Vorkommen zu Lasten der obengenannten Firma zu honorieren.

Hochachtungsvoll
p. pa. Kreditbank
L. Kühn. H. Krause.

74.

Черниковъ и Ко.
Буксирное пароходство
по Волгѣ.

Нижній-Новгородъ, 5 Іюля 19.. г.

Въ Московскій Международный Торговый Банкъ.

Симъ имѣемъ честь увѣдомить Васъ, что письмо Ваше отъ 3 с. м. нами получено и что авизованную Вами тратту въ

Руб. 5954,90 пр./Вашему ср. 31 с. м.

мы оправдаемъ въ дебетъ г. г. Ив. Масленникова Наслѣдниковъ въ Серпуховѣ.

Съ совершеннымъ почтеніемъ
Черниковъ и Ко.

75.

Черниковъ и Ко.
Буксирное пароходство
по Волгѣ.

Нижній-Новгородъ, 5 Іюля 19.. г.

Господамъ Ив. Масленникова Наслѣдники, Серпуховъ.

Симъ подтверждаемъ полученіе Вашего почт. письма отъ 2 с. м. и имѣемъ честь сообщить Вамъ, что мы только что получили увѣдомленіе Московскаго Международнаго Торговаго Банка о трассированіи на насъ

Руб. 5954,90 ср. 31 с. м.,

которое мы платежомъ оправдаемъ въ дебетъ Вашего счета.

Съ совершеннымъ почтеніемъ
Черниковъ и Ко.

76.

И. И. Овсянниковъ съ Сыномъ
Экспортъ и Импортъ.

Петербургъ, 5 Іюля 19.. г.

Въ Московскій Международный Торговый Банкъ.

При письмѣ Вашемъ отъ 3 с. м. мы получили

Руб. 3615,30 ср. 25/VIII с. г.
„ 2352,70 „ 31/VIII с. г.

всего Руб. 5968,—, которые мы записали въ кредитъ фирмы Ив. Масленникова Наслѣдники въ Серпуховѣ.

Съ совершеннымъ почтеніемъ
И. И. Освянниковъ съ Сыномъ.

74.

Gebrüder Roth,
Kommission u. Spedition.
Dresden.

Dresden, den 4. Juli 19..

Kreditbank, Leipzig.

Die mit Ihrem geehrten gestrigen Schreiben avisierte Tratte:

ℳ 5954,90 per 31. Juli d. J.

werden wir bei Vorkommen zu Lasten der Herren Ritter & Co., Chemnitz honorieren.

Hochachtungsvoll

Gebrüder Roth.

75.

Gebrüder Roth,
Kommission u. Spedition.
Dresden.

Dresden, den 4. Juli 19..

Herren Ritter & Co., Chemnitz.

Wir besitzen Ihr geschätztes Schreiben vom 2. d. Mts.

In Übereinstimmung damit zeigt uns Kreditbank, Leipzig, soeben an, daß sie

ℳ 5954,90 per ult. Juli

auf uns abgegeben hat.

Wir werden diese Tratte bei Verfall zu Ihren Lasten einlösen.

Hochachtungsvoll

Gebrüder Roth.

76.

Feller & Sohn,
Export und Import.

Bremen, den 5. Juli 19..

Kreditbank, Leipzig.

Ihrem Schreiben vom 3. d. M. entfalteten wir:

ℳ 3615,30 per 25./VIII. d. J.
„ 2352,70 „ 31./VIII. d. J.

hier, welche wir zugunsten der Firma Ritter & Co., Chemnitz, verwenden.

Hochachtungsvoll

Feller & Sohn.

77.

И. И. Овсянниковъ съ Сыномъ
Экспортъ и Импортъ.

Петербургъ, 5 Іюля 19.. г.

Господамъ Ив. Масленникова Наслѣдники, Серпуховъ.

Симъ подтверждаемъ полученіе Вашего почт. письма отъ 2 с. м. и авизованныхъ намъ и присланныхъ Московскимъ Международнымъ Торговымъ Банкомъ римессъ въ

Руб. 3615,30 ср. 25 Августа с. г.
„ 2352,70 „ 31 „ „ „

которыя мы записали, съ обычной оговоркой, въ кредитъ Вашего счета по покупкѣ.

Съ совершеннымъ почтеніемъ

И. И. Овсянниковъ съ Сыномъ.

78. 79.

Московскій Международный Торговый Банкъ.

Москва, 5 Іюля 19.. г.

Господамъ Ив. Масленникова Наслѣдники, Серпуховъ.

Симъ подтверждаемъ полученіе Вашего письма отъ 2 с. м. и увѣдомляемъ Васъ, что, согласно порученію Вашему, мы ремитировали г. г. И. И. Овсянниковъ съ Сыномъ, Петербургъ

Руб. 3615,30 ср. 25 Августа } н/Петербургъ
„ 2352,70 „ 31 „ }

и дебитовали Васъ, согласно прилагаемому счету на

Руб. 5928,45 ср. 3 Іюля с. г.

Для сбалансированія нашего счета мы трассировали на г. г. Черниковъ и Ко., Нижній-Новгородъ

Руб. 5954,90 ср. 31 Іюля с. г.

и согласно прилагаемому разсчету кредитовали Васъ на

Руб. 5928,45 ср. 3 Іюля с. г.

(Подписи).

77.

Feller & Sohn,
Export und Import.

Bremen, den 5. Juli 19..

Herren Ritter & Co., Chemnitz i. S.

Wir besitzen Ihr Schreiben vom 2. d. M. und erhielten soeben von der Kreditbank, Leipzig, die darin avisierten Rimessen:

ℳ 3615,30 Val. 25. August d. J.,
ℳ 2352,70 Val. 31. August d. J.,

welche wir wie vorstehend Ihrem Einkaufskonto E. V. gutschrieben.

Hochachtungsvoll
Feller & Sohn.

78. 79.

Kreditbank, Leipzig.

Leipzig, den 5. Juli 19..

Herren Ritter & Co., Chemnitz i. S.

In Ausführung Ihres geschätzten Auftrags vom 2. d. M. haben wir für Sie an die Herren Feller & Sohn, Bremen:

ℳ 3615,30 per 25. August } Bremen
„ 2352,70 per 31. August }

angeschafft und belasten Sie hierfür laut untenstehender Abrechnung mit:

ℳ 5928,45 per 3. Juli d. J.

Zum Ausgleich dieser Forderung entnahmen wir aufgabegemäß auf die Herren Gebrüder Roth, Dresden:

ℳ 5954,90 per 31. Juli d. J.,

wofür wir Sie wie untenstehend mit:

ℳ 5928,45 per 3. Juli d. J.

erkannten.

Stets gern zu Ihren Diensten zeichnen wir

hochachtungsvoll
p. pa. Kreditbank
L. Kühn. H. Krause.

СЧЕТЪ

Господамъ Ив. Масленникова Наслѣдники, Серпуховъ.

Кредитъ:

н/трассированіе н/Нижній Новгородъ.

	Руб. 5954,90	ср. 31 Іюля с. г.
÷	„ 23,45	дисконтъ 27 дней 5 ¼ %.
	Руб. 5931,45.	
÷	„ 3,—	гербов. марки, почтов. расходы.
	Руб. 5928,45	ср. 3 Іюля с. г.

Дебетъ:

н/Римессы н/Петербургъ

	Руб. 3615,30	ср. 25	Августа	с. г.	52 дня	№ 1880
	„ 2352,70	„ 31	„	с. г.	57 „	„ 1341
	Руб. 5968,—					№ 3221
÷	„ 47,—	дисконтъ 5 ¼ %				
	Руб. 5921,—					
÷	„ 7,45	коммиссія ⅛ % съ Руб. 5968,—				
	Руб. 5928,45	ср. 3 Іюля с. г.				

Rechnung.

Guthaben.

Tratte auf Dresden:

	ℳ	5954,90	per 31./7.,
·/·	„	23,45	Diskont 27 Tage, $5^1/_4$ %
	ℳ	5931,45	
	„	3,—	Stempel
	ℳ	5928,45	Val. 3./7.

Schuld.

Rimessen nach Bremen:

				Tage	Nr.
	ℳ	3615,30	per 25./8.	52	1880
	„	2352,70	„ 31./8.	57	1341
	ℳ	5968,—			3221
·/·	„	47,—	$5^1/_4$ % Diskont.		
	ℳ	5921,—			
	„	7,45	$^1/_8$ % Provision von ℳ 5968,—		
	ℳ	5928,45	Val. 3./7.		

Домициляція векселей.

Если плательщикъ по векселю проживаетъ въ маленькомъ мѣстечкѣ, то весьма полезно назначать мѣстомъ платежа болѣе крупный торговый центръ, въ которомъ имѣется банкъ. Такое назначеніе мѣста платежа (домициляція) облегчаетъ передачу, дисконтированіе и пр. векселя.

Если плательщикъ не имѣетъ конто-коррента въ банкѣ, избранномъ мѣстомъ платежа, то домициляція векселя вызываетъ обмѣнъ слѣдующими шестью письмами:

1. Домиціліантъ къ домициліату; запросъ объ условіяхъ домициляціи.
2. Домициліатъ къ домициліанту; сообщеніе условій домициляціи.
3. Домиціліантъ къ домициліату; увѣдомленіе о домициляціи.
4. Домициліатъ къ домициліанту; просьба о своевременномъ покрытіи.
5. Домициліантъ къ домициліату; присылка покрытія.
6. Домициліатъ къ домициліанту; возвращеніе оплаченнаго векселя.

80. 2 Іюня 19.. г. А. Г. Самсоновъ, Руза, спрашиваетъ банкирскую контору М. Лисицинъ и Ко., Москва, объ условіяхъ, на которыхъ ему будетъ разрѣшена домициляція векселей.

81. 3 Іюня 19.. г. М. Лисицинъ и Ко., Москва, сообщаютъ А. Г. Самсонову, Руза, свои условія для домициляціи.

82. 12 Іюня 19.. г. А. Г. Самсоновъ, Руза, увѣдомляетъ М. Лисицина и Ко., Москва, что онъ домицилировалъ у нихъ акцептованную имъ тратту пр. Бр. Мещерскихъ, Смоленскъ, ср. 10 Октября.

83. 13 Іюня 19.. г. Домициліаты подтверждаютъ полученіе увѣдомленія о домициляціи и просятъ своевременно прислать покрытіе.

84. 7 Октября 19.. г. Акцептантъ высылаетъ домициліатамъ покрытіе.

85. 10 Октября 19.. г. Домициліаты подтверждаютъ полученіе платежа и присылаютъ кассированный домицилированный вексель.

80.

А. Г. Самсоновъ
Чайная и Колоніальная торговля
Руза, Базарная площ. соб. домъ.

Руза, 2 Іюня 19.. г.

Господамъ М. М. Лисицину и Ко., Москва.

Находя для себя удобнымъ назначать Москву мѣстомъ платежа по моимъ акцептамъ, симъ позволяю себѣ запросить Васъ не разрѣшите ли Вы мнѣ домицилировать такіе векселя въ Вашемъ уважаемомъ домѣ, и на какихъ условіяхъ можетъ быть Вами дано такое разрѣшеніе. Покрытіе будетъ высылаться мною всегда за нѣсколько дней до срока платежа.

Прося Васъ почтить меня немедленнымъ отвѣтомъ пребываю

съ совершеннымъ почтеніемъ
А. Г. Самсоновъ.

Domizilwechsel.

Für die Begebbarkeit eines Wechsels ist es wichtig, daß derselbe an einem größeren Platze, womöglich an einem Bankplatz zahlbar gestellt ist.

Bei Wechseln, welche auf kleinere Plätze lauten, wird deshalb häufig ein Bankhaus an einem größeren Platze als Zahlstelle (Domizil) vorgeschrieben.

Die Domizilierung von Wechseln außerhalb des Kontokorrentverkehrs erfordert zur ordnungsgemäßen Erledigung folgende sechs Briefe:

1. Der Domiziliant an den Domiziliaten; Anfrage über Domizilbedingungen
2. „ Domiziliat an den Domizilianten; Angabe der Domizilbedingungen;
3. „ Domiziliant an den Domiziliaten; Avis des Domizilwechsels;
4. „ Domiziliat an den Domizilianten; Bitte um rechtzeitige Deckung.
5. „ Domiziliant an den Domiziliaten; Zusendung der Deckung;
6. „ Domiziliat an den Domizilianten; Rücksendung des quittierten Wechsels.

80. Am 2. Juni 19.. fragt Joseph Braun, Spandau, bei dem Bankhaus Lang & Co., Berlin, an, zu welchen Bedingungen es bereit sein würde, ihm die Domizilierung seiner Wechsel zu gestatten.

81. Am 3. Juni 19.. teilen Lang & Co., Berlin, der Firma Joseph Braun, Spandau, ihre Bedingungen für die Domizilierung mit.

82. Am 12. Juni 19.. zeigt Joseph Braun, Spandau, der Firma Lang & Co., Berlin, an, daß er eine von Paul Herz, Potsdam, per 10. Oktober auf ihn abgegebene Tratte mit Accept versehen bei ihnen, Lang & Co., Berlin, domiziliert habe.

83. Am 13. Juni 19.. erwidern die Domiziliaten, daß sie von der Domizilierung Kenntnis genommen haben, und bitten um rechtzeitige Anschaffung.

84. Am 7. Oktober 19.. übersendet der Acceptant den Domiziliaten Deckung.

85. Am 10. Oktober 19.. bekennen sich die Domiziliaten zum Empfang der Barsendung und überreichen das eingelöste Accept.

80.

Joseph Braun,
Kolonialwaren und
Landesprodukte.

Spandau, den 2. Juni 19..

Herren Lang & Co., Berlin.

Ich bitte, mir umgehend mitzuteilen, zu welchen Bedingungen Sie mir gestatten würden, meine Accepte bei Ihnen zu domizilieren.

Deckung würde ich Ihnen stets rechtzeitig zugehen lassen.

Hochachtungsvoll
Joseph Braun.

81.

Банкирская Контора
М. Лисицинъ и Ко.
Москва
Ильинка, домъ кн. Голицына.

Москва, 3 Іюня 19.. г.

Господину А. Г. Самсонову, Руза.

Въ отвѣтъ на Ваше почт. письмо отъ 2 с. м., увѣдомляемъ Васъ, что мы согласны на домицилированіе Вашихъ векселей у насъ, подъ условіемъ, что покрытіе будетъ всегда высылаться не менѣе какъ за два дня до срока платежа.

Мы будемъ считать Вамъ ¼ % коммиссіи съ домицилированныхъ у насъ векселей, помимо возмѣщенія нашихъ почтовыхъ и другихъ расходовъ.

Съ совершеннымъ почтеніемъ

М. Лисицинъ и Ко.

82.

А. Г. Самсоновъ
Чайная и Колоніальная торговля
Руза, Базарная площ. соб. домъ.

Руза, 12 Іюня 19.. г.

Господамъ М. Лисицину и Ко., Москва.

Получивъ Ваше почт. письмо отъ 3 с. м., извѣщаю Васъ настоящимъ, что я домицилировалъ сегодня у Васъ трассированный на меня вексель въ

Руб. 645,30 пр./Бр. Мещерскихъ, Смоленскъ ср. 10 Октября с. г.,

каковой благоволите оплатить. Покрытіе будетъ Вамъ своевременно выслано.

Съ совершеннымъ почтеніемъ

А. Г. Самсоновъ.

83.

Банкирская Контора
М. Лисицинъ и Ко.
Москва
Ильинка, домъ кн. Голицына.

Москва, 13 Іюня 19.. г.

Господину А. Г. Самсонову, Руза.

Мы получили Ваше почт. письмо отъ 12 с. м. и замѣтили себѣ, что Вы домицилировали у насъ трассированный на Васъ вексель въ

Руб. 645,30 пр./Бр. Мещерскихъ, Смоленскъ ср. 10 Октября с. г.

Прося Васъ выслать покрытіе не позднѣе 8 Октября с. г. пребываемъ

съ совершеннымъ почтеніемъ

М. Лисицинъ и Ко.

81.

Bank- und Wechselgeschäft
Lang & Co., Berlin W.,
Kanonier-Str. 2.
Reichsbank-Girokonto.
Telegrammadresse: Langbank.

Berlin, den 3. Juni 19..

Herrn Joseph Braun, Spandau.

Im Besitz Ihrer gestrigen Anfrage erklären wir uns gern damit einverstanden, daß Sie Ihre Accepte bei uns zahlbar stellen.

Wir würden Ihnen $^1/_4$ % Domizilprovision sowie Selbstauslagen berechnen, wobei wir voraussetzen, daß uns Deckung spätestens zwei Tage vor Verfall zugeht.

Hochachtungsvoll
p. pa. Lang & Co.
E. Frey.

82.

Joseph Braun,
Kolonialwaren und
Landesprodukte.

Spandau, den 12. Juni 19..

Herren Lang & Co., Berlin.

Unter Bezugnahme auf Ihr gefl. Schreiben vom 3. d. M. zeige ich Ihnen an, daß ich mir heute gestattete, mein Accept:

ℳ 645,30 per 10./10. d. J., ausgestellt von Paul Herz, Potsdam,

bei Ihnen zu domizilieren.

Ich bitte, hiervon gefl. Vormerkung zu nehmen. Deckung werde ich Ihnen prompt zugehen lassen.

Hochachtungsvoll
Joseph Braun.

83.

Bank- und Wechselgeschäft
Lang & Co., Berlin W.,
Kanonier-Str. 2.
Reichsbank-Girokonto.
Telegrammadresse: Langbank.

Berlin, den 13. Juni 19..

Herrn Joseph Braun, Spandau.

Ihr gestriges Schreiben ist in unseren Händen. Wir bemerkten uns, daß Sie:

ℳ 645,30 per 10./10. d. J., Aussteller Paul Herz, Potsdam,

bei uns domiziliert haben, und sehen rechtzeitiger Anschaffung gern entgegen.

Hochachtungsvoll
p. pa. Lang & Co.
E. Frey.

84.

А. Г. Самсоновъ
Чайная и Колоніальная торговля
Руза, Базарная площ. соб. домъ.

Руза, 7 Октября 19.. г.

Господамъ М. Лисицину и Ко., Москва.

Подтверждая письмо мое отъ 12 Іюня с. г., посылаю при семъ кредитными билетами

Руб. 648,— по слѣдующему разсчету:

мой акцептъ Руб. 645,30 ср. 10 Октября с. г.
комиссія и почт. расходы " 2,70
итого Руб. 648,—.

Прошу Васъ оплаченный акцептъ возвратить мнѣ заказнымъ письмомъ и пребываю

съ совершеннымъ почтеніемъ

А. Г. Самсоновъ.

85.

Банкирская Контора
М. Лисицинъ и Ко.
Москва
Ильинка, домъ кн. Голицына.

Москва, 10 Октября 19.. г.

Господину А. Г. Самсонову, Руза.

Одновременно съ симъ высылаемъ Вамъ оплаченный нами акцептъ Вашъ въ

Руб. 645,30 ср. сего числа, покрытіе каковой суммы съ
" 2,70 коммиссіи и почтовыхъ [прибавленіемъ
всего Руб. 648,— получено нами при письмѣ Вашемъ отъ 7 с. м.

Съ совершеннымъ почтеніемъ

Заказное.

М. Лисицинъ и Ко.

84.

Joseph Braun,
Kolonialwaren und
Landesprodukte.

Spandau, den 7. Oktober 19..

Herren Lang & Co., Berlin.

Ich beziehe mich auf mein Schreiben vom 12. Juni d. J. und überreiche Ihnen beigeschlossen zur Deckung meines Acceptes:

ℳ	645,30	per 10. Oktober d. J.,
„	2,70	Provision und Porti
ℳ	648,—	in Banknoten und Briefmarken

mit der Bitte, mir das eingelöste Papier eingeschrieben zusenden zu wollen.

Hochachtungsvoll
Joseph Braun.

85.

Bank- und Wechselgeschäft
Lang & Co., Berlin W.,
Kanonier-Str. 2.
Reichsbank-Girokonto.
Telegrammadresse: Langbank.

Berlin, den 10. Oktober 19..

Herrn Joseph Braun, Spandau.

Wir erhielten rechtzeitig Ihre Sendung vom 7. d. M., die wir aufgabegemäß mit:

ℳ	645,30	zur Einlösung Ihres Accepts,
„	2,70	Provision und Porti
ℳ	648,—	zum Ausgleich dieses Geschäfts

verwendeten.

Die eingelöste Tratte legen wir bei und zeichnen hochachtungsvoll

p. pa. Lang & Co.
E. Frey.

Einschreiben.

Присылка векселей для инкассированія и полученія акцепта. Акцептъ и платежъ черезъ посредничество — интервенированіе.

Для того, чтобы имѣло мѣсто интервенированіе, вексель снабжается „адресомъ на случай нужды".

Если плательщикъ по такому векселю отказывается платить, то вексель опротестовывается и представляется гоноранту, который уплачиваетъ по нему за счетъ гонората и получаетъ вексель и протестъ.

86. 5 Іюля 19.. г. Г. Смирновъ, Тула, посылаетъ Т. Должанскому, Кіевъ, вексель для инкассо.

87. 10 Іюня 19.. г. М. Должанскій, Кіевъ, посылаетъ полученную сумму Г. Смирнову, Тула.

88. 16 Іюля 19.. г. Г. Смирновъ, Тула, подтверждаетъ полученіе денегъ и посылаетъ вексель съ просьбой предъявить къ акцепту, не опротестовывать его въ случаѣ отказа и дать свѣдѣнія о трассатѣ.

89. 18 Іюля 19.. г. Т. Должанскій, Кіевъ, присылаетъ акцептованный вексель и сообщаетъ свѣдѣнія объ акцептантѣ.

90. 20 Іюля 19.. г. Г. Смирновъ, Тула, благодаритъ за доставленныя свѣдѣнія и проситъ объ интервенированіи въ случаѣ нужды.

91. 23 Іюля 19.. г. Т. Должанскій, Кіевъ, сообщаетъ свои условія на случай интервенированія.

92. 16 Октября 19.. г. Т. Должанскій, Кіевъ, сообщаетъ Г. Смирнову, Тула, что трассатъ отказался отъ платежа.

93. 18 Октября 19.. г. Т. Должанскій, Кіевъ, сообщаетъ Г. Смирнову, Тула, заказнымъ письмомъ, что вексель былъ опротестованъ за неплатежъ, и присылаетъ обратный счетъ.

94. 20 Октября 19.. г. Г. Смирновъ, Тула, высылаетъ Должанскому, Кіевъ, покрытіе счета.

86.

Г. Смирновъ
въ Тулѣ.

Тула, 5 Іюля 19.. г.

Господину Т. Должанскому, Кіевъ.

Препровождая при семъ вексель въ

Руб. 330,65 н/Б. Якобсона тамъ ср. 10 с. м.

покорнѣйше прошу Васъ получить платежъ по означенному векселю и поступившую сумму выслать мнѣ за вычетомъ коммиссіи и почтовыхъ расходовъ.

Въ случаѣ неплатежа прошу Васъ не опротестовывать векселя.

Съ совершеннымъ почтеніемъ
Г. Смирновъ.

Заказное.
При семъ: 1 тратта.

Wechsel zur Annahme; Notadresse.

Die Intervention wird durch einen Vermerk auf dem Wechsel vorgesehen, den man „Notadresse" nennt.

Verweigert der Wechselschuldner die Zahlung, so muß der Wechsel protestiert und dem Honoranten vorgelegt werden, der ihn für Rechnung des Ausstellers der Notadresse einlöst und gegen seine Zahlung nebst der Protesturkunde in Empfang nimmt.

86. Am 5. Juli 19.. übersendet Ferdinand Wild, Klingmühl, an das Bankhaus Beck & Co., Cottbus, einen Wechsel zur Einziehung.

87. Am 10. Juli 19.. übersenden Beck & Co., Cottbus, den Gegenwert durch Postanweisung an Ferdinand Wild, Klingmühl.

88. Am 16. Juli 19.. bekennt sich Ferdinand Wild, Klingmühl, zum Empfang des Geldes. Gleichzeitig sendet er an Beck & Co., Cottbus, einen Wechsel zur Besorgung der Annahme. Protest soll unterbleiben; Auskunft über den Bezogenen wird erbeten.

89. Am 18. Juli 19.. senden Beck & Co., Cottbus, den mit Annahme versehenen Wechsel zurück und erteilen Auskunft über den Bezogenen.

90. Am 20. Juli 19.. dankt Ferdinand Wild, Klingmühl, für die Auskunft und bittet Beck & Co., Cottbus, im Notfall zu Ehren seiner Firma zu intervenieren.

91. Am 21. Juli 19.. übersenden Beck & Co., Cottbus, ihre Bedingungen für den Fall der Intervention.

92. Am 16. Oktober 19.. teilen Beck & Co., Cottbus, ihrem Auftraggeber mit, daß der Bezogene Zahlung nicht geleistet hat.

93. Am 18. Oktober 19.. benachrichtigen Beck & Co., Cottbus, durch Einschreibebrief Ferdinand Wild, Klingmühl, daß der Wechsel mangels Zahlung protestiert worden ist. Sie legen Rückrechnung bei.

94. Am 20. Oktober 19.. übersendet Ferdinand Wild, Klingmühl, an Beck & Co., Cottbus, den Betrag der Rückrechnung.

86.

Ferdinand Wild,
Klingmühl N. L.

Klingmühl, den 5. Juli 19..

Herren Beck & Co., Cottbus.

In der Anlage überreiche ich Ihnen:

ℳ 330,65 per 10. d. M. a/W. Frank, dort,

mit der Bitte, den Betrag einziehen und mir abzüglich Provision und Spesen durch Postanweisung zusenden zu wollen.

Im Falle der Nichteinlösung des Wechsels bitte ich von Protesterhebung abzusehen.

Hochachtungsvoll

Ferdinand Wild.

Einschreiben.
1 Tratte.

87.

Т. Должанскій,
Кіевъ.

Кіевъ, 10 Іюля 19.. г.

Господину Г. Смирнову, Тула.

Симъ извѣщаю Васъ о поступленіи платежа по присланному Вами векселю въ

Руб. 330,65 н/Б. Якобсона здѣсь. ср. с. ч., изъ каковой суммы я [исключаю
„ 1,65 комиссіи и почтовыхъ, а остающіеся затѣмъ
Руб. 329.— высылаю кредитными билетами, для сбалансированія этого предмета.

Съ совершеннымъ почтеніемъ

Т. Должанскій.

88.

Г. Смирновъ
въ Тулѣ.

Тула, 16 Іюля 19.. г.

Господину Т. Должанскому, Кіевъ.

Симъ подтверждаю полученіе Вашего почт. письма отъ 10 с. м., со вложеніемъ

Руб. 329,—

на каковую сумму я кредитовалъ Вашъ счетъ.

При семъ посылаю Вамъ вексель въ

Руб. 640,25 н/Б. Якобсона тамъ ср. 15 Октября с. г.

съ просьбой предъявить къ акцепту и возвратить затѣмъ мнѣ обратно съ подписью трассата. Если онъ откажется принять мою тратту, то прошу Васъ возвратить ее мнѣ безъ протеста.

Вмѣстѣ съ тѣмъ покорнѣйше прошу Васъ сообщить мнѣ возможно точныя свѣдѣнія о дѣлахъ и кредитоспособности этой фирмы, сдѣлавшей мнѣ опять большіе заказы.

Считая излишнимъ увѣрить Васъ въ томъ, что Вашимъ конфиденціальнымъ сообщеніемъ я воспользуюсь безъ всякаго для Васъ ущерба, пребываю

съ совершеннымъ почтеніемъ

Г. Смирновъ.

87.

Beck & Co.,
Cottbus.

Cottbus, den 10. Juli 19..

Herrn Ferdinand Wild, Klingmühl.

Als Gegenwert des uns mit Ihrem Geehrten vom 5. d. M. zugegangenen Wechsels:

ℳ 330,65

überreichen wir Ihnen durch Postanweisung:

ℳ 329,50, die Sie
zuzüglich „ 1,15 Provision und Porti

zu unserer Entlastung verwenden wollen.

Hochachtungsvoll

Beck & Co.

88.

Ferdinand Wild,
Klingmühl N. L.

Klingmühl, den 16. Juli 19..

Herren Beck & Co., Cottbus.

Ich bestätige den Empfang Ihres Geehrten vom 10. d. M. und den Eingang der darin avisierten Geldsendung, die ich gleichlautend verbuchte.

Beigeschlossen überreiche ich Ihnen:

ℳ 646,25 per 15. Oktober d. J. a/W. Frank, dort,

mit der Bitte, das Papier zum Accept vorzulegen und mit der Unterschrift des Bezogenen an mich zurückgelangen zu lassen.

Sollte der Bezogene die Annahme verweigern, so bitte ich um Rücksendung ohne Protest.

Sehr angenehm wäre es mir, genau über diese Firma, von der mir weitere größere Bestellungen vorliegen, unterrichtet zu sein. Sie haben wohl die Güte, mich recht bald wissen zu lassen, wie es um Geschäftsführung und Kreditwürdigkeit des Inhabers steht. Meiner Verschwiegenheit wollen Sie sich versichert halten.

Hochachtungsvoll

Ferdinand Wild.

89.

Т. Должанскій,
Кіевъ.

Кіевъ, 18 Іюня 19.. г.

Господину Г. Смирнову, Тула.

Полученную мною отъ Васъ при письмѣ отъ 16 с. м. приму въ

Руб. 646,25 н/Б. Якобсона ср. 15 Октября с. г.

препровождаю Вамъ при семъ въ акцептованномъ видѣ обратно и прошу Васъ о получени таковой почтить меня увѣдомленіемъ.

Относительно интересующей Васъ фирмы могу сообщить Вамъ вполнѣ конфиденціально и безъ всякой отвѣтственности за все сказанное, что владѣлецъ этой фирмы прилагаетъ всѣ старанія, чтобы расширить ея обороты, но здѣсь положительно ничего не извѣстно о томъ имѣются ли въ его распоряжении достаточныя средства для продолженія дѣла въ такомъ объемѣ. Въ виду этого я рекомендовалъ бы Вамъ соблюдать осторожность въ увеличении кредита, просимаго этой фирмой.

Съ совершеннымъ почтеніемъ

Т. Должанскій.

Заказное.
При семъ 1 акцептъ.

90.

Г. Смирновъ
въ Тулѣ.

Тула, 20 Іюля 19.. г.

Господину Т. Должанскому, Кіевъ.

Симъ подтверждаю полученіе присланнаго мнѣ обратно въ акцептованномъ видѣ векселя въ

Руб. 646,25 н/Б. Якобсона тамъ, ср. 15 Октября с. г.,

и приношу Вамъ мою благодарность за сообщенныя свѣдѣнія, которыми воспользуюсь съ полнѣйшимъ соблюденіемъ тайны.

Желая изъ предосторожности выставить на вышеупомянутомъ векселѣ адресъ Вашего уважаемаго Дома, на случай нужды, покорнѣйше прошу Васъ сообщить мнѣ угодно ли будетъ Вамъ дать мнѣ разрѣшеніе на это.

Прошу Васъ одновременно увѣдомить меня не разрѣшите ли Вы мнѣ, вообще, пользоваться Вашею фирмой на случай нужды по всѣмъ моимъ трассированіямъ.

Въ ожиданіи Вашего скораго отвѣта остаюсь

съ совершеннымъ почтеніемъ

Г. Смирновъ.

89.

Beck & Co.,
Cottbus.

Cottbus, den 18. Juli 19..

Herrn Ferdinand Wild, Klingmühl.

Die uns mit Ihrem vorgestrigen Schreiben übersandte Tratte von:

ℳ 646,25 per 15. Oktober d. J. a/W. Frank, hier,

geben wir Ihnen eingeschrieben mit der Unterschrift des Bezogenen versehen wieder zurück und bitten um Entlastung.

Für unsere Mühewaltung wollen Sie uns ℳ 1,— gutschreiben.

Bezüglich der gewünschten Auskunft teilen wir Ihnen zu diskreter Benutzung und ohne jedes Obligo unsererseits mit, daß die Firma eifrigst bestrebt ist, ihren Umsatz zu erhöhen.

Ob der Inhaber derselben dabei stets die nötige Vorsicht walten läßt, entzieht sich unserer Beurteilung.

Da wir auch die ihm zu Gebote stehenden Mittel, die von mehreren Seiten als unzulänglich bezeichnet werden, nicht kennen, so müssen wir es Ihrem Ermessen ganz anheimstellen, wie weit Sie den geforderten Kredit ausdehnen wollen.

Hochachtungsvoll

Beck & Co.

Einschreiben.
1 Accept.

90.

Ferdinand Wild,
Klingmühl N. L.

Klingmühl, den 20. Juli 19..

Herren Beck & Co., Cottbus.

Ich erhalte soeben Ihren Brief vom 18. d. M. nebst Einlage von:

ℳ 646,25 per 15. Oktober d. J. a/W. Frank, dort.

Beiliegend ℳ 1,— in Briefmarken zu meiner Entlastung.

Gleichzeitig danke ich Ihnen verbindlichst für die erteilte Auskunft, die mir sehr wertvoll ist.

Auf meine unbedingte Verschwiegenheit dürfen Sie zählen.

Der Vorsicht halber möchte ich bitten, mir zu gestatten, daß ich das oben erwähnte Accept für den Notfall mit Ihrer werten Adresse versehe.

Sie teilen mir wohl gleichzeitig mit, ob Sie auch in anderen Fällen bereit sein würden, zu Ehren meiner wechselmäßigen Unterschriften zu intervenieren.

Ich sehe Ihrer gefl. Rückäußerung gern entgegen und zeichne

hochachtungsvoll

Ferdinand Wild.

ℳ 1,— Briefmarken

91.

Т. Должанскій,
Кіевъ.

Кіевъ, 23 Іюля 19.. г.

Господину Г. Смирнову, Тула.

Въ отвѣтъ на Ваше почт. письмо отъ 20 с. м. увѣдомляю Васъ, что я согласенъ интервенировать за Вашъ счетъ векселя, опротестованные за неплатежъ.

Мои условія: возмѣщеніе расходовъ по протесту и другихъ и 1/3 % за коммиссію.

Съ совершеннымъ почтеніемъ

Т. Должанскій.

92.

Т. Должанскій,
Кіевъ.

Кіевъ, 16 Октября 19.. г.

Господину Г. Смирнову, Тула.

Одинъ изъ моихъ кліентовъ Н. Харламовъ здѣсь, сообщилъ мнѣ сегодня, что имъ была получена въ уплату за товаръ Ваша тратта въ

Руб. 646,25 н/Б. Якобсона здѣсь, ср. вчер. числа,

каковую онъ и представилъ трассату, но платежа не получилъ. Акцептантъ просилъ его не опротестовывать векселя и обѣщалъ оплатить его завтра. Въ виду того однако-же, что вексель долженъ быть опротестованъ не позднѣе завтрашняго дня, г. Харламовъ передалъ его своему нотаріусу съ просьбой опротестовать въ неплатежѣ.

Съ своей стороны я заявилъ, что, въ случаѣ нужды, я готовъ интервенировать въ честь Вашей подписи.

О дальнѣйшемъ увѣдомлю Васъ завтра.

Съ совершеннымъ почтеніемъ

Т. Должанскій.

91.

Beck & Co.,
Cottbus.

Cottbus, den 21. Juli 19..

Herrn Ferdinand Wild, Klingmühl.

In Beantwortung Ihres gestrigen Briefes erklären wir uns gern bereit, im Notfall zu Ehren Ihrer Firma zu intervenieren.

Außer den Protestkosten und Auslagen würden wir Ihnen die gesetzlich vorgesehene Provision von $^1/_3$ % in Anrechnung bringen.

Hochachtungsvoll

Beck & Co.

92.

Beck & Co.,
Cottbus.

Cottbus, den 16. Oktober 19..

Herrn Ferdinand Wild, Klingmühl.

Soeben besuchte uns ein hiesiger Geschäftsfreund, Herr Lenk, und teilte uns mit, daß das Accept:

ℳ 646,25 per gestern a/W. Frank, hier,

welches er in Zahlung erhalten und dem Bezogenen vorgelegt hat, nicht honoriert worden ist.

Der Acceptant hat gebeten, vorläufig keinen Protest zu erheben, und versprochen, er werde morgen vormittag Zahlung leisten.

Da spätestens im Laufe des morgenden Nachmittags Protesterhebung erfolgen müßte, so hat Herr Lenk für alle Fälle den notleidenden Wechsel seinem Notar zu weiterer Veranlassung übergeben, diesen aber angewiesen, dem Acceptanten tunlichst entgegenzukommen.

Wir haben Herrn Lenk auf sein Befragen erklärt, daß wir bereit sind, zu Ehren Ihrer Firma zu intervenieren.

Über die weitere Entwickelung der Angelegenheit berichten wir Ihnen morgen und zeichnen

hochachtungsvoll

Beck & Co.

93.

Т. Должанскій,
Кіевъ.

Кіевъ, 18 Октября 19.. г.

Господину Г. Смирнову, Тула.

Въ дополненіе къ моему письму отъ 16 с. м. увѣдомляю Васъ, что акцептантъ своего обѣщанія не исполнилъ, а потому я акцептовалъ въ честь Вашей подписи и интервенировалъ за Вашъ счетъ опротестованный въ неплатежѣ вексель въ

Руб. 646,25 н/Б. Якобсона ср. 15 октября, каковою суммою вмѣстѣ съ
Руб. 4,00 расходами по протесту
„ 2,15 комиссіи ⅓ %
„ 7,40 „ 0,65 почтовыми расходами
всего Руб. 653,65 благоволите кредитовать мой счетъ.

Прилагаю относящійся къ означенному интервенированію протестъ въ неплатежѣ и пребываю

съ совершеннымъ почтеніемъ

Т. Должанскій.

94.

Г. Смирновъ
въ Тулѣ.

Тула, 20 Октября 19.. г.

Господину Т. Должанскому, Кіевъ.

Въ отвѣтъ на Ваше почт. письмо отъ 18 с. м. извѣщаю Васъ о полученіи авизованнаго Вами векселя вмѣстѣ съ протестомъ и счетомъ на

Руб. 653,65.

Приношу Вамъ мою благодарность за то, что Вы интервенировали въ честь моей подписи и высылаю при семъ

Руб. 653,00 кредитными билетами и
„ 0,65 почтовыми марками
всего Руб. 653,65

для сбалансированія нашего счета по этому предмету.

Съ совершеннымъ почтеніемъ

Г. Смирновъ.

93.

Beck & Co.,
Cottbus.

Cottbus, den 18. Oktober 19..

Herrn Ferdinand Wild, Klingmühl.

Hierdurch teilen wir Ihnen mit, daß die mit unserer Adresse versehene Tratte:

ℳ 646,25 per 15. Oktober d. J. a/W. Frank, hier,

vom Acceptanten nicht eingelöst, sondern uns unter Protest M. Z. zur Ehrenzahlung vorgelegt worden ist.

Indem wir Sie gemäß Artikel 58 der Allgemeinen Deutschen Wechselordnung von der geschehenen Intervention verständigen, legen wir Ihnen Protesturkunde und notleidenden Wechsel im Original bei und bitten, uns laut untenstehender Aufstellung mit:

ℳ 653,65 per dato

zu erkennen.

Hochachtungsvoll
Beck & Co.

In Protestsachen.
Eingeschrieben.

Wechselsumme . .	ℳ 646,25
Protestkosten	„ 4,60
$^1/_3$ % Provision . .	„ 2,15
Porti	„ 0,65
	ℳ 653,65

94.

Ferdinand Wild,
Klingmühl N. L.

Klingmühl, den 20. Oktober 19..

Herren Beck & Co., Cottbus.

Ich besitze Ihr geschätztes Schreiben vom 16. d. M. nebst Einlagen: Protesturkunde, uneingelöstes Akzept auf Frank und Rückrechnung auf

ℳ 653,65

lautend. Diesen Betrag übersende ich Ihnen anbei mit:

ℳ 600,—	in	Banknoten
„ 50,—	„	Reichskassenscheinen
„ 3,65	„	Briefmarken
ℳ 653,65		

zu meiner Entlastung.

Für Ihre Intervention in dieser Angelegenheit spreche ich Ihnen meinen verbindlichsten Dank aus und zeichne

hochachtungsvoll
Ferdinand Wild.

Письма, касающіяся конто-коррентовъ.

Конто-коррентныя сношенія. При конто-коррентныхъ сношеніяхъ дѣятельность банкира не ограничивается, какъ при текущемъ счетѣ, лишь выдачей и принятіемъ денегъ за счетъ лица, которому открытъ счетъ. Въ данномъ случаѣ дѣятельность банкира гораздо разнообразнѣе: онъ является не только кассиромъ, но коммиссіонеромъ лица, которому открытъ счетъ и, кромѣ того, обыкновенно открываетъ кредитъ этому лицу.

Коммиссія. Въ вознагражденіе за свои труды банкиръ получаетъ коммиссіонное вознагражденіе, при чемъ размѣръ коммиссіи обыкновенно опредѣляется въ видѣ процента (чаще всего въ предѣлахъ $^1/_8$ %—$^1/_4$ %) съ оборота.

Проценты. Кромѣ коммиссіонныхъ процентовъ за всѣ статьи дебета и кредита въ конто-коррентѣ насчитываются проценты со дня выдачи или поступленія соотвѣтствующихъ суммъ по день заключенія счета.

Заключеніе счетовъ. Заключеніе счетовъ производится черезъ опредѣленные промежутки времени, обыкновенно дважды въ годъ — по 30 Іюня и по 31 Декабря.

Корреспонденція. При конто-коррентныхъ сношеніяхъ обыкновенно приходится писать письма слѣдующаго рода:

a) Предложенія (просьбы) открыть счетъ;
b) Отвѣтъ: согласіе или отказъ;
c) Опредѣленіе условій;
d) Подтвержденія принятія условій;
e) Порученія {въ кредитъ / въ дебетъ} счета данной фирмы;
f) Присылка выписокъ изъ конто-коррента;
g) Подтвержденія правильности таковыхъ.

a) Предложенія (просьбы) открыть счетъ.

Предложеніе открыть конто-коррентный счетъ можетъ послѣдовать со стороны банкира, а просьба о томъ-же со стороны торговой фирмы.

b) Отвѣтъ на предложеніе или просьбу.

Отвѣтъ на предложеніе или просьбу долженъ быть посланъ во всякомъ случаѣ, хотя бы онъ и содержалъ отказъ. Въ случаѣ согласія одновременно съ выраженіемъ таковаго сообщаются также и условія.

c) Условія, на которыхъ открывается счетъ.

Условія, на которыхъ банкиръ открываетъ конто-коррентный счетъ, касаются:

1. Размѣровъ и обезпеченія кредита (покрытый или непокрытый кредитъ);
2. Размѣровъ процента по статьямъ дебета и кредита;
3. Опредѣленія коммиссіоннаго процента;
4. Сроковъ заключенія счетовъ;
5. Возмѣщенія расходовъ.

Briefe im Verrechnungsgeschäft.

Kontokorrentverkehr. Im Kontokorrentverkehr beschränkt sich die Tätigkeit des Bankiers nicht wie beim Giroverkehr darauf, für Rechnung der Kontoinhaber Gelder einzuziehen und auszuzahlen; seine Arbeitsleistung ist viel mannigfaltiger; er ist nicht Kassierer, sondern Kommissionär des Kontoinhabers, dem er außerdem meist seinen Kredit zur Verfügung stellt.

Provision. Für die Arbeitsleistung des Bankiers im Kontokorrentverkehr wird ihm eine meist in Prozenten vom Umsatz ausgedrückte Entschädigung (Bankprovision) bezahlt.

Zinsen. Für Kreditgewährung wird außerdem und unbeschadet der Provision eine Zinsvergütung (Soll[Debet]-zinsen) entrichtet. Dagegen werden den Kontoinhabern ihre Guthaben ebenfalls verzinst (Haben[Kredit]-zinsen). Für Sollzinsen wird in der Regel ein höherer Zinsfuß vereinbart als für Habenzinsen.

Abrechnung. Die Abrechnung erfolgt in regelmäßigen, durch Vereinbarung festgestellten Zeitabschnitten, meist per 30. Juni (per ultimo Juni) und per 31. Dezember (per ultimo Dezember).

Briefwechsel. Im Kontokorrentverkehr kommen hauptsächlich folgende Briefgattungen vor:

a) Anträge (Angebote, Anerbieten, Offerten);
b) Antwort: Zustimmung oder Ablehnung;
c) Angabe der Bedingungen (Konditionen);
d) Bestätigung der Bedingungen;
e) Aufträge {zugunsten / zu Lasten} der laufenden Rechnung des Kontoinhabers;
f) Rechnungsabschlüsse (Kontokorrentauszüge);
g) Prüfungsberichte.

a) Anträge (Angebote, Anerbieten, Offerten).

Der Antrag auf Eröffnung eines Kontokorrentverkehrs kann beiderseitig erfolgen.

b) Beantwortung des Antrags.

Anfragen, die die Eröffnung eines Kontokorrentverkehrs bezwecken, pflegen auch dann beantwortet zu werden, wenn der Antrag aus irgend einem Grunde abgelehnt wird.

Lautet die Antwort zustimmend, so wird sie gleichzeitig die Bedingungen für den Bankverkehr (Bankbedingungen) enthalten.

c) Bankbedingungen.

Die Bedingungen, zu welchen der Bankier dem Kontoinhaber seine Dienste widmet, betreffen:

1. Die Höhe und Sicherung des Kredits (gedeckt oder ungedeckt).
2. Die Höhe des Zinsfußes (für Debet und Kredit).
3. Die Höhe der Provision.
4. Die Termine für die Abrechnung.
5. Die Rückvergütung der Auslagen.

d) Подтвержденія принятія условій.

По окончаніи переговоровъ объ условіяхъ, на которыхъ банкъ открываетъ счетъ, обѣ стороны обыкновенно подтверждаютъ принятіе этихъ условій, что и даетъ договору законную силу.

e) Порученія.

Порученія, даваемыя лицомъ, которому открытъ счетъ, смотря по характеру ихъ, заносятся въ дебетъ или кредитъ конто-корректнаго счета.

Въ кредитъ конто-коррентнаго счета заносятся:

1. Взносы денежные, купонами, чеками, переводами и. т. п.
2. Векселя, присланные для дисконта или инкассированія.
3. Переводы, присланные другими лицами.
4. Продажи цѣнныхъ бумагъ, заграничныхъ векселей и пр.

Въ дебетъ конто-коррентнаго счета заносятся:

1. Выплаты лицу, имѣющему счетъ или по его приказу.
2. Переводы или римессы третьимъ лицамъ.
3. Платежи по траттамъ на обладателя счета или за его счетъ.
4. Покупки цѣнныхъ бумагъ, заграничныхъ векселей и пр.

f) Заключеніе счетовъ.

По прошествіи заранѣе опредѣленнаго срока банкиръ посылаетъ лицу, которому открытъ конто-коррентъ, выписку изъ конто-коррента, при чемъ кромѣ статей, занесенныхъ въ теченіе предшествующаго періода въ дебетъ и кредитъ счета, сообщается также разсчетъ процентовъ за коммиссію и сумма непосредственныхъ расходовъ банка.

Разница въ суммѣ дебета и кредита называется сальдо; для сбалансированія счета она заносится на той сторонѣ счета (дебетъ или кредитъ), гдѣ итогъ меньше. Это сальдо переносится на слѣдующую новую страницу на противоположную сторону.

Послѣ этого выставляется число и выписка подписывается.

g) Сообщенія о провѣркѣ правильности счета.

Выписка изъ конто-коррента посылается обыкновенно при письмѣ, въ которомъ указывается сальдо и валюта (срокъ заключенія счета).

Въ этомъ письмѣ выражается просьба провѣрить выписку изъ конто-коррента и подтвердить ея правильность.

Нерѣдко въ письмѣ высылается печатное подтвержденіе правильности выписки, каковое остается только подписать и возвратить банкиру.

d) Bestätigung der Bedingungen.

Nachdem die Verhandlungen über die Bankbedingungen abgeschlossen sind, wird das Einverständnis mit den getroffenen Vereinbarungen von beiden Seiten vollinhaltlich bestätigt.

Durch die Bestätigung der Bankbedingungen wird der Kontokorrentvertrag rechtsverbindlich.

e) Aufträge.

Die Aufträge, die der Kontoinhaber seinem Bankier erteilt, werden auf laufende Rechnung verbucht.

Die Verbuchung geht entweder „zugunsten" oder „zu Lasten" des Kontoinhabers.

Zugunsten der laufenden Rechnung werden verbucht:

1. Einzahlungen in bar, Zinsscheine, Anweisungen, Schecks usw.
2. Wechsel zur Gutschrift per Verfall, zur Diskontierung oder zur Einziehung.
3. Überweisungen von Guthaben.
4. Verkäufe von Wertpapieren, ausländischen Wechseln und Sorten.

Zu Lasten der laufenden Rechnung werden verbucht:

1. Auszahlungen an den Kontoinhaber oder seine Bevollmächtigten.
2. Wechsel als Anschaffung und Rimessen an dritte.
3. Einlösung von Tratten auf den Kontoinhaber oder für seine Rechnung.
4. Einkäufe von Wertpapieren, Sorten und Fremdwechseln.

f) Rechnungsabschluſs.

Nach Ablauf der vereinbarten Abrechnungsfrist sendet der Bankier dem Kontoinhaber einen Auszug seiner Rechnung (Kontokorrentauszug), dem bisweilen eine besondere Zinsrechnung beiliegt.

Außer den Buchungen und den Zinsen führt der Rechnungsauszug die Auslagen und die Provision in besonderen Posten auf.

Ferner wird der Überschuß, der sich zugunsten oder zu Lasten des Kontoinhabers ergibt, der schwächeren Seite unter dem Namen Saldo angefügt, so daß beide Seiten der Rechnung die gleiche Summe aufweisen.

Dieser Saldo wird dann auf der entgegengesetzten Seite auf neue Rechnung vorgetragen und das Kontokorrent vom Kontokorrentgeber unter Angabe des Ausstellungsorts und Datums unterzeichnet.

Vor der Unterschrift befindet sich häufig die Klausel „Irrtum vorbehalten" oder „salvo errore et omissione" (gekürzt „S. E. & O.").

g) Prüfungsbericht.

Der Kontokorrentauszug wird gewöhnlich mit einem Begleitbrief abgeschickt, in welchem der Saldo nebst Valuta (Abschlußdatum) angegeben ist.

Dieser Brief enthält die Bitte, den Rechnungsauszug auf seine Richtigkeit zu prüfen und dem Kontokorrentgeber das Ergebnis der Prüfung mitzuteilen.

Häufig wird diesem Briefe noch ein Formular beigelegt, welches die Richtigkeit der Abrechnung bestätigt und vom Kontoinhaber unterzeichnet zurückgeschickt werden soll.

95. 13 Февраля 19.. г. С. Г. Горшковъ, въ Харьковѣ, предлагаетъ Бр. Ефремовымъ въ Лебединѣ посредничество для всякаго рода банковыхъ операцій и назначаетъ весьма выгодныя условія.

96. 15 Февраля 19.. г. Бр. Ефремовы, въ Лебединѣ, выражаютъ согласіе на предложеніе при условіи открытія имъ непокрытаго кредита до 20000 руб.

97. 16 Февраля 19.. г. С. Г. Горшковъ, въ Харьковѣ, выражаетъ согласіе на открытіе желаемаго кредита. За непокрытые платежи онъ требуетъ коммиссіонныхъ въ двойномъ размѣрѣ.

98. 18 Февраля 19.. г. Бр. Ефремовы, въ Лебединѣ, отказываются уплачивать по непокрытымъ статьямъ дебета бóльшее коммиссіонное вознагражденіе.

99. 19 Февраля 19.. г. С. Г. Горшковъ, въ Харьковѣ, отказывается отъ своего требованія увеличенія коммиссіоннаго процента и подтверждаетъ другія условія.

100. 25 Февраля 19.. г. Бр. Ефремовы, въ Лебединѣ, принимаютъ всѣ условія, посылаютъ 2 векселя въ кредитъ своего счета и просятъ принять выписанную на Горшкова тратту.

101. 26 Февраля 19.. г. С. Г. Горшковъ, въ Харьковѣ, подтверждаетъ полученіе векселей и обѣщаетъ принять авизованную тратту.

102. 27 Мая 19.. г. Бр. Ефремовы, въ Лебединѣ, кредитуютъ С. Г. Горшкова на Мар. 1450 на Берлинъ и въ то-же время просятъ уплатить въ Москвѣ руб. 675,50.

103. 28 Мая 19.. г. С. Г. Горшковъ, въ Харьковѣ, подтверждаетъ исполненіе порученій.

104. 29 Мая 19.. г. Бр. Ефремовы, въ Лебединѣ, подтверждаютъ полученіе письма отъ 28/5 19.. г.

105. 2 Іюля 19.. г. С. Г. Горшковъ, въ Харковѣ, присылаетъ выписку изъ счета и проситъ провѣрить.

106. 8 Іюля 19.. г. Бр. Ефремовы, въ Лебединѣ, подтверждаютъ правильность присланной выписки изъ счета.

95.

Банкирская Контора
С. Г. Горшкова
Харьковъ, Торговая ул., с. домъ.
Телефонъ 235.

Харьковъ, 13 Февраля 19.. г.

Господамъ Бр. Ефремовымъ, Лебединъ.

Имѣя желаніе вступить въ дѣловыя сношенія съ Вашей уважаемой фирмой, позволяю себѣ предложить Вамъ свои услуги для всякаго рода банковыхъ операцій.

Исполняя Ваши порученія, я считалъ бы Вамъ коммиссію— $^1/_8$% и на $^1/_2$% выше или ниже соотвѣтствующаго дисконта Государственнаго Банка. Кромѣ того Вамъ придется возмѣщать мои почтовые и другіе расходы.

95. Am 13. Februar 19.. bieten Gebrüder Simon, Frankfurt a. M., der Firma Otto Winter, Offenbach, ihre Vermittelung in allen das Bankfach betreffenden Geschäften an; sie stellen günstige Bedingungen.

96. Am 15. Februar 19.. erklärt sich Otto Winter, Offenbach, mit den gestellten Bedingungen einverstanden, falls ihm ein ungedeckter Kredit bis zu 20 000 ℳ gewährt werde.

97. Am 16. Februar 19.. erkläien sich Gebrüder Simon, Frankfurt a. M., bereit, den gewünschten Blankokredit zu gewähren. Sie fordern doppelte Provision für ungedeckte Zahlungen.

98. Am 18. Februar 19.. lehnt Otto Winter, Offenbach, es ab, sich für ungedeckte Debetposten höhere Provision anrechnen zu lassen.

99. Am 19. Februar 19.. verzichten Gebrüder Simon, Frankfurt a. M., auf doppelte Provision und bestätigen die übrigen Bedingungen.

100. Am 25. Februar 19.. akzeptiert Otto Winter, Offenbach, die Bankbedingungen vollinhaltlich, überschickt zwei Wechsel zur Gutschrift und bittet um Schutz für seine Tratte.

101. Am 26. Februar 19.. bestätigen Gebrüder Simon, Frankfurt a. M., den Empfang der Wechsel und sichern der avisierten Tratte Schutz zu.

102. Am 27. Mai 19.. stellt Otto Winter, Offenbach, 1450 Kronen in Wien zur Verfügung und bittet um Gutschrift in Mark. Gleichzeitig weist er ℳ 695,50 zur Auszahlung in Berlin an.

103. Am 28. Mai 19.. zeigen Gebrüder Simon, Frankfurt a. M., an, daß die Aufträge vom 27./5. ausgeführt sind.

104. Am 29. Mai 19.. bestätigt Otto Winter, Offenbach, den Empfang des Briefes vom 28./5. 19..

105. Am 2. Juli 19.. überreichen Gebrüder Simon, Frankfurt a. M., Rechnungsauszug und bitten um Gutschrift des Saldo.

106. Am 8. Juli 19.. bestätigt Otto Winter, Offenbach, die Richtigkeit der erhaltenen Abrechnung.

95.

Gebrüder Simon.
Bankgeschäft.
Tel.-Adr.: Banksimon.
Fernsprecher: III 1296.

Frankfurt a. M., den 13. Februar 19..

Herrn Otto Winter, Offenbach.

Von dem lebhaften Wunsche geleitet, mit Ihrer geschätzten Firma in Geschäftsverbindung zu treten, gestatten wir uns, Ihnen unsere Dienste zur Besorgung aller in das Bankfach einschlagenden Geschäfte ergebenst anzubieten.

Wir würden Ihnen wie den bevorzugteren unserer geschätzten Auftraggeber $^1/_8$ % Provision sowie $^1/_2$ % über oder unter dem jeweiligen Reichsbankdiskont berechnen und außerdem nur unsere Auslagen für Porto, Depeschen, Stempel und Courtage in Ansatz bringen.

Въ надеждѣ, что столь выгодныя условія побудятъ Васъ принять мое предложеніе, остаюсь

съ совершеннымъ почтеніемъ

С. Г. Горшковъ.

96.

Бр. Ефремовы
въ Лебединѣ.

Лебединъ, 15 Февраля 19.. г.

Господину С. Г. Горшкову, Харьковъ.

Получивъ почт. письмо Ваше отъ 13 Февраля с. г. увѣдомляемъ Васъ, что намъ было бы желательно войти съ Вашей уважаемой фирмой въ конто-коррентныя сношенія, но подъ условіемъ, что Вы откроете намъ бланковый кредитъ до 20000 руб.

Въ ожиданіи скорѣйшаго отвѣта Вашего пребываемъ

съ совершеннымъ почтеніемъ

Бр. Ефремовы.

97.

Банкирская Контора
С. Г. Горшкова
Харьковъ, Торговая ул., с. домъ.
Телефонъ 235.

Харьковъ, 16 Февраля 19.. г.

Господамъ Бр. Ефремовымъ, Лебединъ.

Въ отвѣтъ на Ваше почт. письмо отъ 15 с. м. увѣдомляю Васъ, что я согласенъ открыть Вамъ бланковый кредитъ до 20000 руб., при чемъ, однакоже, за всѣ непокрытые платежи я буду считать Вамъ ¼% коммиссіи. Остальныя условія остаются безъ измѣненія.

Въ надеждѣ, что Вы согласитесь на эти условія, остаюсь

съ совершеннымъ почтеніемъ

С. Г. Горшковъ.

Sie wollen aus diesen ungewöhnlich günstigen Bedingungen ersehen, daß wir großen Wert darauf legen, mit Ihrer werten Firma in Verkehr zu treten.

Wir sehen Ihrer gefl. Entschließung gern entgegen und zeichnen

hochachtungsvoll

Gebrüder Simon.

96.

Otto Winter.
Offenbach a. M.

Offenbach, den 15. Februar 19..

Herren Gebrüder Simon, Frankfurt a. M.

Im Besitz Ihrer gefl. Zuschrift vom 13. cr. danke ich Ihnen für freundliches Entgegenkommen.

Ich würde gern bereit sein, zu den angegebenen Bedingungen mit Ihrer Firma in Kontokorrentverkehr zu treten, wenn Sie mir gleichzeitig einen ungedeckten Akzeptationskredit bis zur Höhe von 20 000 ℳ einräumen wollten.

Ihrer baldigen Antwort gern gewärtig, empfehle ich mich Ihnen

hochachtungsvoll

Otto Winter.

97.

Gebrüder Simon.
Bankgeschäft.
Tel.-Adr.: Banksimon.
Fernsprecher: III 1296.

Frankfurt a. M., den 16. Februar 19..

Herrn Otto Winter, Offenbach.

Aus Ihrem geehrten Gestrigen ersehen wir mit Vergnügen, daß Sie bereit sind, von unserem Dienstanerbieten Gebrauch zu machen.

Wir nehmen keinen Anstand, Ihnen den gewünschten Blankokredit von 20 000 ℳ zu gewähren.

Jedoch würden wir für ungedeckte Zahlungen oder Akzepte die doppelte Provision, das ist $^1/_4\,^0/_0$, in Anrechnung bringen; die übrigen Bedingungen bleiben dieselben.

In der Erwartung, daß Sie hiermit einverstanden sind, zeichnen wir

mit Hochachtung

Gebrüder Simon.

98.

Бр. Ефремовы
въ Лебединѣ.

Лебединъ, 18 Февраля 19.. г.

Господину С. Г. Горшкову, Харьковъ.

Подтверждая полученіе Вашего почт. письма отъ 16 с. м. и принося Вамъ благодарность за оказываемое довѣріе, мы должны сообщить Вамъ, что, къ сожалѣнію нашему, не можемъ воспользоваться предлагаемымъ намъ кредитомъ, такъ какъ не находимъ возможнымъ платить ¼ % коммиссіи за непокрытые платежи.

Благоволите увѣдомить насъ, не найдете ли Вы возможнымъ измѣнить свое рѣшеніе и брать одинаковый коммиссіонный процентъ по всѣмъ статьямъ дебета.

Съ совершеннымъ почтеніемъ

Бр. Ефремовы.

99.

Банкирская Контора
С. Г. Горшкова
Харьковъ, Торговая ул., с. домъ.
Телефонъ 235.

Харьковъ, 19 Февраля 19.. г.

Господамъ Бр. Ефремовымъ, Лебединъ.

Я получилъ Ваше почтенное письмо отъ 18 с. м. и желая доказать Вамъ насколько я цѣню сношенія съ Вашей уважаемой фирмой, я согласенъ считать Вамъ ⅛ % коммиссіи по всѣмъ статьямъ дебета, и повторяю еще разъ условія, на которыхъ открою Вамъ конто-коррентный счетъ:

Я открываю Вамъ бланковый кредитъ до 20 000 руб.

Я буду считать Вамъ на ½ % выше дисконта Государственнаго Банка по статьямъ дебета и на ½ % ниже по статьямъ кредита.

Вы возмѣщаете мнѣ всѣ мои расходы и уплачиваете ⅛ % коммиссіи.

Кромѣ того обращаю Ваше вниманіе на прилагаемый при семъ печатный экземпляръ моихъ общихъ условій при конто-коррентныхъ сношеніяхъ, каковой благоволите возвратить мнѣ обратно съ Вашей подписью.

Въ надеждѣ скоро получить Ваши порученія, которыя всегда будутъ исполняться съ полнѣйшей аккуратностью, остаюсь

съ совершеннымъ почтеніемъ

С. Г. Горшковъ.

98.

Otto Winter.
Offenbach a. M.

Offenbach, den 18. Februar 19..

Herren Gebrüder Simon, Frankfurt a. M.

Ich besitze Ihr gefl. Schreiben vom 16. d. M. Ich müßte davon absehen, den besprochenen Blankokredit anzunehmen, wenn Sie sich nicht entschließen könnten, für sämtliche Debetposten — gleichviel, ob sie durch Vorentnahmen entstanden oder gedeckt sind — die Provision mit $^1/_8$ % zu berechnen.

Ich sehe Ihrer umgehenden Entschließung gern entgegen und zeichne

hochachtungsvoll

Otto Winter.

99.

Gebrüder Simon.
Bankgeschäft.
Tel.-Adr.: Banksimon.
Fernsprecher: III 1296.

Frankfurt a. M., den 19. Februar 19..

Herrn Otto Winter, Offenbach.

Um Ihnen zu beweisen, wie viel uns an dem Verkehr mit Ihrer hochachtbaren Firma gelegen ist, haben wir uns entschlossen, Ihre Vorschläge vom gestrigen Tage anzunehmen, und eröffnen Ihnen hiermit eine laufende Rechnung bei uns unter den folgenden Bedingungen:

Wir eröffnen Ihnen einen Kredit bis zu ℳ 20 000, über den Sie nach Belieben verfügen können.

An Zinsen berechnen wir Ihnen: $^1/_2$ % über Reichsbankdiskont, wenn Sie Debitor, und $^1/_2$ % darunter, wenn Sie Kreditor sind.

Sie vergüten uns unsere Selbstauslagen und außerdem $^1/_8$ % Provision für Akzepte, gleichviel, ob sie gedeckt oder ungedeckt sind.

Im übrigen verweisen wir auf unsere „allgemeinen Kontokorrentbestimmungen", von denen wir Ihnen ein Exemplar beilegen.

Dasselbe erbitten wir uns mit Ihrer Unterschrift versehen zurück.

Wir werden gern alles aufbieten, unseren geschäftlichen Verkehr mit Ihnen angenehm zu gestalten und Ihr Vertrauen in jeder Richtung zu rechtfertigen.

Mit größter Hochachtung

Gebrüder Simon

Anlage:
Bestimmungen.

100.

Бр. Ефремовы
въ Лебединѣ.

Лебединъ, 25 Февраля 19 . г.

Господину С. Г. Горшкову, Харьковъ.

Симъ подтверждаемъ полученіе Вашего почт. письма отъ 19 с. м. и увѣдомляемъ Васъ, что мы согласны на открытіе конто-коррента у Вашей уважаемой фирмы, на сообщаемыхъ Вами условіяхъ, а именно:

Вы открываете намъ бланковый кредитъ до 20 000 руб.

Вы считаете намъ по статьямъ кредита на $^1/_2$ % ниже, а по статьямъ дебета на $^1/_2$ % выше дисконта Государственнаго Банка.

Мы возмѣщаемъ Вамъ Ваши расходы и уплачиваемъ $^1/_8$ % коммиссіи.

Присланный намъ экземпляръ Вашихъ общихъ условій при семъ возвращаемъ Вамъ съ нашей подписью.

При семъ посылаемъ Вамъ также 2 векселя въ

Руб. 600 н/Ив. Петрова тамъ, ср. 12 Мая с. г.
" 715 н/Келеръ и Ко., Кіевъ, ср. 15 Іюня с. г.

всего Руб. 1315, на каковую сумму благоволите кредитовать насъ.

Вмѣстѣ съ тѣмъ увѣдомляемъ Васъ, что мы трассировали на Васъ на

Руб. 5000 приказу нашему ср. 25 Мая с. г.

и просимъ Васъ оправдать нашу тратту.

Съ совершеннымъ почтеніемъ

Бр. Ефремовы.

Заказное
при семъ 2 векселя.

100.

Otto Winter.
Offenbach a. M.

Offenbach, den 25. Februar 19..

Herren Gebrüder Simon, Frankfurt a. M.

Ich besitze Ihr gefl. Schreiben vom 22. d. M. und bemerkte mir Ihre Bedingungen wie folgt:

Sie eröffnen mir einen Blankokredit bis zu 20 000 ℳ.

Für Kreditzinsen berechen Sie mir $^1/_2$ % unter, für Debetzinsen $^1/_2$ % über Reichsbankdiskont.

Ich vergüte Ihnen sämtliche Auslagen sowie $^1/_8$ % Provision.

Die mir gesandten Kontokorrentbestimmungen gebe ich vollzogen zurück.

Ich eröffne gleichzeitig die Geschäftsverbindung, indem ich Ihnen anbei:

ℳ 600,— per 12./5. a. c. a/Helm & Co., dort,
„ 715,— per 15./6. a. c. a/Köhler & Sohn, Hanau,
ℳ 1315,— zur gefl. Gutschrift per Verfall übersende.

Dagegen erlaubte ich mir:

ℳ 5000,— per 25./5. O./E.

auf Sie abzugeben, um deren Inschutznahme ich bitte.

Hochachtungsvoll
Otto Winter.

Einschreiben.
2 Wechsel.

101.

Банкирская Контора
С. Г. Горшкова
Харьковъ, Торговая ул., с. домъ.
Телефонъ 235.

Харьковъ, 26 Февраля 19.. г.

Господамъ Бр. Ефремовымъ, Лебединъ.

При почт. письмѣ Вашемъ отъ 25 с. м. я получилъ 2 векселя въ

Руб. 600 ср. 12 Мая с. г. н/Харьковъ
„ 715 ср. 15 Іюня с. г. н/Кіевъ

всего Руб. 1315, каковой суммой я кредитовалъ Васъ съ обычной оговоркой.

Авизованная Вами тратта въ

Руб. 5000 ср. 25 Мая с. г.

будетъ мною гонорирована.

Съ совершеннымъ почтеніемъ

С. Г. Горшковъ.

102.

Бр. Ефремовы
въ Лебединѣ.

Лебединъ, 27 Мая 19.. г.

Господину С. Г. Горшкову, Харьковъ.

Подтверждая полученіе Вашего письма отъ 26 Февраля с. г посылаю Вамъ

М. 1450 ср. 25 Іюня с. г. н/Шмидтъ и Сынъ, Берлинъ,

на каковую сумму за вычетомъ дисконта благоволите кредитовать насъ.

Вмѣстѣ съ тѣмъ просимъ Васъ уплатить 6 Іюня с. г. г. П. Степанову, Москва, Ильинка д. Троицкаго подворья,

Руб. 695,50 (шестьсотъ девяносто пять руб. 50 коп.).

Съ совершеннымъ почтеніемъ

Бр. Ефремовы.

Заказное
при семъ 1 вексель.

101.

Gebrüder Simon.
Bankgeschäft.
Tel.-Adr.: Banksimon.
Fernsprecher: III 1296.

Frankfurt a. M., den 26. Februar 19..

Herrn Otto Winter, Offenbach.

Ihrem gestrigen Schreiben entfalteten wir:

ℳ 600,— per 12./5. a/hier,
ℳ 715,— „ 15./6. a/Hanau,

die wir unter dem üblichen Vorbehalt in das Haben Ihrer laufenden Rechnung brachten.

Die uns gleichzeitig angekündigte Tratte von:

ℳ 5000,— Wert 25./5.

werden wir bei Vorkommen honorieren.

Hochachtungsvoll

Gebrüder Simon.

102.

Otto Winter.
Offenbach a. M.

Offenbach, den 27. Mai 19..

Herren Gebrüder Simon, Frankfurt a. M.

Ich gehe mit dem Inhalt Ihres Schreibens vom 26. Februar d. J. konform. Heute stelle ich Ihnen:

K. 1450,— per 25./7.

bei Franz Bär, Wien (III., Hauptstraße 42) zur Verfügung und bitte um Abrechnung.

Dagegen wollen Sie:

ℳ 695,50 Sechs Hundert Fünf und Neunzig, 50 Pf.

am 6. Juni d. J. an Schäfer & Sohn, Berlin W., Behren-Straße 12, zu Lasten meiner Rechnung auszahlen lassen.

Hochachtungsvoll

Otto Winter.

Einschreiben.
1 Wechsel.

103.

Банкирская Контора
С. Г. Горшкова
Харьковъ, Торговая ул., с. домъ.
Телефонъ 235.

Харьковъ, 28 Мая 19.. г.

Господамъ Бр. Ефремовымъ, Лебединъ.

Въ исполненіе Вашего порученія отъ 27 с. м. я кредитовалъ Вашъ счетъ за присланныя мнѣ

М. 1450,— ср. 25 Іюля с. г. по курсу 215
на Руб. 674,40 валюта с. ч.

Согласно приказу Вашему я уплачу

Руб. 695,50, 6 Іюня с. г.

въ дебетъ Вашего счета.

Съ совершеннымъ почтеніемъ
С. Г. Горшковъ.

104.

Бр. Ефремовы
въ Лебединѣ.

Лебединъ, 29 Мая 19.. г

Господину С. Г. Горшкову, Харьковъ.

Симъ подтверждаемъ полученіе Вашего почт. письма отъ 28 с. м. и увѣдомляемъ Васъ, что сдѣлали соотвѣтствующія записи въ своихъ книгахъ.

Съ совершеннымъ почтеніемъ
Бр. Ефремовы.

Gebrüder Simon.
Bankgeschäft.
Tel.-Adr.: Banksimon.
Fernsprecher: III 1296.

Frankfurt a. M., den 28. Mai 19..

103.

Herrn Otto Winter, Offenbach.

In Ausführung Ihres gestrigen Auftrags kreditieren wir Ihr wertes Konto für die uns zur Verfügung gestellten:

K. 1450,— per 25. Juli zu 84,60 t. q. mit
ℳ 1226,75 per heute.

Dagegen bemerkten wir uns, daß für Ihre Rechnung:

ℳ 695,50 am 6. Juni a. c.

auszuzahlen sind, für welchen Betrag wir Sie belasten.

Hochachtungsvoll

Gebrüder Simon.

104.

Otto Winter.
Offenbach a. M.

Offenbach, den 29. Mai 19..

Herren Gebrüder Simon, Frankfurt a. M.

Ich bestätige den Empfang Ihres geschätzten Schreibens von gestern und gehe mit den darin enthaltenen Aufstellungen konform.

Hochachtungsvoll

Otto Winter.

105.

Банкирская Контора
С. Г. Горшкова
Харьковъ, Торговая ул., с. домъ.
Телефонъ 235.

Харьковъ, 2 Іюля 19.. г.

Господамъ Бр. Ефремовымъ, Лебединъ.

При семъ имѣю честь препроводить Вамъ извлеченіе изъ Вашего у меня счета, заключеннаго по 30 Іюня с. г. и представляющаго сальдо въ мою пользу въ

Руб. 3738,30 срокомъ 30 Іюня с. г.

Благоволите провѣрить означенный счетъ и подтвердить мнѣ правильность такового въ самомъ непродолжительномъ времени.

Съ совершеннымъ почтеніемъ

С. Г. Горшковъ.

Счетъ Бр. Ефремовыхъ, Лебединъ.

Дебетъ. *Кредитъ.*

19.. г.			Срокъ		Дней	№	Сумма Руб.	К.	19.. г.			Срокъ		Дней	№	Сумма Руб.	К.
26	Февр.	Тратта	25	Мая	35	1750	5000	—	26	Февр.	Римесса	12	Мая	48	288	600	—
28	Мая	Платежъ въ Москвѣ	6	Іюн.	24	167	695	50	26	,,	,,	15	Іюн.	15	107	715	—
30	Іюня	Проценты съ № 1306 по 6%					21	80	28	Мая	Переводъ н/Берлинъ	28	Мая	32	216	674	40
30	,,	Коммиссія 1/8% съ 5695,50					7	15	30	Іюня	Сальдо % №				1306		
30	,,	Расходы					3	25	30	,,	Сальдо					3738	30
						1917	5727	70							1917	5727	70
1	Іюля	Переносъ сальдо					3738	30			И. о. и П.						

Харьковъ, 2 Іюля 19.. г.

С. Г. Горшковъ

105.

Gebrüder Simon.
Bankgeschäft.
Tel.-Adr.: Banksimon.
Fernsprecher: III 1296.

Frankfurt a. M., den 2. Juli 19..

Herrn Otto Winter, Offenbach.

Wir beehren uns, Ihnen anbei den Auszug Ihrer Rechnung bei uns zu übersenden, welche mit einem Saldo von:

ℳ 3183,— per 30. Juni a. c.

zu unseren Gunsten abschließt.

Wir bitten, den Auszug zu prüfen und den Saldo nach Richtigbefund unter gefl. Anzeige übereinstimmend mit uns vorzutragen.

Hochachtungsvoll

Gebrüder Simon.

Soll *Herrn* Otto Winter, Offenbach im Kontokorrent mit Gebrüder Simon. *Haben*

19..			Verfall		Tage	Zahlen	Betrag ℳ	Pf.	19..			Verfall		Tage	Zahlen	Betrag ℳ	Pf.
Febr.	26.	Tratte	Mai	25.	35	1750	5000	—	Febr.	26.	Rimesse	Mai	12.	48	288	600	—
Mai	28.	Zahlung Berlin	Juni	6.	24	167	695	50	„	„	do.	Juni	15.	15	107	715	—
Juni	30.	6% Zinsen v. No. 1129					18	85	Mai	28.	Anweisung a/Wien	Mai	28.	32	393	1226	75
„	„	Provision 1/8% v. 5695,50					7	15	Juni	30.	Ausgleich d. Zinszahlen				1129		
„	„	Spesen					3	25	„	„	Saldo					3183	—
						1917	5724	75							1917	5724	75
Juli	1.	Saldovortrag					3183	—			S. E. & O.						

Frankfurt a. M., den 2. Juli 19..

Gebrüder Simon.

106.

**Бр. Ефремовы
въ Лебединѣ.**

Лебединъ, 8 Іюля 19.. г.

Господину С. Г. Горшкову, Харьковъ.

Симъ имѣемъ честь увѣдомить Васъ, что присланное намъ извлеченіе изъ нашего у Васъ счета, заключеннаго по 30 Іюня с. г. и представляющаго сальдо въ

Руб. 3738,30 ср. 30 Іюня с. г.

въ Вашу пользу, мы нашли правильнымъ и перенесли таковое согласно съ Вами на новый счетъ.

Съ совершеннымъ почтеніемъ

Бр. Ефремовы.

106.

Otto Winter.
Offenbach a. M.

Offenbach, den 8. Juli 19..

Herren Gebrüder Simon, Frankfurt a. M.

Den mir mit Ihrem Schreiben vom 2. d. M. zugegangenen Auszug meiner laufenden Rechnung bei Ihnen habe ich geprüft und richtig befunden.

Ich erkenne demgemäß den Saldo von:

ℳ 3183,— per 30. Juni a. c.

als richtig an und habe ihn gleichlautend zu Ihren Gunsten vorgetragen.

Hochachtungsvoll

Otto Winter.

С. Коммиссіонное дѣло.

Коммиссіонное дѣло заключается въ покупкѣ и продажѣ самостоятельнымъ купцомъ (коммиссіонеромъ) товаровъ за счетъ и по порученію третьяго лица (коммитента).

Коммиссіонеръ заключаетъ сдѣлки отъ своего имени.

За свои труды, независимо отъ возмѣщенія расходовъ, коммиссіонеръ получаетъ особое вознагражденіе, выражаемое извѣстнымъ процентомъ и называемое коммиссіею.

Лимитъ. Нерѣдко коммитентъ не можетъ точно опредѣлить покупную или продажную цѣну товара; въ такомъ случаѣ онъ лимитируетъ цѣну, опредѣляя наивысшую цѣну, которую можно уплатить за товаръ, и наименьшую цѣну, за которую можно продать его.

Коммиссіонеръ не долженъ переступать лимита въ ущербъ коммитенту, если же удастся завершить сдѣлку на болѣе выгодныхъ условіяхъ, то вырученное сверхъ лимита поступаетъ въ пользу коммитента.

Делькредере. Если коммиссіонеръ принимаетъ на себя ручательство въ точной уплатѣ покупщикомъ денегъ за проданный товаръ, то онъ получаетъ особое вознагражденіе, т. наз. провизію за делькредере. Это вознагражденіе опредѣляется также въ видѣ процента съ итога счета продажи.

Куртажъ. Если коммиссіонеръ пользовался для заключенія сдѣлки услугами маклера, то онъ заноситъ въ счетъ вознагражденіе маклеру или куртажъ.

Счетъ покупки. Коммиссіонеръ, покупая товаръ за счетъ коммитента, часто получаетъ порученіе также отправить товаръ и уплатить за него. Онъ пишетъ счетъ на купленный товаръ и къ цѣнѣ его присчитываетъ коммиссію и свои расходы.

Счетъ продажи. Коммиссіонеръ можетъ продать товаръ по присланнымъ образцамъ, или же ему присылаютъ самый товаръ (консигнація товара). Послѣ состоявшейся продажи онъ пишетъ счетъ, при чемъ съ вырученной суммы скидываетъ коммиссію и свои расходы.

Консигнація товаровъ отличается отъ коммиссіи главнымъ образомъ тѣмъ, что товаръ присылается не въ образцахъ, но полностью и продается не по лимитированной цѣнѣ, а во время и по цѣнѣ, зависящихъ исключительно отъ усмотрѣнія лица, которому поручена продажа.

C. Das Kommissionsgeschäft.

Man nennt Kommissionsgeschäfte die durch Vermittlung eines selbständigen Kaufmanns (Kommissionär) im Auftrag und für Rechnung seines Auftraggebers (Kommittent) abgeschlossenen Ein- oder Verkäufe.

Der Kommissionär schließt die Geschäfte in seinem eigenen Namen ab.

Er erhält für seine Mühwaltung und seine Auslagen eine im voraus vereinbarte Vergütung, die meist nach Prozenten berechnet und Provision genannt wird.

Die bei Ausführung des Auftrags entstehenden Kosten und Auslagen gehen zu Lasten des Kommittenten.

Limitum. Bei vielen Waren ist es dem Kommittenten nicht möglich, den Einkaufs- oder Verkaufspreis im voraus zu begrenzen, er läßt dem Kommissionär freie Hand.

Oder der Kommittent schreibt eine Preisgrenze (Limitum) vor, das heißt, er bestimmt bei Einkäufen den Höchstpreis, den er bezahlen, bei Verkäufen den Mindestpreis, zu dem er verkaufen will.

Der Kommissionär darf dieses Limitum nicht zuungunsten des Kommittenten überschreiten. Erzielt er günstigere Preise, so geht der Vorteil zugunsten des Kommittenten.

Delkredere heißt die Bürgschaft, die der Kommissionär — nach Vereinbarung mit dem Kommittenten — für den richtigen Eingang der Kaufgelder übernimmt. Hat der Kommissionär das Delkredere übernommen, so haftet er mit seinem eigenen Vermögen für den Eingang der Zahlungen.

Für die durch diese Haftung übernommene Verpflichtung erhält er eine weitere Vergütung, Delkredereprovision genannt.

Courtage. Bedient sich der Kommissionär bei Abschluß eines Geschäfts der Vermittlung eines Maklers (Courtier), so ist er berechtigt, Maklergebühren (Courtage) zu berechnen.

Einkaufsrechnung. Der Kommissionär vermittelt den Ankauf der Ware, oft auch ihre Versendung und Bezahlung.

Über den Einkauf stellt er eine Einkaufsrechnung aus, in welcher zum Preise, der für die Ware vereinbart ist, die Provision und die Auslagen hinzugerechnet sind, die der Kommissionär gehabt hat.

Verkaufsrechnung. Der Kommissionär übernimmt die zu verkaufende Ware auf Lager (Konsignationsfaktur), oder er vermittelt den Verkauf auf Grund von Angaben, Proben, Mustern.

Über den Verkauf stellt er eine Verkaufsrechnung aus, in welcher von dem erzielten Preise Provision und Auslagen, die er gehabt hat, abgerechnet sind.

Обмѣнъ письмами. Кромѣ писемъ, служащихъ для вступленія въ дѣловыя сношенія, коммиссіонное дѣло вызываетъ обмѣнъ письмами слѣдующаго рода:

Коммиссіонная покупка:

a) Заказъ; порученіе купить;	Коммитентъ-коммиссіонеру.
b) Увѣдомленіе объ отправкѣ; счетъ;	Коммиссіонеръ-коммитенту.
c) Подтвержденіе полученія;	Коммитентъ-коммиссіонеру.
d) Уплата;	Коммитентъ-коммиссіонеру.

Коммиссіонная продажа:

a) Порученіе продать;	Коммитентъ-коммиссіонеру.
b) Подтвержденіе полученія;	Коммиссіонеръ-коммитенту.
c) Увѣдомленіе о продажѣ;	Коммиссіонеръ-коммитенту.
d) Уплата;	Коммиссіонеръ-коммитенту.

Konsignationsfaktur. Waren, die der Käufer sehen will, bevor er kauft, ist der Kommittent genötigt, bei seinem Kommissionär zu lagern.

Ein solches Lager heißt Kommissionslager, die Rechnung, welche der Verkäufer über die hinterlegten (konsignierten) Waren ausstellt, Konsignationsfaktur (-nota, -schein).

Briefwechsel im Kommissionsgeschäft. Abgesehen von dem Briefwechsel, den die Gründung eines Geschäfts oder die Anbahnung neuer Geschäftsverbindungen veranlaßt, kommen im Kommissionsgeschäft die folgenden Briefgattungen in Betracht:

Einkaufskommission:

a) Bestellung der Ware;	Der Kommittent an den Kommissionär.
b) Versandanzeige und Rechnung;	„ Kommissionär an den Kommittenten.
c) Empfangsbestätigung;	„ Kommittent an den Kommissionär.
d) Regulierung;	„ Kommittent an den Kommissionär.

Verkaufskommission:

a) Konsignationssendung;	Der Kommittent an den Kommissionär.
b) Empfangsanzeige;	„ Kommissionär an den Kommittenten.
c) Verkaufsanzeige;	„ Kommissionär an den Kommittenten.
d) Regulierung;	„ Kommissionär an den Kommittenten.

Переписка по коммиссіоннымъ дѣламъ.

Коммиссіонная покупка.

Пушной товаръ.

107. 10 Января 19.. г. Максъ Вернеръ, Лейпцигъ, сообщаетъ циркуляромъ, что онъ открылъ коммиссіонное дѣло по продажѣ и покупкѣ мѣхового товара и предлагаетъ свои услуги.

108. 16 Января 19.. г. Максъ Вернеръ, Лейпцигъ, предлагаетъ опять письмомъ свои услуги фирмѣ Братья Блюмъ, Варшава, и сообщаетъ условія, на которыхъ можетъ закупать товаръ.

109. 20 Января 19.. г. Бр. Блюмъ, Варшава, сообщаютъ въ свою очередь условія, на которыхъ они согласны поручать покупку товаровъ за ихъ счетъ.

110. 22 Января 19.. г. Максъ Вернеръ, Лейпцигъ, выражаетъ согласіе на принятіе условій, сообщенныхъ ему Бр. Блюмъ, Варшава, и выражаетъ надежду, что торговыя сношенія обѣихъ фирмъ разовьются къ обоюдному удовольствію.

111. 25 Января 19.. г. Бр. Блюмъ, Варшава, поручаютъ своему коммиссіонеру Максу Вернеру купить 6 десятковъ крашенаго каракуля, опредѣляя качество и цѣну товара, и просятъ выслать его почтовыми посылками.

112. 28 Января 19.. г. Коммиссіонеръ Максъ Вернеръ, Лейпцигъ, увѣдомляетъ коммитентовъ Бр. Блюмъ, Варшава, о покупкѣ товара и сообщаетъ краткія свѣдѣнія о положеніи рынка.

113. Оригинальная фактура продавца Павла Юнга, Лейпцигъ.

114. 1 Февраля 19.. г. Коммитенты Бр. Блюмъ, Варшава, подтверждаютъ полученіе товара и увѣдомляютъ, что они разрѣшили продавцу Павлу Юнгу, Лейпцигъ, получить покрытіе фактуры трассированіемъ на нихъ.

115. 1 Февраля 19.. г. Покупатели Бр. Блюмъ, Варшава, разрѣшаютъ Павлу Юнгу, Лейпцигъ, трассировать на нихъ.

116. 3 Февраля 19.. г. Продавецъ Павелъ Юнгъ, Лейпцигъ, увѣдомляетъ Бр. Блюмъ, Варшава, что онъ трассировалъ на нихъ въ суммѣ фактуры.

Briefe im Kommissionsgeschäft.

Einkaufskommission.

Rauchwaren.

107. Am 10. Januar 19.. teilt Max Werner, Leipzig, durch Zirkular mit, daß er sich als Kommissionär in Rauchwaren etabliert habe, und bittet um Aufträge.

108. Am 16. Januar 19.. wiederholt Max Werner, Leipzig, der Firma Simon frères, Paris, gegenüber brieflich sein Dienstanerbieten und gibt an, zu welchen Bedingungen er die Besorgung von Einkäufen übernehmen würde.

109. Am 20. Januar 19.. erklären sich Simon frères, Paris, bereit, Max Werner, Leipzig, mit dem Einkauf von Rauchwaren für ihre Rechnung zu beauftragen, und geben ausführlich an, welche Bedingungen sie stellen.

110. Am 22. Januar 19.. erklärt Max Werner, Leipzig, sein Einverständnis mit den von Simon frères, Paris, gestellten Bedingungen; er hofft, daß die angeknüpfte Geschäftsverbindung beide Teile befriedigen werde.

111. Am 25. Januar 19.. erteilen Simon frères, Paris, ihrem Kommissionär Max Werner, Leipzig, Auftrag, für sie 6 Bund (gleich 60 Stück) gefärbte Persianer, deren Beschaffenheit und Preis sie vorschreiben, anzukaufen und ihnen die Ware als Postpakete über Belgien zuzuschicken.

112. Am 28. Januar 19.. meldet der Kommissionär Max Werner, Leipzig, seinen Kommittenten Simon frères, Paris, daß der Auftrag ausgeführt ist, und gibt einen kurzen Bericht über die Marktlage.

113. Verkaufsrechnung vom gleichen Tage, welche vom Verkäufer Bernhard Jung, Leipzig, ausgestellt ist, legt er im Original seinem Briefe bei.

114. Am 1. Februar 19.. bekennen sich die Kommittenten Simon frères, Paris, zum Empfang der Ware und teilen mit, daß sie den Verkäufer Bernhard Jung, Leipzig, ermächtigt haben, den Fakturenbetrag durch Tratte auf sie zu entnehmen.

115. Am gleichen Tage beauftragen die Käufer Simon frères, Paris, den Verkäufer, Bernhard Jung, Leipzig, auf sie zu ziehen.

116. Am 3. Februar 19.. meldet der Verkäufer Bernhard Jung, Leipzig, der Pariser Firma, daß er den Fakturenbetrag durch Tratte erhoben habe.

107.

Максъ Вернеръ
Лейпцигъ
Брюль 280.

Лейпцигъ, 10 Января 190.. г.

М. Г.

Симъ имѣю честь увѣдомить Васъ, что я открылъ здѣсь подъ фирмою

Максъ Вернеръ

коммиссіонное дѣло для покупки и продажи мѣхового товара.

Моя коммерческая опытность, мои многочисленныя знакомства въ странахъ импортирующихъ и экспортирующихъ мѣховой товаръ и основательное знаніе этихъ товаровъ даютъ мнѣ увѣренность, что я сумѣю во всѣхъ отношеніяхъ оправдать Ваше довѣріе и безукоризненно исполнить порученія, которыми Вамъ угодно будетъ меня почтить.

Въ ожиданіи Вашихъ благосклонныхъ порученій, покорнѣйше прошу Васъ замѣтить мою подпись, пребывая

съ совершеннымъ почтеніемъ

Максъ Вернеръ.

Я буду подписывать: *Максъ Вернеръ.*

108.

Максъ Вернеръ
Лейпцигъ
Брюль 280.

Лейпцигъ, 10 Января 190. г.

Господамъ Бр. Блюмъ, Варшава.

Нѣсколько дней тому назадъ я имѣлъ честь препроводить Вамъ мой циркуляръ, извѣщающій объ открытіи мною коммиссіоннаго дѣла подъ фирмой „Максъ Вернеръ". Въ настоящее время позволяю себѣ еще разъ напомнить Вамъ о его содержаніи, такъ какъ Ваша уважаемая фирма мнѣ была особенно рекомендована моими друзьями, и мнѣ было бы въ высшей степени желательно войти съ Вами въ дѣловыя сношенія.

Мое основательное знакомство съ мѣховымъ дѣломъ, пріобрѣтенное во время многолѣтняго завѣдыванія дѣлами извѣстнѣйшихъ фирмъ Лейпцига и Лондона, даетъ мнѣ полную возможность точно исполнять всѣ Ваши порученія.

107.

Max Werner,
Leipzig.
Brühl 280.

Leipzig, den 10. Januar 19..

P. P.

Mit Gegenwärtigem gestatte ich mir, Ihnen ergebenst mitzuteilen, daß ich am hiesigen Platze ein

Rauchwaren-Kommissionsgeschäft

unter der eingetragenen Firma

Max Werner

eröffnet habe.

Meine vieljährige Tätigkeit als Ein- und Verkäufer in der Branche setzt mich in den Stand, allen Anforderungen meiner geehrten Auftraggeber zu genügen.

Nehmen Sie die Versicherung entgegen, daß ich jederzeit bestrebt sein werde, Ihr Vertrauen, um welches ich hierdurch bitte, durch gewissenhafte Wahrung Ihrer Interessen zu rechtfertigen.

Belieben Sie von meiner Unterschrift Kenntnis zu nehmen und mich bei Bedarf mit Ihren geschätzten Aufträgen zu beehren.

Hochachtungsvoll

Ich werde zeichnen:

(Faksimile der Unterschrift des Max Werner.)

Max Werner.

108.

Max Werner,
Leipzig.
Brühl 280.

Leipzig, den 16. Januar 19..

Herren Simon frères, Paris.

Vor einigen Tagen erlaubte ich mir, Ihnen durch Zirkular mitzuteilen, daß ich mich am hiesigen Platze als Kommissionär für Ein- und Verkauf von Rauchwaren aller Art niedergelassen habe.

Da ich besonderen Wert darauf lege, mit Ihrem geschätzten Hause in Verbindung zu treten, so erlaube ich mir, Sie hierdurch nochmals auf mein Unternehmen aufmerksam zu machen und bei dieser Gelegenheit zu betonen, daß die reichen Erfahrungen, die ich mir im Dienste hervorragender Firmen in der Branche erworben habe, Ihnen für sachkundige Vertretung Ihrer Interessen Gewähr bieten dürften.

Если Вы пожелаете почтить меня Вашими порученіями, то помимо возмѣщенія моихъ расходовъ я буду считать Вамъ за коммиссію 2%.

Прошу Васъ обратить вниманіе на ниже указанныя референціи и въ ожиданіи Вашего благопріятнаго отвѣта пребываю

съ совершеннымъ почтеніемъ

Максъ Вернеръ.

Референціи:

Ludwig Blank & Söhne, Leipzig.
H. Breton & Fils, 23 rue de Richelieu, Paris.
M. Cameron & Co., 36, Victoria Street, London S. C.
П. Сорокодумовскаго Сыновья, Москва.

109.

Братья Блюмъ,
Варшава,
Новый Свѣтъ 36.

Варшава, 20 Января 19.. г.

Господину Максу Вернеру, Лейпцигъ.

Получивъ Ваше почт. письмо отъ 16 с. м. увѣдомляемъ Васъ. что мы согласны поручить Вамъ тамъ покупку мѣхового товара за нашъ счетъ, если Вы согласитесь на ниже слѣдующія наши условія:

Коммиссія: Мы будемъ платить Вамъ 2% съ суммы оригинальныхъ фактуръ тѣхъ фирмъ, у которыхъ Вы будете покупать для насъ товары. Кромѣ того мы будемъ возмѣщать всѣ Ваши расходы. Оригинальныя фактуры продавцовъ товара Вы будете высылать намъ одновременно съ товаромъ.

Разсчетъ. Каждые три мѣсяца Вы будете высылать намъ извлеченіе изъ счета нашего, съ указаніемъ всѣхъ фактурныхъ итоговъ и суммъ, причитающихся Вамъ въ возмѣщеніе Вашихъ расходовъ и за коммиссію.

Отправка товара. За исключеніемъ отправокъ по почтѣ, о чемъ мы будемъ каждый разъ дѣлать особое распоряженіе, всѣ товары, купленные для насъ, должны передаваться фирмѣ Гергардъ и Гей, тамъ, которая будетъ пересылать ихъ намъ и очищать пошлиной.

Свѣдѣнія о состояніи рынка. Намъ весьма важно получать постоянно свѣдѣнія о состояніи рынка, привозѣ товаровъ и пр. и мы просили бы Васъ аккуратно доставлять намъ таковые, какъ только произойдетъ какое-либо измѣненіе положенія рынка.

Покорнѣйше просимъ Васъ увѣдомить насъ возможно скорѣе о томъ, согласны ли Вы на наши условія, въ ожиданіи чего пребываемъ

съ совершеннымъ почтеніемъ

Братья Блюмъ.

Sollten Sie sich entschließen, mich mit Ihrem Vertrauen zu beehren, so würde ich Ihnen für Einkäufe außer dem üblichen Ersatz für Barauslagen 2% (zwei vom Hundert) Provision in Anrechnung bringen.

Ich sehe Ihrer geneigten Entschließung gern entgegen und zeichne, indem ich noch auf die untenstehenden Referenzen verweise, hochachtungsvoll

Max Werner.

Referenzen.

Ludwig Blank & Söhne, Leipzig.
H. Breton & fils, 23, rue de Richelieu, Paris.
M. Cameron & Co., 36, Victoria Street, London E C.

109.

Simon frères,
28, Fbg. Poissonnière,
Paris.

Paris, den 20. Januar 19..

Herrn Max Werner, Leipzig.

Wir besitzen Ihr gefl. Schreiben vom 16. d. M. und erklären uns im Prinzip geneigt, Ihnen den Einkauf von Rauchwaren für unsere Rechnung am dortigen Platze zu übertragen.

Zu diesem Zwecke unterbreiten wir Ihnen unsere Bedingungen wie folgt:

Provision. Wir gewähren Ihnen 2% (zwei vom Hundert) vom Nettobetrag der Originalfakturen sowie Rückerstattung Ihrer Barverläge. Die Fakturen sind gleichzeitig mit der Ware im Original an uns einzusenden.

Abrechnung. Sie übersenden uns am Schluß eines jeden Kalendervierteljahres einen Kontoauszug und eine Aufstellung Ihrer Provision und Ihrer Barauslagen.

Versendung. Alle an uns abgehenden Waren sind, soweit sie nicht Postpakete bilden, unfrankiert an unseren hiesigen Spediteur L. Thibault zu unserer Verfügung zu schicken; Versicherung decken wir selbst.

Marktberichte. Wir legen großen Wert darauf, fortwährend über den Stand des Marktes unterrichtet zu sein. Wir bitten deshalb, uns so oft als erforderlich zu berichten.

Wir sehen umgehender Bestätigung unserer Bedingungen gern entgegen und hoffen, daß sich die Geschäftsverbindung für beide Teile nutzbringend und angenehm gestalten möge.

Hochachtungsvoll

Simon frères.

110.

Максъ Вернеръ,
Лейпцигъ,
Брюль 280.

Лейпцигъ, 22 Января 19.. г.

Господамъ Бр. Блюмъ, Варшава.

Въ отвѣтъ на Ваше почт. письмо отъ 20 с. м. увѣдомляю Васъ, что я согласенъ принять сообщенныя Вами условія, а именно:

Я принимаю на себя покупку здѣсь мѣхового товара для Вашей уважаемой фирмы, за Вашъ счетъ и буду получать 2% коммиссіи съ итога фактуръ, которыя долженъ высылать Вамъ въ оригиналѣ.

Разсчетъ будетъ производиться по четвертямъ года, причемъ въ концѣ каждой четверти я буду высылать Вамъ извлеченіе изъ Вашего счета, съ указаніемъ моихъ расходовъ и суммы, причитающейся мнѣ за коммиссію.

Отправка будетъ совершаться черезъ экспедиторовъ Гг. Гергардъ и Гей, которые будутъ сами страховать товаръ и очищать его пошлиной.

Я буду увѣдомлять Васъ, какъ только будетъ это необходимо, объ измѣненіяхъ въ состояніи рынка.

Вы можете быть увѣрены, что я приложу всѣ старанія къ наилучшему исполненію Вашихъ порученій, въ ожиданіи каковыхъ пребываю

съ совершеннымъ почтеніемъ

Максъ Вернеръ.

111.

Братья Блюмъ,
Варшава,
Новый Свѣтъ 36.

Варшава, 25 Января 19.. г.

Господину Максу Вернеру, Лейпцигъ.

Симъ подтверждаемъ полученіе письма Вашего отъ 22 с. м., содержаніе котораго мы себѣ замѣтили.

Благоволите купить для насъ

6 десятковъ каракуля,

завитокъ средній съ хорошимъ глянцемъ, цѣною по 160 до 180 марокъ.

Если товаръ окажется подходящимъ для насъ, то мы вскорѣ поручимъ Вамъ купить болѣе значительную партію.

Покорнѣйше просимъ Васъ отправить этотъ товаръ почтовыми посылками по 5 кило.

Съ совершеннымъ почтеніемъ

Бр. Блюмъ.

110.

Max Werner,
Leipzig.
Brühl 280.

Leipzig, den 22. Januar 19..

Herren Simon frères, Paris.

Im Besitz Ihres Geehrten vom 20. d. M. erkläre ich mich hierdurch mit den darin enthaltenen Bedingungen einverstanden.

Der Ordnung wegen wiederhole ich dieselben kurz:

Ich übernehme den Einkauf von Rauchwaren für Ihre Rechnung am hiesigen Platze gegen eine Einkaufsprovision von 2% vom Nettobetrag der Fakturen, die ich Ihnen im Original einsende.

Die Abrechnung erfolgt in der Weise, daß ich Ihnen am Schluß eines jeden Kalendervierteljahres einen Kontoauszug sowie eine Aufstellung über Provision und Verläge einsende.

Die Zusendung der Ware erfolgt durch Vermittlung Ihres dortigen Spediteurs, der zugleich Fracht, Versicherung und Verzollung besorgt.

Ich berichte Ihnen so oft als erforderlich über den Stand des Rauchwarengeschäfts am hiesigen Platze, nötigenfalls telegraphisch oder telephonisch.

Ich betrachte nunmehr die Geschäftsverbindung als eröffnet und werde bestens bemüht sein, sie für beide Teile nutzbringend und angenehm zu gestalten.

Ihren geschätzten Aufträgen gern entgegensehend, zeichne ich hochachtungsvoll

Max Werner.

111.

Simon frères.
28, Fbg. Poissonnière,
Paris.

Paris, den 25. Januar 19..

Herrn Max Werner, Leipzig.

Wir besitzen Ihr Geehrtes vom 22. d. M. und erklären uns mit dessen Inhalt einverstanden.

Zugleich ersuchen wir Sie, für uns bei einem leistungsfähigen Hause dort:

6 Bund Persianer

in großer Mittellocke mit hohem Glanze in der Preislage von 160—180 Mark auszuwählen.

Falls uns die Ware gefällt, werden wir Ihnen bald weitere belangreiche Aufträge zugehen lassen.

Wir bitten, uns die Sendung in Postpaketen zu 5 kg über Belgien zugehen zu lassen, und zeichnen hochachtungsvoll

p. pa. Simon frères.

M. Richard.

112.

Максъ Вернеръ,
Лейпцигъ,
Брюль 280.

Лейпцигъ, 28 Января 19 . г.

Господамъ Бр. Блюмъ, Варшава.

При семъ посылаю Вамъ фактуру фирмы П. Юнгъ, здѣсь на

6 десятковъ каракуля,

каковые отправлены Вамъ сегодня въ 5 почтовыхъ посылкахъ.

Считаю нужнымъ замѣтить, что только благодаря особо благопріятному случаю мнѣ удалось купить товаръ такого качества по 180 марокъ.

Изъ Россіи сообщаютъ, что урожай этого года чрезвычайно плохъ, вслѣдствіе чего надо ожидать поднятія цѣнъ каракуля на 20—25 %.

Съ совершеннымъ почтеніемъ

Максъ Вернеръ.

113.

Fol. 315.

Leipzig, den 28. Januar 19..

RECHNUNG

für Herren GEBR. BLUM, WARSCHAU

von

Paul Jung

Valuta per 6 Monat netto oder ·/. 3 % binnen 30 Tagen.

		Sie kauften und empfingen durch Herrn Max Werner, hier					
	60	gefärbte Persianer	18	—	ℳ	1080	—

114.

Братья Блюмъ,
Варшава,
Новый Свѣтъ 36.

Варшава, 1 Февраля 19.. г.

Господину Максу Вернеру, Лейпцигъ.

Мы получили Ваше почт. письмо отъ 28 Января с. г. и авизованныя 5 почтовыхъ посылокъ.

112.

Max Werner,
Leipzig.
Brühl 280.

Leipzig, den 28. Januar 19..

Herren Simon frères, Paris.

Ihrem Auftrag vom 25. d. M. gemäß ließ ich soeben:

60 Stück gefärbte Persianer

in 5 Postpaketen an Sie abgehen.

Nur durch ganz besondere Vergünstigung ist es mir gelungen, diese Ware in der gewünschten Lockung zum Preise von ℳ 180,— zu erhalten.

Da die Nachrichten aus der Bocharei über den Ausfall der diesjährigen Ernte sehr ungünstig lauten, so werden Persianer einen Preisaufschlag von 20—25% erleiden.

Einliegend überreiche ich Ihnen die Rechnung Bernhard Jung, hier, im Original.

Hochachtungsvoll

Max Werner.

1 Faktur.

113.

Fol. 315.

Leipzig, den 28. Januar 19..

RECHNUNG

für Herrn Max Werner, Leipzig.

von

Bernhard Jung.

Valuta per 6 Monat netto oder ·/. 3% binnen 30 Tagen.

	60	gefärbte Persianer	18	—	ℳ	1080	—

114.

Simon frères,
28, Fbg. Poissonnière,
Paris.

Paris, den 1. Februar 19..

Herrn Max Werner, Leipzig.

Wir empfingen vorgestern Ihr Geehrtes vom 28. Januar nebst Rechnung Bernhard Jung; soeben treffen auch die darin avisierten 5 Postpakete ein.

Качествомъ товара мы не вполнѣ довольны, такъ какъ хотя завитокъ и достаточно великъ и глянцовитъ, но не особенно плотенъ.

Мы увѣдомили г. П. Юнга, тамъ, что онъ можетъ трассировать на насъ въ суммѣ фактуры по курсу дня ср. конецъ Марта за вычетомъ скидки въ 3%.

С совершеннымъ почтеніемъ

Бр. Блюмъ.

115.

Братья Блюмъ,
Варшава,
Новый Свѣтъ 36.

Варшава, 1 Февраля 19.. г.

Господину Павлу Юнгу, Лейпцигъ.

Въ покрытіе Вашей фактуры отъ 28 Января с. г. на 6 десятковъ каракуля, купленные для насъ г. Максомъ Вернеромъ, тамъ, и полученные нами сегодня, просимъ Васъ трассировать на насъ ср. конецъ Марта с. г. при увѣдомленіи на

	Марокъ 1080,—
за вычетомъ 3% скидки	„ 32,40
всего	Марокъ 1047,60

по курсу дня.

Съ совершеннымъ почтеніемъ

Бр. Блюмъ.

116.

Павелъ Юнгъ,
Лейпцигъ,
Брюль 120.

Лейпцигъ, 3 Февраля 19.. г.

Господамъ Бр. Блюмъ, Варшава.

Согласно Вашему увѣдомленію отъ 1 с. м. я трассировалъ сегодня на Васъ Руб. 485,— ср. конецъ Марта с. г., каковую сумму я записалъ въ покрытіе моей фактуры отъ 28 Января с. г. по курсу

216,— t. q. =	М. 1047,60	съ прибавленіемъ
	„ 32,40	3% скидки
всего	М. 1080,—	

Съ совершеннымъ почтеніемъ

За П. Юнгъ

Бернгардъ Юнгъ.

Die Auswahl der Persianer befriedigt uns noch nicht ganz. Die Ware ist zwar großlockig und glänzend, aber zu weich im Haar, nicht fest und gedrungen genug.

Herrn Bernh. Jung haben wir veranlaßt, den Rechnungsbetrag von ℳ 1080,— abzüglich 3% Skonto, zum Tageskurse in Franken umgerechnet, per ultimo März auf uns zu entnehmen.

Hochachtungsvoll

p. pa. Simon frères
M. Richard.

115.

Simon frères,
28, Fbg. Poissonnière,
Paris.

Paris, den 1. Februar 19..

Herrn Bernhard Jung, Leipzig.

Für den Fakturenbetrag der uns durch Herrn Max Werner dort übersandten 60 Stück gefärbten Persianer, die heute ordnungsmäßig hier eintrafen, belieben Sie sich mit:

	ℳ 1080,—	
abzüglich	„ 32,40	3% Skonto
	ℳ 1047,60	per ultimo März d. J.

zum Tageskurs unter Anzeige auf uns zu erholen.

Hochachtungsvoll

Simon frères.

116.

Bernhard Jung.
Leipzig.
Brühl 280.

Leipzig, den 3. Februar 19..

Herren Simon frères, Paris.

Der mir am 1. d. M. erteilten Ermächtigung gemäß gab ich heute:

Frs. 1296,55 per ultimo März d. J.

auf Sie ab, welche ich zum Kurs von:

	80,80 t. q. =	ℳ 1047,60
	zuzüglich 3% Skonto =	„ 32,40
	mit	ℳ 1080,—

zur Begleichung meiner Faktur vom 28. Januar d. J. verwendete.

Hochachtungsvoll

Bernhard Jung.

Коммиссіонная продажа.

Кожевенный товаръ; бычачьи шкуры.

117. 4 Мая 19.. г. Коммиссіонеры А. Линдеманъ и Ко., Москва, предлагаютъ И. Е. Мочалову, Курскъ, свои услуги для коммиссіонной продажи кожевеннаго товара, сообщаютъ референціи и условія.

118. 11 Мая 19.. г. И. Е. Мочаловъ, Курскъ, выражаетъ намѣреніе прислать товаръ для продажи, но желаетъ пониженія коммиссіоннаго процента. Къ письму приложена:

119. Фактура, касающаяся товара, посланнаго на консигнацію.

120. 20 Мая 19.. г. А. Линдеманъ и Ко., Москва, увѣдомляютъ о полученіи товара, указываютъ на небольшое различіе въ вѣсѣ и соглашаются на 2 % коммиссіи вмѣсто $2^1/_2$ %.

121. 31 Мая 19.. г. А. Линдеманъ и Ко., Москва, увѣдомляютъ И. Е. Мочалова, Курскъ, телеграммой и письмомъ, что они продали товаръ по лимитированной цѣнѣ и прилагаютъ:

122. Счетъ продажи, итогъ котораго будетъ по полученіи платежа переведенъ черезъ Московскій Международный Торговый Банкъ.

123. 30 Іюня 19.. г. А. Линдеманъ и Ко., Москва, получивъ деньги за товаръ, посылаютъ ихъ переводомъ черезъ Московскій Международный Торговый Банкъ.

117.

А. Линдеманъ и Ко.
Коммиссіоная продажа
кожевеннаго товара и щетины.
Москва
Мал. Лубянка, соб. домъ.

Москва, 4 Мая 19.. г.

Господину И. Е. Мочалову, Курскъ.

Мы получили адресъ Вашей уважаемой фирмы отъ г. Н. Н. Шилова тамъ, который сообщитъ Вамъ всѣ желаемыя Вами свѣдѣнія о нашемъ предпріятіи.

Нашъ торговый домъ основанъ въ 1890 году и съ тѣхъ поръ непрерывно расширяетъ свои операціи, пользуясь полнымъ

Verkaufskommission.

Leder.

117. Am 4. Mai 19.. bietet die Kommissionsfirma L. Ernst & Söhne, Leipzig, dem Importgeschäft Friedrich Kern, Hamburg, unter Angabe von Referenzen und Kommissionsbedingungen ihre Dienste als Verkäufer in Sohlleder an.

118. Am 11. Mai 19.. erklärt sich Friedrich Kern, Hamburg, zu einer Konsignationssendung unter den angegebenen Bedingungen bereit, wünscht aber Herabminderung der Verkaufskommission. Dem Briefe liegt

119. Die Konsignationsfaktur über die am gleichen Tage abgehende Sendung Sohlleder bei.

120. Am 20. Mai 19.. bekennen sich L. Ernst & Söhne, Leipzig, zum Empfang der Ware, bei deren Übernahme sich eine kleine Gewichtsdifferenz ergeben hat, und erklären sich bereit, die Verkaufsprovision von $2^1/_2$% auf 2% zu ermäßigen.

121. Am 31. Mai 19.. zeigen L. Ernst & Söhne, Leipzig, ihrem Kommittenten durch Depesche und Brief an, daß sie die Konsignationssendung zum limitierten Preise verkauft haben; sie legen

122. Verkaufsrechnung bei, deren Betrag sie nach Eingang beim Bankhause des Kommittenten: Dresdener Bank, Filiale Leipzig, erlegen werden.

123. Am 30. Juni 19.. zeigen die Leipziger Kommissionäre ihrem Kommittenten in Hamburg an, daß sie den Betrag der Verkaufsrechnung vom 31. Mai bei der Dresdener Bank, Filiale Leipzig, eingezahlt haben, und bitten um Gutschrift.

117.

L. Ernst & Söhne.
Leder-Kommission.
Leipzig,
Brühl 96.

Leipzig, den 4. Mai 19..

Herrn Friedrich Kern, Hamburg.

Ihre werte Adresse verdanken wir Herrn Kurt Hermann, dort, der uns gleichzeitig gestattet hat, uns auf ihn zu berufen, und auch gern bereit sein wird, Ihnen jede erwünschte Auskunft über uns zu erteilen.

Unser Leder-Kommissionsgeschäft besteht seit fast zehn Jahren und erfreut sich eines lebhaften Zuspruchs seitens der Konsumenten am hiesigen Platze und in ganz Sachsen.

довѣріемъ своихъ многочисленныхъ друзей. Мы надѣемся, что и вы останетесь вполнѣ довольны нашими услугами, если только пожелаете поручить намъ продажу Вашего товара.

Условія наши слѣдующія: коммиссія $2\frac{1}{2}\%$ и возмѣщеніе всѣхъ нашихъ расходовъ.

Въ надеждѣ, что Вы почтите насъ Вашими порученіями, остаемся

съ совершеннымъ почтеніемъ

А. Линдеманъ и Ко.

118.

И. Е. Мочаловъ,
Курскъ.

Курскъ, 11 Мая 19.. г.

Господамъ А. Линдеманъ и Ко., Москва.

Въ отвѣтъ на Ваше почт. письмо отъ 4 Мая с. г. имѣю честь увѣдомить Васъ, что я охотно началъ бы посылать Вамъ на коммиссію мои товары, если бы Вы согласились на уменьшеніе коммиссіоннаго вознагражденія съ $2\frac{1}{2}$ на 2%.

Прежде чѣмъ связать себя договоромъ, я желалъ бы однако послать Вамъ на коммиссію для пробы небольшую партію бычачьихъ шкуръ, и, будучи увѣренъ, что Вы согласитесь на мои условія, посылаю таковую сегодня, а именно:

100 штукъ, вѣсомъ 187 пудовъ 20 фунтовъ,

какъ Вы усмотрите изъ прилагаемаго счета.

Покорнѣйше прошу Васъ подтвердить полученіе посланнаго товара и надѣюсь, что Вамъ удастся скоро продать его, въ ожиданіи чего пребываю

съ совершеннымъ почтеніемъ

И. Е. Мочаловъ.

Sollten Sie geneigt sein, uns mit dem kommissionsweisen Verkauf Ihrer Sohlleder und Kipse zu beauftragen, so können wir Ihnen in preiswerter Ware einen bedeutenden Umsatz in sichere Aussicht stellen.

Für unsere Vermittelung würden wir Ihnen $2^{1}/_{2}$ % Kommission berechnen und um Rückvergütung sämtlicher Auslagen zuzüglich des der Kundschaft zu gewährenden Skontos bitten.

Wir geben uns der Hoffnung hin, daß Ihnen diese Bedingungen genehm sein werden, und zeichnen, Ihrer geneigten Antwort gern entgegensehend,

hochachtungsvoll

L. Ernst & Söhne.

118.

Friedrich Kern,
Rohprodukten-
Import und Kommission.
Girokonto: Filiale der Dresdener Bank, Hamburg.
Telegrammadresse: Kernleder.

Hamburg, den 11. Mai 19..

Herren L. Ernst & Söhne, Leipzig.

Im Verfolg Ihres gefl. Schreibens vom 4. d. M. bin ich nicht abgeneigt, Ihnen die kommissionsweise Vertreibung meiner Sohlleder und Kipse am dortigen Platze und für das Königreich Sachsen zu übertragen.

Bevor wir uns beiderseitig binden, möchte ich Ihnen eine Wagenladung Sohlleder zu den angegebenen Bedingungen in Konsignation geben.

Ich hoffe, daß Sie sich unter Berücksichtigung der Preiswürdigkeit meiner Ware entschließen werden, die geforderte Verkaufsprovision von $2^{1}/_{2}$ % auf 2 % zu ermäßigen.

Ein solches Entgegenkommen Ihrerseits würde selbstverständlich meine endgültige Entschließung wesentlich erleichtern; der größere Umsatz würde Sie für den Ausfall sehr bald entschädigen.

Ich darf mich wohl einer wohlwollenden Berücksichtigung meines Vorschlags versichert halten und übersende Ihnen heute direkt und franko in Wagenladung, zum kommissionsweisen Verkauf:

80 Bürden Sohlleder,

worüber ich Ihnen Konsignationsrechnung beifüge.

Ich bitte, mir den Eingang der Ware sofort anzuzeigen, und sehe baldiger Zusendung der Verkaufsrechnung gern entgegen.

Sollte ein kleiner Preisnachlaß Ihnen den Verkauf des ganzen Postens ermöglichen, so bitte ich um telegraphische Mitteilung.

Eingänge zugunsten meines Kontos bitte bei der dortigen Filiale der Dresdener Bank erlegen zu wollen.

Hochachtungsvoll

Friedrich Kern.

Konsignationsfaktur.

119.

Курскъ, 11 Мая 19.. г.

И. Е. Мочаловъ

Курскъ, Сумская улица, соб. домъ.

Счетъ

Господамъ А. Линдеманъ и Ко., Москва.

Послано Вамъ на коммиссію, малой скоростью франко ст. Москва—Курск.

Число	Вѣсъ		Наименованіе товара	Цѣна за пудъ		Сумма	
	Пуд.	Фун.		Руб.	Коп.	Руб.	Коп.
100	187	20	Шкуры бычачьи	8	80	1650	—

120.

А. Линдеманъ и Ко.
Коммиссіоная продажа
кожевеннаго товара и щетины.
Москва
Мал. Лубянка, соб. домъ.

Москва, 20 Мая 19.. г.

Господину И. Е. Мочалову, Курскъ.

Увѣдомляемъ Васъ, что мы получили сегодня авизованную намъ письмомъ Вашимъ отъ 11 Мая партію бычачьихъ шкуръ, при чемъ оказалась разница въ вѣсѣ, а именно на 20 фунтовъ меньше противъ показаннаго Вами.

Мы надѣемся, что благодаря прекрасному качеству товара намъ удастся продать его весьма скоро, при чемъ мы посчитаемъ Вамъ 2 % за коммиссію. Хотя мы никогда не работали за столь низкое коммиссіонное вознагражденіе, все-таки мы согласились принять Ваши условія въ надеждѣ, что будемъ вознаграждены размѣрами Вашихъ порученій.

Во всякомъ случаѣ мы просили бы Васъ присылать намъ на консигнацію только наилучшій товаръ, а при большихъ сдѣлкахъ облегчать нашу задачу соотвѣтственнымъ пониженіемъ цѣнъ.

Съ совершеннымъ почтеніемъ

А. Линдеманъ и Ко.

119.

Friedrich Kern,
Rohprodukten-
Import und Kommission.
Girokonto: Filiale der Dresdener Bank, Hamburg.
Telegrammadresse: Kernleder.

Hamburg, den 11. Mai 19..

Konsignationsfaktur

für Herren L. Ernst & Söhne, Leipzig.

Ich versandte heute per Bahn, direkt und franko an Ihre Adresse, *zum kommissionsweisen Verkauf:*

		auf meine Rechnung und Gefahr mit Ziel 6 Monat.. oder per Kasse mit 2 % Skonto:
F. K.	1—40	An 40 Bürden Sohlleder I 8010 Pfd. à 1,10
F. K.	41—60	„ 20 „ do. II 4005 „ à 1,—
F. K	61—80	„ 20 „ do. III 3810 „ à —,80

120.

L. Ernst & Söhne,
Leder-Kommission.
Leipzig,
Brühl 96.

Leipzig, den 20. Mai 19..

Herrn Friedrich Kern, Hamburg.

Soeben ist die mit Ihrem Geehrten vom 11. d. M. fakturierte Wagenladung Sohlleder eingetroffen.

Wir haben die Ware sofort auf Lager genommen.

Die sich bei Abnahme hier ergebenden Gewichte betrugen für:

40	Bürden Sohlleder	I	8007 Pfd.
20	„ „	II	3999 „
20	„ „	III	3804 „

Die Qualität entspricht unseren Erwartungen, wir glauben, auf schlanken Absatz rechnen zu dürfen.

Ihren Wunsch, die Verkaufskommission von $2\frac{1}{2}$ auf 2 % ermäßigt zu sehen, haben wir ernstlich erwogen und erklären uns hierdurch bereit, denselben zu erfüllen, obgleich wir bisher noch nie zu diesem niedrigen Satze gearbeitet haben.

Wir gehen bei unserer Entschließung von der Annahme aus, daß größere Umsätze uns für den Ausfall entschädigen werden, und bitten, uns den Vertrieb Ihrer Ware durch geeignete Auswahl bei den Konsignationssendungen, bei großen Umsätzen wohl auch durch entsprechenden Preisnachlaß zu erleichtern.

Für die heute eingegangene Sendung bringen wir bereits den Kommissionssatz von 2 % in Anrechnung.

Hochachtungsvoll

L. Ernst & Söhne.

121.

Копія телеграммы:

Курскъ Мочалову шкуры продали по лимиту.

Линдеманъ Ко.

121 а.

А. Линдеманъ и Ко.
Коммиссіоная продажа
кожевеннаго товара и щетины.
Москва
Мал. Лубянка, соб. домъ.

Москва, 31 Мая 19.. г.

Господину И. Е. Мочалову, Курскъ.

Симъ подтверждаемъ содержаніе нашей телеграммы: „шкуры продали по лимиту" и увѣдомляемъ, что за проданный товаръ кредитовали Вашъ счетъ, согласно прилагаемому разсчету, на

Руб. 1607,90,

каковую сумму, по полученіи платежа, переведемъ Вамъ черезъ Московскій Международный Торговый Банкъ.

Въ виду того, что намъ удалось весьма скоро продать Вашъ товаръ по лимитированной цѣнѣ, мы надѣемся на дальнѣйшую консигнацію большихъ партій товара, въ ожиданіи чего остаемся

съ совершеннымъ почтеніемъ

А. Линдеманъ и Ко.

121.

Telegraphie des Deutschen Reichs.

Kernleder Hamburg verkauften Sohlleder nach Limit. Ernst Söhne.

121a.

L. Ernst & Söhne,
Leder-Kommission,
Leipzig,
Brühl 96.

Leipzig, den 31. Mai 19..

Herrn Friedrich Kern, Hamburg.

Wir bestätigen unsere Depesche: „Verkauften Sohlleder nach Limit" und überreichen Ihnen beigeschlossen über die von uns am 20. d. M. auf Lager genommene Ledersendung Verkaufsrechnung, laut welcher Ihr wertes Konto mit:

ℳ 15 211,45 per Kasse

erkannt wurde.

Anschaffung werden wir Ihnen aufgabegemäß durch Filiale der Dresdener Bank sofort nach Eingang zugehen lassen.

Da es uns so schnell gelungen ist, den Verkauf unter voller Wahrung Ihrer Interessen zu bewerkstelligen, dürfen wir weiteren Konsignationen wohl entgegensehen und zeichnen

hochachtungsvoll

L. Ernst & Söhne.

Verkaufsrechnung.

122.

А. Линдеманъ и Ко.
Москва.

Счетъ продажи
100 штукъ шкуръ бычачьихъ за счетъ
г. Е. И. Мочалова, Курскъ.

Число	Вѣсъ		Наименованіе товара	Цѣна за пудъ		Сумма	
	Пуд.	Фун.		Руб.	Коп.	Руб.	Коп.
100	187	—	Шкуры бычачьи	8	80	1645	60
			за исключеніемъ вѣсовыхъ 3 руб. 65 коп.				
			телеграф. и почтов. расходовъ 1 „ 10 „				
			2 % коммиссіи 32 „ 95 „			37	70
			Итого			1607	90

123.

А. Линдеманъ и Ко.
Коммиссіоная продажа
кожевеннаго товара и щетины.
Москва
Мал. Лубянка, соб. домъ.

Москва, 30 Іюня 19.. г.

Господину И. Е. Мочалову, Курскъ.

Симъ увѣдомляемъ Васъ, что въ покрытіе счета продажи посланнаго Вамъ 31 Мая с. г. мы перевели сегодня съ нашего условнаго текущаго счета въ Московскомъ Международномъ Торговомъ Банкѣ на Вашъ счетъ въ Курскомъ Отдѣленіи того же Банка

Руб. 1607,90,

каковую сумму благоволите записать въ кредитъ нашего счета.

Съ совершеннымъ почтеніемъ

А. Линдеманъ и Ко.

122.

Verkaufsrechnung

über 80 Bürden Sohlleder für Rechnung von

Herrn Friedrich Kern, Hamburg,

von

L. Ernst & Söhne.

F. K.	1—40	40 Bürden Sohlleder I	8007 Pfd. à 1,10		ℳ	8807	70
F. K.	41—60	20 „ „ II	3999 „ à 1,—		„	3999	—
F. K.	61—80	20 „ „ III	3804 „ à 0,80		„	3043	20
					ℳ	15849	90
		Spesen:					
		ab Roll- und Wiegegebühren	ℳ	3,65			
		2% Skonto	„	317,—			
		2% Kommission	„	317,—			
		Depesche und Porti . . .	„	—,80		638	45
			Reinertrag per Kasse		ℳ	15211	45

123.

L. Ernst & Söhne,
Leder-Kommission,
Leipzig,
Brühl 96.

Leipzig, den 30. Juni 19..

Herrn Friedrich Kern, Hamburg.

Zum Ausgleich der Ihnen am 31. Mai d. J. behändigten Verkaufsrechnung erlegten wir heute auf Ihr Girokonto bei der hiesigen Filiale der Dresdener Bank zu Ihren Gunsten:

ℳ 15 211.45.

um deren gefl. Gutschrift wir bitten.

Hochachtungsvoll

L. Ernst & Söhne.

D. Экспедиціонныя дѣла.

Экспедиціонное дѣло. Экспедиторы или же экспедиціонныя или транспортныя конторы и общества занимаются спеціально отправленіемъ или пересылкой товаровъ за счетъ отправителя или получателя.

Экспедиторъ заботится о принятіи, храненіи, отправленіи, нагрузкѣ, перегрузкѣ и дальнѣйшей пересылкѣ товаровъ, совершая эти операціи отъ своего имени, за свой или чужой счетъ.

Наложенный платежъ, очистка пошлиной. Кромѣ отправленія товаровъ экспедиторъ принимаетъ порученія получать извѣстные платежи за товаръ до его выдачи получателю, т.-е. черезъ него получаютъ наложенные платежи. Если товаръ идетъ черезъ границу, то экспедиторъ же совершаетъ всѣ таможенныя формальности.

Способы отправки товара. Экспедиторъ посылаетъ товары, смотря по обстоятельствамъ, на лошадяхъ, по желѣзной дорогѣ или-же на рѣчныхъ или морскихъ судахъ.

Страхованіе. Страхованіе товара въ пути производится обществами страхованія кладей (напр. Россійскимъ Транспортнымъ и Страховымъ Обществомъ). Застраховать кладь можно отъ потери, отъ порчи или отъ несвоевременной доставки.

Преміи, полисы. Сумма, взимаемая обществомъ за отвѣтственность за утрату или порчу груза, называется преміей, а письменный договоръ въ принятіи груза на страхъ называется полисомъ. Если полисъ выданъ не на какой-либо опредѣленный грузъ, а на всѣ грузы, которые данное лицо будетъ перевозить въ извѣстный промежутокъ времени, то такой полисъ называется генеральнымъ.

Расходы за транспортированіе кладей. Расходы за транспортированіе кладей можетъ уплачивать какъ отправитель, такъ и получатель. Въ послѣднемъ случаѣ экспедиторъ обезпечиваетъ себя тѣмъ, что или дѣлаетъ наложенный платежъ, или получаетъ при сдачѣ клади получателю, но до таковой, слѣдуемыя ему деньги.

При отправкахъ товаровъ за океанъ обыкновенно не принято дѣлать наложеннаго платежа въ обезпеченіе платы за провозъ. Обыкновенно экспедитору указываютъ въ гавани, куда адресованъ товаръ, какой-нибудь банкъ, который и выплачиваетъ причитающуюся ему сумму.

Перевозъ товара по тарифу, по соглашенію. Экспедиторъ можетъ считать плату за провозъ или по тарифу или по особому соглашенію. Въ первомъ случаѣ къ дѣйствительнымъ тарифнымъ ставкамъ (плата за провозъ, взимаемая желѣзными дорогами и пароходами) онъ причисляетъ различные расходы, смотря по характеру транспорта, а именно: за погрузку, за разгрузку, за взвѣшиваніе, за доставку на складъ и пр. и пр. Во второмъ случаѣ онъ считаетъ за провозъ извѣстную опредѣленную сумму, въ которую уже входятъ всѣ расходы, коммиссіонное вознагражденіе и пр.

D. Das Speditionsgeschäft.

Speditionsgeschäft. Man nennt Speditionsgeschäft die gewerbsmäßig für Rechnung der Auftraggeber bewirkte Versendung von Waren (Gut, Speditionsgut).

Der Spediteur besorgt die Versendung, Umladung, Empfangnahme, Weiterbeförderung und Einlagerung der Güter in seinem eigenen Namen entweder für eigene oder für fremde Rechnung.

Nachnahme, Verzollung. Außer der Versendung des Gutes besorgt der Spediteur sehr häufig die Einziehung der Geldbeträge, die in Form von Nachnahmen oder Vorausbezahlungen auf das Gut erhoben werden können, und erledigt die Formalitäten, die zu erfüllen sind, wenn das Gut über die Zollgrenze geht.

Frachtführer, Verfrachter. Bei der Beförderung zu Lande oder auf Binnenwässern bedient sich der Spediteur der Vermittlung der Frachtführer (Fuhrleute, Eisenbahnen, Schiffer); bei Beförderung zur See der Vermittelung des Verfrachters (Rheder, Charterer).

Versicherung. Die Versicherung wird bei einer Transportversicherungsgesellschaft bewirkt, sie erstreckt sich: auf Verlust des Gutes; auf Beschädigung des Gutes; auf verspätete Lieferung des Gutes.

Prämie, Police. Die Gebühr, welche die Versicherungsgesellschaft für die übernommene Ersatzpflicht erhebt, heißt Prämie; der Versicherungsvertrag wird Police genannt. Lautet der Versicherungsvertrag auf sämtliche Transporte, die der Versicherte innerhalb eines gewissen Zeitraums anmeldet, so spricht man von einer Pauschal- oder Generalpolice.

Voraus-, Nachzahlung. Die Fracht wird entweder vom Absender oder vom Empfänger des Gutes erlegt. Trägt der Empfänger die Fracht, so pflegt sich der Spediteur durch Nachnahme oder Barvorschuß für seine Auslagen und seine Mühwaltung bezahlt zu machen.

Im überseeischen Verkehr sind Gelderhebungen auf Versandgüter nicht üblich. In Hafenplätzen wird deshalb die Auszahlung der Nachnahmen und Barvorschüsse einem Bankhaus übertragen, bei dem der Spediteur die Gelder erhebt.

Tariffracht, Übernahme. Als Fracht wird entweder: der wirkliche Frachtsatz (reine Bahnfracht, reine Seefracht) zuzüglich der Nebenkosten, die der Spediteur einzeln verrechnet, und einer Speditionsprovision, die je nach Art des Transportes als Rollgeld, Einladekosten, Ausladekosten u. s. w. bezeichnet wird, in Anrechnung gebracht; oder es wird mit dem Spediteur ein Frachtsatz in Bausch und Bogen (Übernahmesatz, Übernahmepreis, Aversionalfracht) vereinbart; in diesem vereinbarten Preis sind dann sämtliche Nebenkosten enthalten.

Корреспонденція. Корреспонденція, которую приходится вести экспедитору, весьма разнообразна, когда дѣло идетъ объ открытіи дѣла, завязываніи новыхъ сношеній, удовлетвореніи требованій возмѣщенія убытковъ, улаженія спорныхъ вопросовъ и т. д.

Письменныя сношенія экспедитора съ лицами или учрежденіями, перевозящими грузъ ограничиваются обыкновенно написаніемъ сопроводительныхъ бумагъ: накладныхъ, коносаментовъ, таможенныхъ декларацій, квитанцій и т. п.

Сношенія экспедитора съ одной стороны и отправителя и получателя съ другой обыкновенно также ограничиваются выполненіемъ напечатанныхъ бланковъ писемъ, увѣдомленій и пр.

Отдѣльная отправка товара вызоветъ слѣдующій обмѣнъ письмами:

Условія транспортированія	Отправитель (получатель) экспедитору. Экспедиторъ отправителю (получателю).
Порученіе транспортировать	Отправитель (получатель) экспедитору. Экспедиторъ отправителю (получателю).
Увѣдомленіе объ исполненіи	Экспедиторъ отправителю (получателю). Получатель экспедитору.
Разсчетъ	Экспедиторъ отправителю. Отправитель экспедитору.

Корреспонденція по экспедиціоннымъ дѣламъ.

Отдѣльная отправка, плата по соглашенію.

Расходы уплачиваетъ покупатель.

124. 4 Августа 19.. г. Е. Бауеръ, Двинскъ, спрашиваетъ экспедитора А. Вернера, Двинскъ, по какой цѣнѣ онъ приметъ на себя доставку приблизительно 4000 кило. вина изъ Rivesaltes (Pyrénées Orientales) до Двинска.

125. 4 Августа 19.. г. А. Вернеръ, Двинскъ, сообщаетъ Е. Бауеру, Двинскъ, двѣ ставки, смотря по тому, пойдетъ ли товаръ моремъ или по желѣзной дорогѣ.

126. 5 Августа 19.. г. Е. Бауеръ, Двинскъ, сообщаетъ А. Вернеру, Двинскъ, что онъ предпочитаетъ отправку моремъ. Онъ поручаетъ А. Вернеру перевозку и застрахованіе товара и сообщаетъ ему, что г. г. Lecomte Frères, Rivesaltes, уже увѣдомлены объ этомъ.

127. 5 Августа 19.. г. А. Вернеръ, Двинскъ, проситъ г. г. Lecomte Frères, Rivesaltes, отправить вино, проданное Е. Бауеру, Двинскъ, г. Léon Didier, Marseille, для дальнѣйшаго отправленія.

Briefwechsel. Der Briefwechsel des Spediteurs ist bei der vielseitigen Tätigkeit desselben sehr mannigfaltig, sobald Geschäftseröffnung, Anknüpfung neuer Geschäftsverbindungen, Erledigung von Schadenersatzansprüchen und Streitigkeiten aller Art berücksichtigt werden sollen.

Zwischen Spediteur einerseits und Frachtführer oder Verfrachter andererseits beschränkt sich der schriftliche Verkehr für gewöhnlich auf die Ausfertigung der Begleitpapiere: Frachtbrief, Ladeschein, Versandaufgabe, Anlieferungsschein, Konnossement, Zolldeklaration, Begleitschein u. s. w.

Zwischen Spediteur einerseits und Absender oder Empfänger des Gutes andererseits ist der regelmäßige briefliche Verkehr ebenfalls zum großen Teil auf Ausfüllung vorgedruckter Brief- oder Postkartenformulare beschränkt.

Im Einzelfalle erstrecken sich die Verhandlungen auf folgende Punkte:

Versandbedingungen	Der Absender (Empfänger) an den Spediteur. Der Spediteur an den Absender (Empfänger)
Auftragserteilung	Der Absender (Empfänger) an den Spediteur. Der Spediteur an den Absender (Empfänger).
Ausführungsanzeige	Der Spediteur an den Absender (Empfänger). Der Empfänger an den Spediteur.
Abrechnung	Der Spediteur an den Absender. Der Absender an den Spediteur.

Briefe im Speditionsgeschäft.

Einzelsendung gegen Frachtübernahme.

Die Transportspesen gehen zu Lasten des Käufers.

124. Am 4. August 19.. fragt Robert Haas, Leipzig, bei Spediteur C. G. Lentsch, Leipzig, an, zu welchem Satze er die Überführung von rund 4000 Kilo Wein von Rivesaltes (Pyrénées Orientales) nach Leipzig übernehmen würde.

125. Am 4. August 19.. stellt C. G. Lentsch, Leipzig, dem Fragesteller zwei Übernahmen an, je nachdem die Ware zu Lande oder zu Wasser reisen soll.

126. Am 5. August 19.. erklärt sich Robert Haas, Leipzig, für den Seeweg; er beauftragt C. G. Lentsch, Leipzig, mit der Versendung und Versicherung und stellt ihm das Gut bei Lecomte Frères, Rivesaltes, zur Verfügung.

128. 5 Августа 19.. г. А. Вернеръ, Двинскъ, поручаетъ г. Léon Didier, Марсель, отправить вино, которое онъ получитъ отъ г. г. Lecomte Frères, Rivesaltes, не страхуя, по ранѣе договоренной ставкѣ съ первымъ отходящимъ пароходомъ, прося сдѣлать наложенный платежъ въ суммѣ расходовъ и выслать коносаменты.

129. 15 Августа 19.. г. Léon Didier, Марсель, сообщаетъ А. Вернеру, Двинскъ, что вино, полученное изъ Rivesaltes, онъ погрузилъ на пароходъ „Carnot", идущій въ Гамбургъ и наложилъ платежъ въ суммѣ своихъ расходовъ.

130. 21 Августа 19.. г. А. Вернеръ, Двинскъ, представляетъ главному агенту страхового Общества „Родина" коносаментъ и проситъ застраховать товаръ въ суммѣ 3000 руб.

131. 21 Августа 19.. г. А. Вернеръ, Двинскъ, поручаетъ N. Luchting & Co., Гамбургъ, принять для дальнѣйшей отправки вино, посланное на его имя г. Léon Didier, Марсель. Онъ прилагаетъ коносаментъ и проситъ отправить вино пароходомъ до Риги.

132. 6 Сентября 19.. г. Е. Бауеръ, Двинскъ, проситъ А. Вернера двѣ изъ шести бочекъ, посланныхъ изъ Rivesaltes, отправить въ Ревель въ агентство общества „Надежда", а четыре, согласно прежнему распоряженію, доставить ему.

133. 6 Сентября 19.. г. А. Вернеръ дѣлаетъ соотвѣтственное распоряженіе письмомъ на имя N. Luchting & Co., Гамбургъ.

134. 10 Сентября 19.. г. N. Luchting & Co., Гамбургъ, сообщаютъ, что вино, полученное отъ г. Léon Didier, Марсель, уже погружено на пароходъ „Эльба" Сѣверо-Германскаго Общества, идущій въ Ригу и будетъ сдано тамъ экспедитору Н. Сторожеву для дальнѣйшаго отправленія.

135. 13 Сентября 19.. г. А. Вернеръ, Двинскъ, проситъ Н. Сторожева, Рига, отправить двѣ бочки прямо въ Ревель въ контору общества „Надежда", а остальныя четыре переслать ему.

136. 16 Сентября 19.. г. Н. Сторожевъ, Рига, увѣдомляетъ А. Вернера объ исполненіи его порученія.

137. 21 Сентября 19.. г. А. Вернеръ, Двинскъ, сообщаетъ г. Е. Бауеру, Двинскъ, объ исполненіи его порученія и представляетъ счетъ своимъ расходамъ.

138. Счетъ А. Вернера, Двинскъ — Е. Бауеру, Двинскъ.

127. Am 5. August 19.. beauftragt C. G. Lentsch, Leipzig, Lecomte Frères, Rivesaltes, damit, die ihm von Robert Haas, Leipzig, zur Verfügung gestellte Weinsendung an Léon Didier, Marseille, zu weiterer Verfügung abzusenden.

128. Am 5. August 19.. beauftragt C. G. Lentsch, Leipzig, Léon Didier, Marseille, damit, die ihm von Lecomte Frères, Rivesaltes, zu seiner Verfügung zugehende Weinsendung unversichert und unter Nachnahme der Spesen zu den früher vereinbarten Spesensätzen mit dem ersten nach Hamburg abgehenden Dampfer an Order zu verladen und ihm 3 Konnossemente einzuschicken.

129. Am 15. August 19.. meldet Léon Didier, Marseille, an C. G. Lentsch, Leipzig, daß er die ihm am 5. August übertragene Weinsendung aus Rivesaltes mit Dampfer „Carnot" nach Hamburg an Order und unter Spesennachnahme verladen habe.

130. Am 21. August 19.. überreicht C. G. Lentsch, Leipzig, der Leipziger Generalagentur der „Badischen Schifffahrts-Assekuranz Gesellschaft" ein Konnossement und bittet um Versicherung in Höhe von 1500 Mark.

131. Am 21. August 19.. beauftragt C. G. Lentsch, Leipzig, N. Luchting & Co., Hamburg, mit Übernahme und Weiterbeförderung der an seine Order von Léon Didier, Marseille, eingehenden Weinsendung. Er legt ein indossiertes Konnossement bei und schreibt Wasserweg bis Wallwitzhafen vor.

132. Am 6. September 19.. bittet Robert Haas, Leipzig, C. G. Lentsch, zwei von den sechs Fässern der Sendung aus Rivesaltes von Hamburg direkt an „Berliner Spediteurverein, Berlin", zu schicken; die übrigen vier Fässer sind aufgabegemäß zu behandeln.

133. Am 6. September 19.. übermittelt C. G. Lentsch, Leipzig, den vorstehenden Auftrag an N. Luchting & Co., Hamburg.

134. Am 7. September 19.. melden N. Luchting & Co., Hamburg, daß die Sendung Léon Didier, Marseille, bereits auf Elbkahn 8 verladen und unter Spesennachnahme an Speditionsverein Wallwitzhafen abgegangen sei, der sie zur Verfügung von C. G. Lentsch halte.

135. Am 9. September 19.. beauftragt C. G. Lentsch, Leipzig, den Speditionsverein Wallwitzhafen damit, zwei Fässer direkt an „Berliner Spediteurverein" Berlin, zu schicken, die übrigen vier nach Leipzig zu verladen.

136. Am 16. September 19.. zeigt Speditionsverein Wallwitzhafen C. G. Lentsch, Leipzig, die Verladung an.

137. Am 21. September 19.. zeigt C. G. Lentsch, Leipzig, seinem Auftraggeber Robert Haas, Leipzig, an, daß der Auftrag vollzogen ist, und überreicht Spesennota mit der Bitte um Gutschrift des Betrags.

138. Spesennota von C. G. Lentsch, Leipzig, für Robert Haas, Leipzig.

124.

Е. Бауеръ
Импортъ вина и сигаръ.

Двинскъ, 4 Августа 19.. г.

Господину А. Вернеру, Двинскъ.

Я купилъ въ Rivesaltes (Pyrénées Orientales) партію вина, вѣсомъ приблизительно 4000 килогр., и прошу Васъ сообщить мнѣ, по какой цѣнѣ примете Вы на себя доставку этого груза въ Двинскъ.

Благоволите сообщить мнѣ самую крайнюю цѣну, такъ какъ я уже получилъ изъ Риги чрезвычайно выгодныя предложенія.

Въ виду того, что вино уже готово къ отправкѣ, ожидаю Вашего немедленнаго отвѣта и пребываю

съ совершеннымъ почтеніемъ

Е. Бауеръ.

125.

А. Вернеръ
Транспортная и Коммиссіонная контора.

Двинскъ, 4 Августа 19.. г.

Господину Е. Бауеру, Двинскъ.

Въ отвѣтъ на Ваше письмо отъ с. ч. имѣю честь сообщить Вамъ, что купленное Вами вино можно доставить моремъ или по желѣзной дорогѣ.

Въ первомъ случаѣ вино будетъ отправлено пароходомъ via Марсель, Гамбургъ, Рига и я посчитаю Вамъ за доставку Rivesaltes—Двинскъ по 5 руб. за 100 кило, кромѣ гербоваго сбора, таможенныхъ расходовъ, пошлины и страхованія; страховка 1 %. Товаръ будетъ въ пути около 45 дней.

Во второмъ случаѣ товаръ будетъ въ пути около трехъ недѣль и я посчитаю Вамъ крайнюю цѣну по 9 руб. за 100 кило, кромѣ таможенныхъ расходовъ, таможенной и транзитной пошлинъ и гербоваго сбора; страховка 1 %.

Въ надеждѣ, что мои цѣны окажутся наиболѣе выгодными для Васъ, ожидаю Вашихъ порученій и остаюсь

съ совершеннымъ почтеніемъ

А. Вернеръ.

124.

Robert Haas.
Weinhandlung.

Leipzig, den 4. August 19..

Herrn C. G. Lentsch, Leipzig.

Ich habe in Rivesaltes (Pyrénées Orientales) eine Partie Wein von rund 4000 Kilo gekauft und bitte Sie um gefl. Auskunft, zu welchem Preise Sie den Transport nach Leipzig übernehmen würden.

Sie wollen Ihre Frachtrate billigst kalkulieren; ich lasse ein Hamburger Speditionshaus in Konkurrenz treten.

Da der Wein versandbereit lagert, erbitte ich mir umgehend Ihre Mitteilung.

Hochachtungsvoll

Robert Haas.

125.

C. G. Lentsch.
Spedition, Kommission und Inkasso.

Leipzig, den 4. August 19..

Herrn Robert Haas, Leipzig.

In umgehender Beantwortung Ihrer gefl. Anfrage von heute teile ich Ihnen mit, daß ich Ihnen für die betreffende Sendung Wein in Fässern im Gewicht von ca. 4000 kg zwei Transportwege vorschlagen kann.

Bei Verladung auf dem Wasserwege via Marseille—Hamburg per Elbkahn bis Wallwitzhafen würde ich den Transport ab Rivesaltes (Pyrénées Orientales) bis Haus Leipzig mit ℳ 7,30 die % kg exkl. Konnossement, Stempel, Zoll und Zollspesen — Assekuranz 1 % — übernehmen.

Die Reisedauer würde allerdings ungefähr 45 Tage betragen, während dieselbe auf dem Landweg — ab Marseille per Eisenbahn über Genf bis hier — nur etwa 18 Tage ausmachen würde.

Meine Frachtübernahme per Landweg würde ich Ihnen ab Rivesaltes bis Haus Leipzig, jedoch ausschließlich Zoll und Zollspesen, Enregistrement, Stempel und Grenzgebühren billigst mit ℳ 13,— die % kg — Assekuranz 1 % — berechnen.

Ich hoffe, daß Ihnen vorstehende Sätze Konvenienz bieten, und bitte Sie, mir den in Frage kommenden Posten bei Ihrem Verkäufer zur Verfügung zu stellen.

Hochachtungsvoll

C. G. Lentsch.

126.

Е. Бауеръ
Импортъ вина и сигаръ.

Двинскъ, 5 Августа 19.. г.

Господину А. Вернеру, Двинскъ.

Согласно письму Вашему отъ 4 с. м. увѣдомляю Васъ, что я согласенъ поручить Вамъ доставку купленной мною партіи вина морскимъ путемъ по назначенной Вами цѣнѣ 5 руб. за 100 кило, и сообщилъ объ этомъ гг. Lecomte Frères, Rivesaltes (Pyrénées Orientales).

Благоволите застраховать грузъ въ 3000 руб. и озаботиться тѣмъ, чтобы онъ былъ отправленъ съ первымъ отходящимъ пароходомъ.

Прошу Васъ по полученіи вина, уплатить таможенную пошлину и доставить его мнѣ на складъ.

Съ совершеннымъ почтеніемъ

Е. Бауеръ.

127.

А. Вернеръ
Транспортная и Коммиссіонная контора.

Двинскъ, 5 Августа 19.. г.

Господамъ Бр. Леконтъ, Ривесальтъ.

Фирма Е. Бауеръ, Двинскъ, поручила мнѣ доставку партіи вина, купленной ею у Васъ. Благоволите отправить товаръ возможно скорѣе г. Леону Дидіе, Марсель, для дальнѣйшаго отправленія согласно посланному ему распоряженію.

Деньги за провозъ г. Леонъ Дидіе уплатитъ на станціи назначенія.

Съ совершеннымъ почтеніемъ

А. Вернеръ.

126.

Robert Haas.
Weinhandlung.

Leipzig, den 5. August 19 .

Herrn C. G. Lentsch, Leipzig.

Auf Grund der mir mit Ihrem gestrigen Briefe angestellten Frachtübernahme von ℳ 7,30 für 100 Kilo will ich Ihnen den Transport der in Rivesaltes für mich lagernden Weinsendung via Hamburg—Wallwitzhafen übertragen.

Ich habe Ihnen die Sendung bei Herren Lecomte Frères in Rivesaltes (Pyrénées Orientales) zur Verfügung gestellt.

Sie wollen dieselbe mit erstem Dampfer verladen lassen und Assekuranz mit ℳ 1500,— decken.

Ich bitte, den Wein nach Eingang in Leipzig zu verzollen und mir zuzustellen.

Hochachtungsvoll

Robert Haas.

127.

C. G. Lentsch.
Spedition, Kommission
und Inkasso.

Leipzig, den 5. August 19..

Herren Lecomte Frères, Rivesaltes.

Seitens des Herrn Robert Haas, Leipzig, ist mir bei Ihnen eine Partie Wein von ca. 4000 kg zur Verfügung gestellt worden.

Ich bitte, denselben schleunigst an Herrn Léon Didier in Marseille zu meiner Verfügung abzurichten, und empfehle mich Ihnen hochachtungsvoll

C. G. Lentsch.

128.

А. Вернеръ
Транспортная и Коммиссіонная
контора.

Двинскъ, 5 Августа 19.. г.

Господину Леону Дидіе, Марсель.

Извѣщаю Васъ, что Вы получите отъ гг. Lecomte Frères въ Rivesaltes (Pyrénées Orientales) партію вина вѣсомъ приблизительно 4000 кило; прошу Васъ отправить ее въ Гамбургъ съ первымъ попутнымъ пароходомъ, считая за провозъ по 45 франковъ за тонну, согласно уговору нашему, послѣдовавшему въ Маѣ с. г.

Расходы Ваши благоволите получить наложеннымъ платежомъ, а коносаменты переслать мнѣ. Застрахованіе будетъ произведено мною лично.

Съ совершеннымъ почтеніемъ

А. Вернеръ.

129.

Leon Didier
Transport pour tous pays.

Marseille, le 15 août 19..

(Переводъ).

Господину А. Вернеру, Двинскъ.

Имѣю честь увѣдомить Васъ, что вчера я получилъ присланныя изъ Rivesaltes по Вашему приказу 6 бочекъ вина:

R. H.	419	вѣсъ	брутто	685	кило
„	420	„	„	693	„
„	421	„	„	708	„
„	422	„	„	696	„
„	423	„	„	682	„
„	424	„	„	701	„
			а всего	4165	кило

и немедленно погрузилъ ихъ на отходящій сегодня пароходъ „Carnot“, Кап. Е. Мартенъ.

Согласно уговору нашему я посчитаю Вамъ по frs. 45 за тонну, а расходы мои за провозъ Rivesaltes—Марсель въ суммѣ frs. 44.— я позволяю себѣ получить посредствомъ наложеннаго платежа.

При семъ посылаю Вамъ 3 коносамента, по приказу, и, рекомендуя себя для исполненія Вашихъ порученій, пребываю

съ совершеннымъ почтеніемъ

Леонъ Дидіе.

128.

C. G. Lentsch.
Spedition, Kommission und Inkasso.

Leipzig, den 5. August 19..

Herrn Léon Didier, Marseille.

Sie empfangen auf meine Veranlassung von Herren Lecomte Frères in Rivesaltes (Pyrénées Orientales) eine Partie Wein von ca. 4000 kg, welche Sie prompt mit erstem Dampfer — auf Grund Ihres mir im Mai erteilten Frachtsatzes von Fr. 45,— per Ton — nach Hamburg an Order verladen wollen.

Ihre Spesen sind nachzunehmen, Assekuranz decke ich selbst.

Ich erwarte 3 Konnossemente und empfehle mich Ihnen

hochachtungsvoll

C. G. Lentsch.

129.

Léon Didier.
Transports pour tous pays.

Marseille, den 15. August 19..

Herrn C. G. Lentsch, Leipzig.

Im angenehmen Besitz Ihres Schreibens vom 5. d. M. teile ich Ihnen ganz ergebenst mit, daß die Sendung 6 Faß Wein:

R. H.	419	Brutto	685	kg
„	420	„	693	„
„	421	„	708	„
„	422	„	696	„
„	423	„	682	„
„	424	„	701	„
		Brutto	4165	kg

aus Rivesaltes gestern hier anlangte und bereits heute mit Dampfer „Carnot“ der „Compagnie Marseillaise de Navigation à Vapeur“ nach Hamburg abgegangen ist.

Selbstverständlich habe ich die Fracht nach der in Ihren Händen befindlichen Liste mit Fr. 45,— per Ton berechnet und meine Barvorschüsse und Vorspesen Rivesaltes—Marseille mit Fr. 44,— nachgenommen.

Einliegend diene ich Ihnen mit 3 an Order gestellten Konnossementen. Ich wünsche Ihnen besten Empfang der Sendung und sage Ihnen meinen verbindlichsten Dank für freundliche Zuteilung dieses Postens.

Stets gern zu Ihren Diensten, begrüße ich Sie mit vorzüglicher Hochachtung

Léon Didier.

130.

А. Вернеръ
Транспортная и Коммиссіонная
контора.

Двинскъ, 21 Августа 19.. г.

Господину Главному Агенту Страхового Общества „Родина“,
Рига.

Представляя при семъ коносаментъ на 6 бочекъ вина, отправленныя изъ Марселя 10 Августа с. г. подъ знаками R. H. 419/424, покорнѣйше прошу Васъ застраховать оныя въ Руб. 3000,— на основаніи моего генеральнаго полиса за № 7325.

Съ совершеннымъ почтеніемъ

А. Вернеръ.

При семъ
1 коносаментъ.

131.

А. Вернеръ
Транспортная и Коммиссіонная
контора.

Двинскъ, 6 Сентября 19.. г.

Господамъ Н. Лухтингъ и Ко., Гамбургъ.

Препровождая къ Вамъ при семъ коносаментъ на отправленныя на находящемся въ пути изъ Марселя въ Гамбургъ пароходѣ „Carnot“, Кап. Е. Мартенъ:

R. H. 419/424, 6 бочекъ вина, вѣсъ брутто 4165 кило,

прошу Васъ распорядиться немедленной дальнѣйшей отправкой ихъ пароходомъ via Рига, согласно тарифу Вашему, присланному мнѣ въ Декабрѣ пр. г.

Въ ожиданіи увѣдомленія объ отправкѣ товара, остаюсь

съ совершеннымъ почтеніемъ

А. Вернеръ.

130.

C. G. Lentsch.
Spedition, Kommission und Inkasso.

Leipzig, den 21. August 19..

Badische Schifffahrts-Assekuranz Gesellschaft,
General-Agentur Leipzig.

Ich behändige Ihnen einliegend Konnossement über am 10. August a. c. von Marseille abgegangene Sendung Wein R. H. 419/424, die Sie auf Grund meiner Versicherungs-Police No. 7325 mit ℳ 1500,— bis hier versichern wollen.

Hochachtungsvoll
C. G. Lentsch.

131.

C. G. Lentsch.
Spedition, Kommission und Inkasso.

Leipzig, den 21. August 19..

Herren N. Luchting & Co., Hamburg.

Einliegend empfangen Sie von mir an Sie giriertes Orderkonnossement über ab Marseille per Dampfer „Carnot" nach dort unterwegs befindliche:

R. H. 419/424; 6 Faß Wein brutto 4165 kg,

welche Sie nach Empfang transito per Wasser via Wallwitzhafen an mich

Station Leipzig, Zollamt a. Berliner Bahnhof

weiterschicken wollen.

Ich setze voraus, daß Sie Ihre Frachtübernahme laut Ihrem Tarifheft vom April d. J. ab Hamburg bis Bahnhof Leipzig mit ℳ 1,25 und 60 Pf. Leichtergebühren und Transportspesen noch einhalten.

Ihrer Versandanzeige gern gewärtig

hochachtungsvoll
C. G. Lentsch.

132.

Е. Бауеръ
Импортъ вина и сигаръ.

Двинскъ, 6 Сентября 19.. г.

Господину А. Вернеру, Двинскъ.

Изъ партіи вина, доставку которой я поручилъ Вамъ 5 Августа с. г., я продалъ двѣ бочки въ Ревель. Въ виду этого прошу Васъ, если еще возможно, отправить бочки 423/424 прямо въ Ревель въ контору Общества „Надежда", которую я увѣдомлю о моихъ дальнѣйшихъ распоряженіяхъ.

Съ совершеннымъ почтеніемъ

Е. Бауеръ.

133.

А. Вернеръ
Транспортная и Коммиссіонная контора.

Двинскъ, 6 Сентября 19.. г.

Господамъ Н. Лухтингъ и Ко., Гамбургъ.

Я разсчитываю, что Вы уже получили мое увѣдомленіе отъ 21 Августа с. г. относительно дальнѣйшей отправки 6 бочекъ вина. Сейчасъ я получилъ отъ фирмы, поручившей мнѣ это дѣло, новыя распоряженія, согласно которымъ прошу Васъ отправить сюда только 4 бочки

№ № 419, 420, 421, 422,

а остальныя 2 бочки № № 423, 424 благоволите отправить прямо въ Ревель, въ контору Общества „Надежда".

Въ ожиданіи Вашего немедленнаго отвѣта пребываю

съ совершеннымъ почтеніемъ

А. Вернеръ.

132.

Robert Haas.
Weinhandlung.

Leipzig, den 6. September 19..

Herrn C. G. Lentsch, Leipzig.

Von der Weinsendung, deren Transport ich Ihnen am 5. August a. c. übertragen habe, sind inzwischen zwei Fässer nach Berlin verkauft worden.

Es wäre mir lieb, wenn Sie die Fässer 423/424 von der für mich bestimmten Sendung trennen und unverzollt direkt an Berliner Spediteurverein, Berlin, zu meiner Verfügung gehen ließen.

Hochachtungsvoll

Robert Haas.

133.

C. G. Lentsch.
Spedition, Kommission und Inkasso.

Leipzig, den 6. September 19..

Herren N. Luchting & Co., Hamburg.

Ich schätze Sie im Besitz des Ihnen am 21. August a. c. übersandten Konnossements.

Soeben geht mir von meinem Auftraggeber abgeänderte Verfügung zu. Von den 6 Fässern Wein sollen nur 4 Fässer:

419, 420, 421, 422

nach hier, dagegen # 423, 424 unverzollt an den Berliner Spediteurverein, Berlin, geliefert werden.

Falls die Sendung von dort noch nicht weiter verladen ist, wollen Sie nur die ersten 4 Fässer auf dem Wasserweg an mich abgehen lassen, dagegen die Fässer # 423 und 424 direkt per Bahn nach Berlin an die obengenannte Firma zu meiner Verfügung abrichten.

Ihrer umgehenden Nachricht entgegensehend, zeichne ich

hochachtungsvoll

C. G. Lentsch.

134.

N. Luchting & Co.
Spedition, Kommission
und Inkasso.

Гамбургъ, 7 Сентября 19.. г.

Господину А. Вернеру, Двинскъ.

Симъ подтверждаемъ полученіе письма Вашего отъ 21 Августа с. г. съ приложеніемъ коносамента.

Когда мы получили Ваше почт. письмо отъ 6 с. м., нами уже было написано увѣдомленіе о томъ, что порученіе Ваше исполнено, и вино было погружено на пароходъ „Эльба" Сѣверо-Германскаго Общества, вышедшій въ Ригу 6 с. м.

Дальнѣйшая отправка поручена нами экспедитору Н. Сторожеву въ Ригѣ, котораго Вы, быть можетъ, успѣете еще предупредить объ измѣненіи Вашихъ распоряженій.

Сообщаемъ Вамъ, что согласно уговору нашему мы наложили платежъ въ суммѣ нашихъ расходовъ и остаемся

съ совершеннымъ почтеніемъ

Н. Лухтингъ и Ко.

135.

А. Вернеръ
Транспортная и Коммиссіонная
контора.

Двинскъ, 13 Сентября 19.. г.

Господину Н. Сторожеву, Рига.

Господа Н. Лухтингъ и Ко., Гамбургъ, отправили Вамъ на пароходѣ „Эльба" 6 с. м.

6 бочекъ вина R. H. № № 419/424

для дальнѣйшей отправкѣ мнѣ.

Благоволите отправить мнѣ только

4 бочки R. H. № № 419, 420, 421, 422,

очистивъ ихъ пошлиной, а

2 бочки R. H. № № 423, 424

прошу Васъ отправить прямо и франко въ Ревель въ Контору Общества „Надежда", которой я сообщу мои дальнѣйшія распоряженія.

Ожидая Вашего отвѣта пребываю

съ совершеннымъ почтеніемъ

А. Вернеръ.

134.

N. Luchting & Co.
Spedition, Kommission und Inkasso.

Hamburg, den 7. September 19..

Herrn C. G. Lentsch, Leipzig.

Wir bekennen uns zum Empfang Ihres Schreibens nebst Einlage, Konnossement vom 21. August d. J.

Im Augenblick, wo wir Ihnen die Erledigung des uns erteilten Auftrags anzeigen wollten, erhalten wir Ihren gestrigen Brief.

Da sich die betreffenden 6 Fässer Wein bereits per Kahn No. 8 auf dem Wege nach dort befinden, ist es uns zu unserem Bedauern nicht möglich, der veränderten Disposition Ihres Herrn Auftraggebers nachzukommen.

Es würde vielleicht gelingen, die beiden nach Berlin bestimmten Fässer auf einer Zwischenstation — etwa Magdeburg — anzuhalten und zu entladen.

Die Umladung würde aber mit großen Schwierigkeiten verknüpft sein, schon deshalb, weil die Sendung im Kahn per Wallwitzhafen verstaut ist.

Auch die Zollabfertigung beim Zollamt Magdeburg würde voraussichtlich Schwierigkeiten bereiten.

Wir empfehlen Ihnen deshalb, die Sendung nach Berlin über Wallwitzhafen vorzunehmen.

Auf die zu Ihrer Verfügung an Speditionsverein Wallwitzhafen verladene Sendung haben wir unsere Spesen laut Vereinbarung nachgenommen.

Hochachtungsvoll

N. Luchting & Co.

135.

C. G. Lentsch.
Spedition, Kommission und Inkasso.

Leipzig, den 9. September 19..

Speditionsverein Wallwitzhafen, Wallwitzhafen/Dessau.

Von Herren N. Luchting & Co., Hamburg, sind am 6. d. M.:
6 Fässer Wein R. H. No. 419/424
per Kahn No. 8 an Sie abgegangen, welche laut ursprünglicher Weisung unverzollt an mich weiterreisen sollten.

Sie wollen davon aber nur:
4 Fässer R. H. No. 419, 420, 421, 422
an meine Adresse abrichten, die verbleibenden
2 Fässer R. H. No. 423 und 424
dagegen transito franko an den Berliner Spediteurverein, Berlin, zu meiner Verfügung weitersenden.

Vom Geschehenen erwarte ich Bericht.

Hochachtungsvoll

C. G. Lentsch.

136.

Н. Сторожевъ
Транспортная Контора.
Агентъ
Сѣверо-Германскаго Пароходнаго Общества.
Телефонъ № 315.

Рига, 16 Сентября 19.. г.

Господину А. Вернеру, Двинскъ.

Согласно письму Вашему отъ 13 с. м., относительно

6 бочекъ вина R. H. 419/424,

прибывшихъ сегодня на пароходѣ „Эльба", я отправилъ

2 бочки R. H. 423/424

въ Ревель въ Контору Общества „Надежда", а

4 бочки R. H. 419/422,

очистивъ пошлиной, по Вашему адресу, при чемъ я позволилъ себѣ сдѣлать наложенный платежъ въ суммѣ моихъ расходовъ.

Рекомендуя себя для исполненія Вашихъ порученій остаюсь

съ совершеннымъ почтеніемъ

Н. Сторожевъ.

137.

А. Вернеръ
Транспортная и Коммиссіонная
контора.

Двинскъ, 21 Сентября 19.. г.

Господину Е. Бауеру, Двинскъ.

Симъ имѣю честь увѣдомить Васъ, что когда было получено письмо Ваше отъ 6 с. м., вино уже было погружено въ Гамбургѣ на пароходъ, идущій въ Ригу, вслѣдствіе чего распоряженіе Ваше могло быть исполнено только по прибытіи товара въ Ригу, откуда были отправлены франко Ревель

2 бочки R. H. 423/424,

а остальныя четыре бочки 419/422 получены сегодня здѣсь, и будутъ немедленно доставлены на Вашъ складъ.

При семъ препровождаю счетъ моихъ расходовъ въ суммѣ

Руб. 1805,17,

на каковую благоволите кредитовать мой счетъ.

Въ ожиданіи Вашихъ дальнѣйшихъ порученій остаюсь

съ совершеннымъ почтеніемъ

А. Вернеръ.

136.

Speditions-Verein A.-G.
Wallwitzhafen.
Telegramm-Adresse: Speditverein Dessau.
Telephon No. 71 u. 81.

Wallwitzhafen, 16. September 19..

Herrn C. G. Lentsch, Leipzig.

Ihrem Geehrten vom 9. d. M. entsprechend, haben wir die heute eingegangenen:

R. H. 419/424	6	Fässer Wein mit	
R. H. 419/422	4	„	per Sammelladung an Ihre werte Firma,
R. H. 423/424	2	„	an den Berliner Spediteurverein in Berlin

expediert.

Unsere Auslagen für Fracht bis hier und Weiterfrankatur bis Berlin haben wir der Einfachheit halber auf die Sendung nach Leipzig nachgenommen.

Hochachtungsvoll
p. pa. Speditionsverein A.-G.
Höfer. Kluge.

137.

C. G. Lentsch.
Spedition, Kommission und Inkasso.

Leipzig, den 21. September 19..

Herrn Robert Haas, Leipzig.

Unter Bezugnahme auf Ihre werten Schreiben vom 5. August und 6. September sowie auf unsere telephonische Unterhaltung vom 8. d. M. zeige ich Ihnen an, daß die durch mich für Sie bezogene Weinsendung aus Rivesaltes in Hamburg nicht mehr aufzuhalten war.

Die beiden Fässer No. 423 und 424 sind nunmehr ab Wallwitzhafen unverzollt an Berliner Spediteurverein in Berlin zu Ihrer Verfügung abgegangen.

Die vier Fässer 419/422 sind hier angelangt und wunschgemäß von mir verzollt worden; sie werden Ihnen noch heute zugehen.

Ich erlaube mir, Ihnen mit beiliegender Spesennota zu dienen, deren Betrag von

ℳ 910,—

Sie mir gefl. gutschreiben wollen.

Hochachtungsvoll
C. G. Lentsch.

138.

Счетъ расходовъ.

Провозъ отъ Rivesaltes до Двинска 4170 кило, по 5 руб.	208	руб.	50	коп.
Коносаменты, объявленія и гербовый сборъ	4	„	50	„
Страховка въ 3000 руб. — по 1 %	30	„	—	„
Канцелярскій сборъ	—	„	80	„
Портовый сборъ	7	„	50	„
Аксиденція	2	„	95	„
Ревизіонныхъ, артельныхъ, пломбы и пр.	5	„	75	„
Почтовыхъ расходовъ	—	„	67	„
Пошлина за 4 бочки 419/422 согласно квитанціи	1548	„	—	„
Провозъ 2 бочекъ, брутто 1383 кило Рига-Ревель	19	„	10	„
итого	1827	руб.	77	коп.
Долой: провозъ 1383 кило Рига-Двинскъ	16	„	60	„
Итого	1811	„	17	„

138.

Leipzig, den 21. September 19..

NOTA von **C. G. Lentsch**

für Herrn Robert Haas, Hier.

Ich übernahm für Sie zur Überführung von Rivesaltes nach Leipzig und Berlin:			
R. H. # 419/424 6 Fässer Wein 4170 kg à ℳ 7,30	ℳ	304	40
Konnossemente und Stempel	„	2	50
Assekuranz ℳ 1500,— à 1 °/₀	„	15	—
Böttcherspesen, Abfertigung, Zollbegleitschein I und Wiegegeld in Hamburg	„	5	50
Gestellung auf Zollamt, Abfertigung, Zollbegleitschein I und Siegeln der Fässer 423/424 in Wallwitzhafen	„	2	80
Weiterfrankatur Wallwitzhafen-Berlin 1383 kg à ℳ 1,85	„	25	70
Deklaration, Revision, Verzollung in Leipzig und Provision	„	8	40
Zoll auf 4 Fässer 419/422 lt. Quittung	„	557	—
	ℳ	921	30
Hiervon ab: Frachtvergütung 1383 kg Wallwitzhafen-Leipzig à 0,81	„	11	30
	ℳ	910	—

Отправка при конто-коррентныхъ сношеніяхъ.

Расходы за провозъ частью за счетъ покупателя, частью за счетъ продавца.

139. 15 Мая 19.. г. Экспедиторы Brun & Borel, 25, rue de Rennes, Парижъ, увѣдомляютъ циркуляромъ г. г. Вейсъ и Ко. въ Лейпцигѣ, что они принимаютъ перевозку грузовъ Лейпцигъ—Парижъ по особо дешевому тарифу. Они сообщаютъ свои ставки и просятъ порученій.

140. 25 Мая 19.. г. Вейсъ и Ко., Лейпцигъ, спрашиваютъ своего экспедитора Louis Thibault successeur, ancienne maison G. Tross, 90 rue des Marais, Paris, согласенъ ли онъ считать за провозъ столько-же, сколько требуютъ его конкуренты.

141. 28 Мая 19.. г. Louis Thibault, Paris, въ свою очередь предлагаетъ условія болѣе выгодныя, чѣмъ прежде.

142. 1 Іюня 19.. г. Вейсъ и Ко., Лейпцигъ, повторяютъ, что они получили отъ конкурентовъ болѣе выгодныя предложенія и просятъ Louis Thibault, Paris, сообщить согласенъ ли онъ на цѣны конкурентовъ.

143. 3 Іюня 19.. г. Louis Thibault, Paris, сомнѣвается въ возможности существованія столь низкихъ цѣнъ и еще разъ понижаетъ свои требованія.

144. 6 Іюня 19.. г. Вейсъ и Ко., Лейпцигъ, для подтвержденія своихъ словъ, посылаютъ оригиналъ предложенія фирмы Brun & Borel. Въ то-же время они выражаютъ сожалѣніе, что, вслѣдствіе требованія своихъ заказчиковъ, должны поручить транспортированіе кладей конкурентамъ.

145. 8 Іюня 19.. г. Louis Thibault, Paris, соглашается считать цѣны конкурентовъ. Онъ увѣдомляетъ о поступленіи къ нему ящика товара для отправки Вейсъ и Ко., въ Лейпцигъ.

146. 10 Іюня 19.. г. Вейсъ и Ко., Лейпцигъ, выражаютъ согласіе на принятіе условій, сообщенныхъ Louis Thibault, Paris.

Они предоставляютъ право располагать авизованнымъ ящикомъ г. Максъ Вернеру, Лейпцигъ.

Они дѣлаютъ распоряженіе касательно транзитной отправки въ Варшаву товара, который должны доставить Roland Frères, Paris.

Далѣе они увѣдомляютъ объ отправленіи, черезъ экспедитора C. G. Lentsch, Leipzig, клади, которую они просятъ доставить Dumas & fils, Paris.

Наконецъ они просятъ доставить большой скоростью черезъ C. G. Lentsch, Leipzig, товаръ, который сдастъ Max Roy, Paris.

147. 10 Іюня 19.. г. Вейсъ и Ко., Лейпцигъ, поручаютъ C. G. Lentsch, Leipzig, отправить 6 тюковъ бѣличьихъ хвостовъ г-ну Louis Thibault, Paris, которому уже посланы соотвѣтствующія распоряженія.

148. 10 Іюня 19.. г. C. G. Lentsch, Leipzig, увѣдомляетъ Louis Thibault, Paris, объ отправкѣ бѣличьихъ хвостовъ.

149. 10 Іюня 19.. г. Вейсъ и Ко., Лейпцигъ, просятъ своего поставщика Max Roy, Paris, передать для отправки имъ г. Louis Thibault, Paris, заказанную партію товара.

150. 13 Іюня 19.. г. Louis Thibault, Paris, увѣдомляетъ C. G. Lentsch, Leipzig, объ отправкѣ товара, сданнаго Max Roy, Paris, на имя Вейсъ и Ко., Лейпцигъ.

Spedition in laufender Rechnung.

Die Transportspesen gehen bald zu Lasten des Käufers, bald zu Lasten des Verkäufers.

139. Am 15. Mai 19.. zeigen Spediteure Brun et Borel, 25, rue de Rennes, Paris, Weiß & Co., Leipzig, durch Zirkularschreiben an, daß sie besonders günstige Übernahmepreise für Gütersendungen Leipzig/Paris stellen. Sie geben ihre Frachtsätze an und bitten um Aufträge.

140. Am 25. Mai 19.. fragen Weiß & Co., Leipzig, bei ihrem Spediteur Louis Thibault successeur, ancienne maison G. Tross, 90, rue des Marais, Paris, an, ob er die Beförderung ihrer Güter zu den von der Konkurrenz offerierten Sätzen übernehmen wolle.

141. Am 28. Mai 19.. macht Louis Thibault, Paris, eine Gegenofferte, die er als außergewöhnlich günstig bezeichnet.

142. Am 1. Juni 19.. wiederholen Weiß & Co., Leipzig, daß sie bereits billigere Offerte in Händen haben. Sie bitten Louis Thibault, Paris, zu erklären, ob er die Konkurrenzpreise halten könne.

143. Am 3. Juni 19.. bezweifelt Louis Thibault, Paris, die Möglichkeit, seine Übernahmen zu unterbieten, gleichwohl ermäßigt er nochmals seine Bedingungen.

144. Am 6. Juni 19.. übersenden Weiß & Co., Leipzig, die Offerte Brun et Borel im Original, um die Zuverlässigkeit ihrer Angaben zu erweisen. Gleichzeitig erklären sie, daß sie zu ihrem Bedauern auf Verlangen ihrer Auftraggeber gezwungen sind, ihre weiteren Sendungen der Konkurrenz zu übertragen.

145. Am 8. Juni 19.. erklärt sich Louis Thibault, Paris, bereit, die Konkurrenzbedingungen zu halten. Er meldet, daß eine Kiste zur Verfügung von Weiß & Co., Leipzig, bei ihm eingegangen ist.

146. Am 10. Juni 19.. erklären sich Weiß & Co., Leipzig, mit den von Louis Thibault, Paris, aufgestellten Übernahmesätzen einverstanden.

Sie übertragen das Verfügungsrecht über die avisierte Kiste auf Max Werner, Leipzig.

Gleichzeitig verfügen sie über eine von Roland Frères, Paris, einzuliefernde Transitosendung nach Warschau.

Ferner zeigen sie an, daß von Spediteur C. G. Lentsch, Leipzig, eine Sendung zu ihrer Verfügung eintreffen werde, die sie an Dumas et fils, Paris, zu übermitteln bitten.

Endlich bitten sie, ihnen eine Sendung von Max Roy, Paris, per Eilgut durch C. G. Lentsch, Leipzig, zugehen zu lassen.

147. Am 10. Juni 19.. übersenden Weiß & Co., Leipzig, an C. G. Lentsch, Leipzig, Speditionsauftrag auf 6 Ballen Fehschweife, die zu ihrer Verfügung an Louis Thibault, Paris, abgehen sollen.

148. Am 10. Juni 19.. zeigt C. G. Lentsch, Leipzig, Louis Thibault, Paris, an, daß die Versendung der Fehschweife erfolgt ist.

149. Am 10. Juni 19.. beauftragen Weiß & Co., Leipzig, ihren Lieferanten Max Roy, Paris, die für sie fällige Sendung tunlichst bald zur Verfügung ihres Spediteurs Louis Thibault, Paris, zu stellen.

151. 13 Іюня 19.. г. Louis Thibault, Paris, увѣдомляетъ Вейсъ и Ко., Лейпцигъ, объ отправкѣ черезъ C. G. Lentsch, Leipzig, товара, сданнаго г. Roy.

Далѣе онъ увѣдомляетъ о полученіи бѣличьихъ хвостовъ, которые онъ сдалъ Dumas & fils, Paris.

Онъ сообщаетъ объ отправкѣ транзитомъ въ Варшаву товара, сданнаго Roland Frères, Paris.

Наконецъ онъ увѣдомляетъ, что Max Werner, Leipzig, сообщилъ свои распоряженія относительно ящика, сданнаго Léon Faure, Paris и посылаетъ счетъ.

152. 18 Іюня 19.. г. Вейсъ и Ко., Лейпцигъ, увѣдомляютъ о полученіи посылки отъ Max Roy, Paris. Они кредитовали Louis Thibault въ суммѣ его счета и замѣтили себѣ содержаніе его письма.

139.

Brun et Borel

Transports à forfaits pour tous pays.
Transit. — Agence en Douane. — Affrètements.
Vastes Entrepôts pour Magasinage.

Batilly (Meurthe et Moselle). **Paris** 25, Rue de Rennes. **Armanvillers** (Lorraine All[de]).

Парижъ, 15 Мая 19.. г.

Господамъ Вейсъ и Ко., Лейпцигъ.

Симъ позволяемъ себѣ предложить Вамъ наши услуги по доставкѣ Вашихъ товаровъ въ Парижъ и другіе города Франціи, при чемъ обращаемъ Ваше особое вниманіе на недавно организованную нами отправку товаровъ смѣшанной скоростью. Благодаря повагонной отправкѣ безъ перегрузки, мы имѣемъ возможность при весьма низкихъ тарифныхъ ставкахъ доставлять грузы въ поразительно короткій срокъ, 4—5 дней.

Ниже Вы найдете списокъ нашихъ тарифныхъ ставокъ, при чемъ цѣны указаны со включеніемъ расходовъ по принятію товара на станціи назначенія и доставкѣ на домъ, но исключая уплаты гербоваго сбора, страховки и таможенныхъ расходовъ.

Объясненія, предложенія и справки высылаются нами немедленно, по первому требованію.

Въ надеждѣ, что Вы почтите насъ Вашими порученіями въ ближайшемъ будущемъ, пребываемъ

съ совершеннымъ почтеніемъ

Brun et Borel.

Тарифныя ставки

отъ Лейпцига до Парижа съ доставкой на домъ:

Малой скоростью, срокъ доставки	8—12 дней,	12 франковъ	за 100 кило.
Смѣшанной " " "	4—5 "	22 франка	
Большой " " "	2—3 "	27 франковъ	

150. Am 13. Juni 19.. zeigt Louis Thibault, Paris, C. G. Lentsch, Leipzig, die Absendung der von Max Roy, Paris, zur Ablieferung an Weiß & Co., Leipzig, eingegangenen Sendung an.

151. Am 13. Juni 19.. benachrichtigt Louis Thibault, Paris, die Firma Weiß & Co., Leipzig, von der Absendung der Sendung Roy, Paris, an C. G. Lentsch, Leipzig.

Er meldet weiter den Eingang der Sendung Fehschweife, die er an Dumas et fils, Paris, ausgefolgt hat.

Sodann zeigt er an, daß die Absendung der von Sendung Roland Frères, Paris, eingegangenen Ware transito Warschau erfolgt ist.

Endlich teilt er mit, daß Max Werner, Leipzig, über die bei ihm von Léon Faure, Paris, hinterlegte Kiste disponiert habe.

152. Am 18. Juni 19.. bekennen sich Weiß & Co., Leipzig, zum Empfang der Sendung Max Roy, Paris. Sie haben Louis Thibault, Paris, die berechneten Spesen gutgeschrieben und den übrigen Inhalt seines Briefes vorgemerkt.

139.

Brun et Borel.
Transports à forfaits pour tous pays.
Transit. Agence en Douane. Affrètements.
Vastes Entrepôts pour Magasinage.

Batilly (Meurthe et Moselle). Paris 25, rue de Rennes. Armanvillers (Lorraine All^de^).

Paris, den 15. Mai 19..

Herren Weiß & Co., Leipzig.

Wir haben in Erfahrung gebracht, daß Sie öfter Sendungen nach hier und anderen französischen Plätzen haben.

Wir gestatten uns deshalb, Ihre Aufmerksamkeit auf den Halbeilgutverkehr (Moyenne Vitesse) zu lenken, den wir seit kurzem nach Paris eingerichtet haben.

Da unsere Wagen ohne Umladung laufen, so können wir Ihnen außergewöhnlich schnelle Lieferung (4—5 Tage) zusichern.

Die unten angegebenen Übernahmspreise verstehen sich ab Bahnhof Leipzig frei Haus Paris, also einschließlich Abfertigung und Rollgeld, jedoch ausschließlich der Gebühren für Stempel, Zoll und Versicherung.

Mit der Bitte um freundliche Zuweisung Ihrer Aufträge, deren pünktliche Ausführung wir Ihnen zusichern, zeichnen

hochachtungsvoll

Brun et Borel.

Frachtsätze:

ab Bahnhof Leipzig bis frei Haus Paris:

Frachtgut	(Petite Vitesse)	Lieferfrist	8—12 Tage,	12 Franken	per 100 Kilo Brutto.
Halbeilgut	(Moyenne „)	„	4—5 „	22 „	
Eilgut	(Grande „)	„	2—3 „	27 „	

140.

Weiss & Co.
Leipzig.

Лейпцигъ, 25 Мая 19.. г.

Господину Louis Thibault, 90, rue des Marais, Paris.

Мы получили Ваше почтенное письмо отъ 23 с. м. и замѣтили себѣ его содержаніе.

Нѣсколько дней тому-назадъ мы получили отъ одного изъ Вашихъ конкурентовъ въ Парижѣ предложеніе доставлять грузы смѣшанной скоростью, всего только въ 4—5 дней, считая по 22 франка за 100 кило съ доставкой на домъ.

Нѣкоторые изъ нашихъ покупателей, узнавъ объ этомъ, предложеніи, требуютъ, чтобы мы воспользовались имъ, такъ какъ они находятъ его выгоднымъ для себя. Въ виду этого просимъ Васъ о скорѣйшемъ увѣдомленіи согласны ли Вы исполнять наши порученія на такихъ же условіяхъ.

Съ совершеннымъ почтеніемъ

Вейсъ и Ко.

141.

Ancne Mon G. Tross
Fondée en 1852
Louis Thibault Succr
90, rue des Marais, 90
Paris.

Парижъ, 28 Мая 19.. г.

Господамъ Вейсъ и Ко., Лейпцигъ.

Въ отвѣтъ на почт. письмо Ваше отъ 25 с. м. увѣдомляю Васъ, что я согласенъ доставлять Вамъ грузы смѣшанной скоростью по слѣдующимъ цѣнамъ:

Провозъ Лейпцигъ—Парижъ съ дост. на домъ, безъ пошлины	22,50 фр.
Enregistrement, за каждую отправку	0,85 „
Statistik за мѣсто.	0,10 „

Въ надеждѣ, что Вы найдете для себя подходящими эти крайне выгодныя условія, ожидаю Вашихъ дальнѣйшихъ порученій.

Съ совершеннымъ почтеніемъ

Louis Thibault.

140.

Weifs & Co.
Leipzig.

Leipzig, den 25. Mai 19..

Herrn Louis Thibault, 90, rue des Marais, Paris.

Wir empfingen Ihren Brief vom 23. d. M. und erklären uns mit dessen Inhalt einverstanden.

Vor einigen Tagen ging uns von Ihrer Konkurrenz am dortigen Platze eine Offerte zu, der zufolge die Lieferung ab Leipzig/Paris Haus als Halbeilgut bei einer Lieferfrist von 4—5 Tagen zum Übernahmspreise von 22 Franken per 100 Kilo angeboten wird.

Einige unserer Kunden haben bereits beantragt, bei künftigen Sendungen diese Vermittlung zu benutzen.

Wir hoffen, daß es Ihnen möglich ist, dieselben Bedingungen zu gewähren. Wir bitten demgemäß, uns in Zukunft für Halbeilgüter ab hier nach Paris Haus den Übernahmspreis von 22 Franken ab Bahnhof Leipzig bei 4—5 Tagen Lieferzeit in Anrechnung zu bringen.

Hochachtungsvoll

Weiß & Co.

141.

Ancne Mon G. Tross.
Fondée en 1852.
Louis Thibault Succr.
90, rue des Marais, 90.
Paris.

Paris, den 28. Mai 19..

Herren Weiß & Co., Leipzig.

In Beantwortung Ihrer Anfrage vom 25. d. M. erkläre ich mich gern bereit, die Beförderung Ihrer Halbeilgüter zu folgenden Bedingungen zu übernehmen:

Bahnhof Leipzig Paris Haus exkl. Zoll Fr. 22,50.
Enregistrement . . . . „ —,85. pro Sendung.
Statistik . . . . „ —,10. pro Kollo.

In der Erwartung, daß Ihnen diese außergewöhnlich günstigen Bedingungen genehm sind, sehe ich Ihren ferneren geschätzten Aufträgen gern entgegen.

Hochachtungsvoll

Louis Thibault.

142.

Weiss & Co.
Leipzig.

Лейпцигъ, 1 Іюня 19.. г.

Господину Louis Thibault, 90, rue des Marais, Paris.

Симъ подтверждаемъ полученіе Вашего почт. письма отъ 28 Мая с. г. и еще разъ повторяемъ Вамъ, что мы и многія другія фирмы, здѣсь, получили болѣе выгодныя предложенія отъ Вашихъ конкурентовъ, которые предлагаютъ считать за провозъ Лейпцигъ-вокзалъ Парижъ съ доставкой на домъ слѣдующія цѣны:

Малая скорость, срокъ доставки	8—12	дней	фр.	12.—	за 100 кило.
Смѣшанная „ „ „	4—5	„	„	22.—	
Большая „ „ „	2—3	дня	„	27.—	

Намъ кажется, что Вы могли бы согласиться на тѣ-же условія.

Какъ мы уже писали Вамъ, многіе покупатели желаютъ, чтобы мы посылали товаръ по этому новому дешевому тарифу и потому просимъ Васъ немедленно увѣдомить насъ, согласны ли Вы транспортировать грузы на этихъ условіяхъ.

Съ совершеннымъ почтеніемъ

Вейсъ и Ко.

143.

Ancne Mon G. Tross
Fondée en 1852.
Louis Thibault Succr
90, rue des Marais, 90.
Paris.

Парижъ, 3 Іюня 19.. г.

Господамъ Вейсъ и Ко., Лейпцигъ.

Я получилъ Ваше почт. письмо отъ 1 с. м. Сообщаемыя Вами цѣны для меня совершенно не понятны; въ данномъ случаѣ должна быть какая-либо ошибка, или указанныя Вами ставки относятся къ особой категоріи товаровъ.

Съ своей стороны, весьма цѣня сношенія съ Вашей уважаемой фирмой, я могу предложить Вамъ слѣдующія крайнія ставки:

Малой скоростью съ доставкой на домъ въ Парижѣ	12,—	фр.	за 100 кило
Смѣшанной „ „ „ „ „ „ „	22,25	„	
Большой „ „ „ „ „ „ „	26,50	„	
Доплата за каждое отправленіе	0,95	„	

считая эти цѣны при отправкахъ вѣсомъ не менѣе 50 кило.

142.

Weiſs & Co.
Leipzig.

Leipzig, den 1. Juni 19..

Herrn Louis Thibault, 90, rue des Marais, Paris.

Antwortlich Ihrer Offerte vom 28. Mai d. J. betonen wir nochmals, daß uns von Ihrer Konkurrenz ein Übernahmspreis von 22 Franken inkl. Abfertigung dort gestellt worden ist.

Eine Anzahl hiesiger Firmen haben den gleichen Antrag erhalten; die betreffende Offerte lautet:

Frachtgut	(Petite Vitesse)	8—12	Tage	12 Franken	per 100 Kilo Brutto.
Halbeilgut	(Moyenne „)	4—5	„	22 „	
Eilgut	(Grande „)	2—3	„	27 „	

Wir sollten doch meinen, daß Sie imstande sein müßten, die gleichen Sätze einzuhalten.

Mehrere unserer Kunden haben bereits beantragt, die für sie bestimmten Sendungen der betreffenden Firma zu übertragen.

Wir bitten deshalb, uns postwendend mitzuteilen, ob Sie die Preise der Konkurrenz einhalten können.

Hochachtungsvoll

Weiß & Co.

143.

Ancne Mon G. Tross.
Fondée en 1852.
Louis Thibault Succr.
90, rue des Marais, 90.
Paris.

Paris, den 3. Juni 19..

Herren Weiß & Co., Leipzig.

Die mir mit Ihrem Briefe vom 1. d. M. aufgegebenen Übernahmspreise sind mir unverständlich.

Ich nehme an, daß sie sich auf eine bestimmte Warengattung beziehen.

Die billigsten Übernahmesätze, die ich für Pelzwaren kalkulierte, sind:

Frachtgut	P. V.	frei Haus Paris, Fr.	12,—	per 100 Kilo.
Halbeilgut	M. V.	„ „ „ „	22,25	
Eilgut	G. V.	„ „ „ „	26,50	
Extragebühr pro Sendung		„	0,95	

Надѣюсь, что Вы примете мое предложеніе, въ ожиданіи чего пребываю

съ совершеннымъ почтеніемъ

Louis Thibault.

144.

Weiss & Co.
Leipzig.

Лейпцигъ, 6 Іюня 19.. г.

Господину Louis Thibault, 90, rue des Marais, Paris.

Письмо Ваше отъ 3 с. м. мы получили и посылаемъ Вамъ при семъ оригиналъ предложенія фирмы Brun et Borel, изъ коего Вы усмотрите, что въ сообщенныхъ нами цифрахъ нѣтъ ошибокъ и что ставки относятся ко всякаго рода товарамъ.

Повторяемъ Вамъ, что, въ виду требованій нашихъ друзей, намъ придется войти въ соглашеніе съ Вашими конкурентами, если Вы не найдете возможнымъ понизить Вашъ тарифъ и согласиться на цѣны, указанныя въ прилагаемомъ при семъ письмѣ фирмы Brun et Borel.

Въ ожиданіи Вашего немедленнаго отвѣта пребываемъ

съ совершеннымъ почтеніемъ

Вейсъ и Ко.

145.

Ancne Mon G. Tross
Fondée en 1852.
Louis Thibault Succr
90, rue des Marais, 90.
Paris.

Парижъ, 8 Іюня 19.. г.

Господамъ Вейсъ и Ко., Лейпцигъ.

При семъ возвращаю Вамъ письмо г. г. Brun et Borel, присланное мнѣ при Вашемъ почт. письмѣ отъ 6 с. м.

Я еще разъ точно вычислилъ свои расходы и, принимая во вниманіе наши многолѣтнія дружественныя сношенія, рѣшился считать Вамъ въ будущемъ за доставку товаровъ тѣ-же цѣны, какія были предложены моими конкурентами, хотя, при такихъ ставкахъ, почти ничего не остается въ мою пользу.

Ich bin bereit, Ihnen von heute an diese Sätze bei einem Minimalgewicht von 50 Kilo in Rechnung zu stellen und hoffe, Sie sind damit einverstanden.

Hochachtungsvoll

Louis Thibault.

144.

Weifs & Co.
Leipzig.

Leipzig, den 6. Juni 19..

Herrn Louis Thibault, 90, rue des Marais, Paris.

In Beantwortung Ihrer Zuschrift vom 3. d. M. übersenden wir Ihnen in der Anlage die Offerte der Firma Brun et Borel, dort, mit der Bitte um gefl. Rückgabe.

Sie wollen sich selbst überzeugen, daß unsere Angaben über die von diesem Hause gestellten Frachtübernahmen genau so lauten, wie wir sie Ihnen aufgegeben haben, und daß die Preise sich keineswegs auf bestimmte Warengattungen beschränken, sondern für alle Normalgüter gelten.

Wir selbst haben ja nur selten Frankosendungen nach dort. Da aber unsere dortige Kundschaft darauf besteht, den angebotenen Frachtvorteil auszunützen, so müssen wir auf Ihre Vermittlung verzichten, so lange Sie uns nicht die gleichen Vorteile gewähren.

Bis auf weiteres werden wir also die nach dort zur Verladung gelangenden Güter den Herren Brun et Borel überweisen.

1 Zirkular

Hochachtungsvoll

Weiß & Co.

145.

Ancne Mon G. Tross
Fondée en 1852
Louis Thibault Succr.
90, rue des Marais, 90.
Paris

Paris, den 8. Juni 19..

Herren Weiß & Co., Leipzig.

Die mir mit Ihrem Geehrten vom 6. d. M. übersandte Zuschrift der Herren Brun et Borel, hier, gebe ich Ihnen dankend zurück.

Mit Rücksicht auf unsere langjährigen angenehmen Beziehungen habe ich mich nach nochmaliger genauer Kalkulation entschlossen, Ihnen in Zukunft die Frachtsätze der Konkurrenz zu berechnen, obwohl bei diesen Sätzen für meine Mühewaltung fast nichts mehr übrig bleibt.

Zoll und Versicherungsprämie sind in dem genannten Übernahmspreis nicht einbegriffen.

Прошу Васъ сдавать кладь для отправки моему Лейпцигскому корреспонденту C. G. Lentsch, которому я уже сообщилъ свои инструкціи.

Сегодня г. Léon Faure, 25, rue Montmartre, здѣсь, сдалъ мнѣ для Васъ

L. F. 654 одинъ ящикъ каракуля, брутто 130 кило,

каковой я пока оставилъ на складѣ, до полученія Вашихъ распоряженій.

Прошу Вашихъ распоряженій относительно этой клади и остаюсь

съ совершеннымъ почтеніемъ

Louis Thibault.

146.

Weiss & Co.
Leipzig.

Лейпцигъ, 10 Іюня 19.. г.

Господину Louis Thibault, Парижъ.

Изъ письма Вашего отъ 8 с. м. мы узнали, что Вы согласны принять ставки, предложенныя Вашими конкурентами, въ виду чего мы будемъ сдавать для отправки наши товары Вашему здѣшнему корреспонденту C. G. Lentsch.

Относительно сданнаго Вамъ для насъ г. Léon Faure

F. L. 654 одного ящика каракуля

Вы получите распоряженіе отъ Макса Вернера, здѣсь, которому принадлежитъ этотъ товаръ.

Отъ г. г. Roland Frères, 13, Fbg. Poissonnière, въ Вашемъ городѣ, Вы получите согласно нашему распоряженію 3 ящика крашеныхъ кроликовъ. Благоволите отправить этотъ товаръ, безъ страховки и не франкируя, транзитомъ въ Варшаву

въ контору Россійскаго Транспортнаго и Страхового Общества,

сдѣлавъ наложенный платежъ въ суммѣ Вашихъ расходовъ.

Черезъ г. C. G. Lentsch, здѣсь, мы отправили Вамъ

C. W. 156/161, 6 Ящиковъ бѣличьихъ хвостовъ, брутто 616 кило,

каковые просимъ Васъ доставить на домъ г. г. Dumas et fils, 9, rue de Trévise, отнеся расходъ за пересылку на нашъ счетъ.

Благоволите принять со склада г. Max Roy, 116, rue Montmartre, тюкъ крашенаго кролика и прислать намъ большой скоростью черезъ C. G. Lentsch, здѣсь.

Съ совершеннымъ почтеніемъ

Вейсъ и Ко.

Ich bitte, die Sendungen meinem dortigen Korrespondenten, Herrn C. G. Lentsch, der meine Instruktion in Händen hat, zur Verladung an mich zu überweisen.

Von Herrn Léon Faure, 25, rue Montmartre, hier, ging mir:

L. F. 654 1 Kiste Persianerfelle Bo. 130 kg

für Sie zu, die ich einstweilen auf Lager nahm.

Ich bitte, über diese Sendung baldigst zu verfügen, und zeichne

hochachtungsvoll

1 Zirkular

Louis Thibault.

146.

Weifs & Co.
Leipzig.

Leipzig, den 10. Juni 19..

Herrn Louis Thibault, Paris.

Aus Ihrem Schreiben vom 8. d. M. bemerkten wir uns, daß Sie die Übernahmen Ihrer Konkurrenz einhalten wollen; wir werden Herrn C. G. Lentsch hier die Sendungen zur Weiterbeförderung an Sie zuweisen.

Über die Ihnen von Herrn Léon Faure, dort, für uns gesandte:

L. F. 654, 1 Kiste Persianerfelle

wird der Besitzer der Ware, Herr Max Werner, hier, demnächst direkt verfügen, und wollen Sie dessen Weisung gefl. befolgen.

Von Herren Roland Frères, 13, Fbg. Poissonnière, dort, werden Sie demnächst 3 Kisten gefärbte Kaninfelle in unserem Auftrag erhalten.

Wir bitten, diese 3 Kisten unversichert und unfrankiert als Eilgut transito zur Verzollung in Warschau an:

Russische Transport-Gesellschaft, Warschau,

abgehen zu lassen. Ihre Auslagen bitten wir durch Nachnahme zu erheben.

Durch Spediteur C. G. Lentsch, hier, lassen wir:

C. W. 156/161, 6 Ballen Fehschweife, Bo. 616 Kilo

an Sie abgehen.

Wir bitten, diese Sendung frei Haus an die Herren Dumas et fils, 9, rue de Trévise, dort, zu übermitteln und uns den Betrag für Fracht, Abfertigung und Zustellung in Rechnung zu stellen.

Bei Herrn Max Roy, 106, rue Montmartre, wollen Sie für uns einen Ballen Kaninfelle abholen und sofort als Eilgut franko an Herrn C. G. Lentsch, hier, zu unserer Verfügung abgehen lassen.

Hochachtungsvoll

Weiß & Co.

147.

(Открытое письмо.)

Weiss & Co.
Leipzig.

Лейпцигъ, 10 Іюня 19.. г.

Господину C. G. Lentsch, здѣсь.

Благоволите принять у насъ со склада 6 тюковъ бѣличьихъ хвостовъ:

C. W.	156	брутто	104	килог.	616 килог.
„	157	„	108	„	
„	158	„	117	„	
„	159	„	104	„	
„	160	„	104	„	
„	161	„	79	„	

и безъ страховки отправить малой скоростью въ наше распоряженіе г-ну Louis Thibault, 90, rue des Marais, Paris, который уже получилъ отъ насъ дальнѣйшія инструкцій.

Съ совершеннымъ почтеніемъ

Вейсъ и Ко.

148.

(Открытое письмо.)

C. G. Lentsch
Leipzig.

Лейпцигъ, 10 Іюня 19.. г.

Господину Louis Thibault, Парижъ.

По порученію г. г. Вейсъ и Ко., здѣсь, отправлены Вамъ сегодня не застрахованными, и не франкированными, безъ перегрузки, 6 тюковъ бѣличьихъ хвостовъ:

C. W.	156	брутто	104	килог.	616 килог.
„	157	„	108	„	
„	158	„	117	„	
„	159	„	104	„	
„	160	„	104	„	
„	161	„	79	„	

Г. г. Вейсъ и Ко. сообщатъ Вамъ свои распоряженія относительно этого товара.

Съ совершеннымъ почтеніемъ

C. G. Lentsch.

147.

(Postkarte.)

Weifs & Co.
Leipzig.

Herrn C. G. Lentsch, Leipzig.

Wir bitten, 6 Ballen Fehschweife:

C.W.	156	Brutto	104	Kilo	616 Kilo
„	157	„	108	„	
„	158	„	117	„	
„	159	„	104	„	
„	160	„	104	„	
„	161	„	79	„	

bei uns abholen und unversichert als Frachtgut an Herrn Louis Thibault, 90, rue des Marais, Paris, zu unserer Verfügung senden zu wollen.
Versandinstruktionen hat er bereits erhalten.

Hochachtungsvoll

Leipzig, den 10. Juni 19..

Weiß & Co.

148.

(Postkarte.)

C. G. Lentsch
Leipzig.

Herrn Louis Thibault, Paris.

Im Auftrag und zur Verfügung der Herren Weiß & Co., hier, übersende ich Ihnen unversichert und unfrankiert im direkten Wagen 6 Ballen Fehschweife:

C.W.	156	Brutto	104	Kilo	616 Kilo,
„	157	„	108	„	
„	158	„	117	„	
„	159	„	104	„	
„	160	„	104	„	
„	161	„	79	„	

die Sie aufgabegemäß behandeln wollen.

Hochachtungsvoll

Leipzig, den 10. Juni 19..

C. G. Lentsch.

149.

(Открытое письмо.)

Weiss & Co.
Leipzig.

Лейпцигъ, 10 Іюня 19.. г.

Господину Max Roy, 106, rue Montmartre, Парижъ.

Заказанныя Вамъ 2 с. м. 100 дюж. крашенаго кролика благоволите сдать для отправки намъ г. Louis Thibault, въ В./городѣ.

Когда товаръ будетъ готовъ къ отправкѣ, просимъ Васъ увѣдомить объ этомъ г. Louis Thibault.

Мы разсчитываемъ на спѣшное исполненіе нашего заказа и остаемся

съ совершеннымъ почтеніемъ

Вейсъ и Ко.

150.

(Открытое письмо.)

Ancne Mon G. Tross
Fondée en 1852.
Louis Thibault Succr
90, rue des Marais, 90.
Paris.

Парижъ, 13 Іюня 19.. г.

Господину C. G. Lentsch, Лейпцигъ.

По порученію г. Max Roy, 106, rue Montmartre, здѣсь, отправленъ Вамъ сегодня большой скоростью, не застрахованнымъ

M. R. 567, 1 тюкъ крашенаго кролика, брутто 63 килог.,

каковой прошу Васъ, очистивъ пошлиной, сдать г. г. Вейсъ и Ко., въ В./городѣ.

Съ совершеннымъ почтеніемъ

Louis Thibault.

149.

(Postkarte.)

Weifs & Co.
Leipzig.

Herrn Max Roy, 106, rue Montmartre, Paris.

Die Ihnen am 2. cr. in Auftrag gegebenen 100 Dtzd. gefärbte Kaninfelle wollen Sie gefl. unserem dortigen Spediteur, Herrn Louis Thibault, zu unserer weiteren Verfügung übergeben.

Wir bitten, Herrn Thibault gefl. sofort zu benachrichtigen, wenn die Ware fertiggestellt ist.

Da die Sendung Eile hat, wünschen wir den Versand umgehend vorgenommen zu sehen.

Hochachtungsvoll

Leipzig, den 10. Juni 19..   Weiß & Co.

150.

(Postkarte.)

Ancne Mon G. Tross.
Fondée en 1852.
Louis Thibault Succr.
90, rue des Marais, 90.
Paris.

Paris, den 13. Juni 19..

Herrn C. G. Lentsch, Leipzig.

Von Sendung des Herrn Max Roy, 106, rue Montmartre, hier, expedierte ich soeben an Ihre werte Adresse, per Eilgut, ohne Assekuranz:

M. R. No. 567, 1 Ballen gefärbte Kaninfelle Bo. 63 Kilo,

den Sie nach erfolgter Zollbefreiung den Herren Weiß & Co., dort, sofort zustellen wollen.

Indem ich Ihnen besten Empfang der Waren wünsche, begrüße ich Sie

hochachtungsvoll

Louis Thibault.

151.

Anc^ne M^on G. Tross
Fondée en 1852.
Louis Thibault Succ^r
90, rue des Marais, 90.
Paris.

Парижъ, 13 Іюня 19.. г.

Господамъ Вейсъ и Ко., Лейпцигъ.

Я получилъ Ваше почт. письмо отъ 10 с. м. и увѣдомляю Васъ, что принятый мною отъ г. Max Roy, здѣсь,

M. R. 567, 1 тюкъ крашенаго кролика, брутто 63 килог.

мною отправленъ Вамъ большой скоростью черезъ г. C. G. Lentsch, тамъ.

Авизованные Вами

C. W. 156/161, 6 тюковъ бѣличьихъ хвостовъ, брутто 616 килог.

получены мною и доставлены на складъ г. г. Dumas et fils, 9. rue de Trévise.

Сданные г. г. Roland Frères, 13, Fbg. Poissonière, здѣсь,

R. F. 218/220 ящика, брутто 202 килог.

отправлены мной транзитомъ, не застрахованными, большой скоростью въ Варшаву

въ Контору Россійскаго Транспортнаго и Страхового Общества

съ наложеннымъ платежомъ въ суммѣ моихъ расходовъ.

Г. Максъ Вернеръ, въ В/городѣ, прислалъ распоряженіе относительно

L. F. 654, одного ящика каракуля, каковое и было исполнено,

что прошу Васъ отмѣтить въ Вашихъ книгахъ.

Исполнивъ порученія Ваши, прошу Васъ кредитовать мой счетъ на Frs. 96,20, по слѣдующему разсчету:

За провозъ больш. скор. Парижъ/Лейпцигъ 63 = 70 кил. по 26,50 за 100 кил.	frs.	18,60
За провозъ мал. скор. Лейпцигъ/Парижъ 616 = 620 „ по 12,— за 100 кил.	„	74,40
Доставка на ж. д. станцію въ Лейпцигѣ	„	3,20
а всего	frs.	96,20

Въ ожиданіи Вашихъ дальнѣйшихъ порученій остаюсь

съ совершеннымъ почтеніемъ

Louis Thibault.

151.

Ancne Mon G. Tross.
Fondée en 1852.
Louis Thibault Succr.
90, rue des Marais, 90.
Paris.

Paris, den 13. Juni 19..

Herren Weiß & Co., Leipzig.

Ich bin im Besitz Ihres Geehrten vom 10. d. M.

Den mir von Herrn Max Roy, 106, rue Montmartre, übergebenen:

M. R. 567, 1 Ballen 100 Dtzd. Kanin Bo. 63 Kilo

ließ ich aufgabegemäß an Herrn C. G. Lentsch, dort, als Eilgut für Sie abgehen.

Für Eilfracht bitte ich mir Fr. 18.60 (63 = 70 Kilo à 26.50 per %₀ Kilo) für meine Übernahme gutzubringen.

Die mir gleichzeitig avisierten:

C.W. 156/161, 6 Ballen Fehschweife Bo. 616 Kilo

sind eingetroffen.

Ich habe sie den Herren Dumas et fils, 9, rue de Trévise, frei Haus ausgefolgt und bitte, mich mit Fr. 74.40 (616 = 620 Kilo à 12.— per %₀ Kilo), wozu Rollgeld nach Bahnhof „ 3.20 kommen,
zusammen Fr. 77.60 zu erkennen.

Die Sendung der Herren Roland Frères, 13, Fbg. Poissonnière, hier:

R. F., 218/220, 3 Kisten Bo. 202 Kilo

ließ ich Ihrer Verfügung gemäß unter Nachnahme meiner Spesen als Eilgut unfrankiert und unversichert transito abgehen an die:

Russische Transport-Gesellschaft, Warschau.

Herr Max Werner, dort, hat gestern über die mir für Ihre werte Adresse von Herrn Léon Faure hier übergebene:

L. F. 654, 1 Kiste Persianer

verfügt, wovon Sie zu meiner Entlastung gefl. Kenntnis nehmen wollen.

Stets gern zu Ihren Diensten

Hochachtungsvoll

Louis Thibault.

152.

Weiss & Co.
Leipzig.

Лейпцигъ, 18 Іюня 19.. г.

Господину Louis Thibault, Парижъ.

Симъ увѣдомляемъ Васъ, что авизованный Вами

M. R. 567, 1 тюкъ кролика, брутто 63 килог.,

сданный Вамъ г. Max Roy, тамъ, нами полученъ и что мы кредитовали Вашъ счетъ согласно увѣдомленію Вашему на

Frs. 96,20.

Мы приняли къ свѣдѣнію, что г. Максъ Вернеръ, здѣсь, далъ ряспоряженіе относительно

L. F. 654, одного ящика,

и что товаръ г. г. Roland Frères отправленъ въ Варшаву большой скоростью.

Съ совершеннымъ почтеніемъ

Вейсъ и Ко.

152.

Weiſs & Co.
Leipzig.

Leipzig, den 18. Juni 19..

Herrn Louis Thibault, Paris.

Die uns durch Brief vom 13. d. M. avisierte Eilgutsendung von Herrn Max Roy:

M. R. 567, 1 Ballen. Kanin Bo. 63 Kilo

ist uns soeben zugegangen.

Die uns aufgegebenen Frachtbeträge:

Fr. 18.60 Eilfracht nach Leipzig,
Fr. 77.60 Fracht nach Paris

haben wir Ihrem Konto gutgeschrieben.

Wir bemerkten uns, daß Herr Max Werner, hier, über:

L. F. 654, 1 Kiste

verfügt hat, und daß die Eilgutsendung der Herren Roland Frères, dort transito nach Warschau abgegangen ist.

Hochachtungsvoll

Weiß & Co.

Упражненія.

A. Продажа товаровъ.

Написать помѣщенныя въ текстѣ письма 1—64 измѣнивъ названія фирмъ слѣдующимъ образамъ:

Кофе	1—6	вмѣсто Blank & Co., Leipzig поставить Hermann Blank. вмѣсто Richard Martin, Grimma поставить R. Martin & Co.
Игрушки	7—13	вмѣсто R. Frank & Söhne, Sonneberg поставить R. Frank. вмѣсто Emil Sanders, Hannover поставить Emil Sanders & Co.
Вязаныя издѣлія	14—21	вмѣсто Alfred Krause, Riesa поставить Alfred Krause & Söhne. вмѣсто Chemnitzer Trikotagenfabrik поставить A. Schmidt. вмѣсто J. Schneider & Co., Chemnitz поставить Johann Schneider.
Бумага	22—32	вмѣсто Max Arnold, Dresden поставить Max Arnold Erben. вмѣсто A. Berger & Co., Chemnitz поставить August Berger.
Вино	33—40	вмѣсто Robert Wenk, Mainz поставить Robert Wenk & Sohn. вмѣсто Bloch & Kremer, Bremen поставить Karl Kremer.
Искусственные цвѣты	41—44	вмѣсто Gebrüder Werner, Regensburg поставить S. Werner. вмѣсто Karl Berger поставить Klara Berger.
Полотно	45—54	вмѣсто Westfälische Leinenweberei, Bielefeld поставить Max Herzog. вмѣсто Felix Bertram, Minden поставить Felix Bertram & Co. вмѣсто Max Ernst, Herford поставить Ernst & Müller.
Выраж. неудоволствія	55—64	вмѣсто Emil Held, Braunschweig поставить Emil Held & Co. вмѣсто Rudolf Reh, Wolfenbüttel поставить Gebrüder Reh. вмѣсто A. Feller & Co., Wolfenbüttel поставить A. Feller.

Написать письма по слѣдующему плану.

I. Жженый кофе (срав. письма 1—6).

1. 15 Января 19.. г. Alfred Stengel, Berlin предлагаетъ циркуляромъ 4 сорта жженаго кофе

№ 1	по Мар.	1,05	за	1/2	килограмма
№ 2	„ „	1,10	„	1/2	„
№ 3	„ „	1,20	„	1/2	„
№ 4	„ „	1,35	„	1/2	„

При покупкѣ не менѣе 25 кило. фрахтъ и упаковка за счетъ отправителя. Платежъ черезъ 3 мѣсяца, а при уплатѣ наличными въ теченіи 14 дней со дня написанія фактуры скидка въ $1^1/_4$%. A. Stengel указываетъ на долголѣтнюю дѣятельность своей фирмы и сообщаетъ, что благодаря собственному импорту можетъ поставлять дешево первосортный товаръ. По желанію высылаются образцы безплатно и франко.

2. 31 Января 19.. г. Alfred Stengel, Berlin подтверждаетъ письменно свой циркуляръ и отправку прейсъ-куранта г. Georg Kraft, Frankfurt a. O. Онъ ссылается на прежнія дѣловыя сношенія, посылаетъ при письмѣ образцы сортовъ (Mischung) № 1 и 3, и ожидаетъ скораго пробнаго заказа.

3. 15 Февраля 19.. г. Georg Kraft, Frankfurt a. O., подтверждаетъ полученіе письма, прейсъ-куранта и образцовъ. Онъ заказываетъ 25 кило № 1 и 25 кило № 3 съ доставкой франко Франкфуртъ.

4. 16 Февраля 19.. г. Alfred Stengel, Berlin посылаетъ г. Georg Kraft, Frankfurt a. O. счетъ на 50 кило кофе, отправленные малой скоростью на условіяхъ указанныхъ ранѣе въ циркулярѣ. Вмѣстѣ со счетомъ посылается напечатанное на томъ-же бланкѣ препроводительное письмо съ просьбой кредитовать счетъ отправителя на Мар. 112,50.

5. 18 Февраля 19.. г. Georg Kraft, Frankfurt a. O. подтверждаетъ полученіе товара и кредитованіе счета A. Stengel, Berlin на Мар. 112.50. Онъ проситъ впредь до новаго увѣдомленія высылать ему еженедѣльно такое же количество кофе тѣхъ-же сортовъ, такъ чтобы посылки прибывали въ пятницу.

6. 5 Марта 19.. г. Georg Kraft, Frankfurt a. O., подтверждаетъ полученіе письма отъ 23 с. м. со счетомъ на М. 112,50. Онъ посылаетъ кредитными билетами и марками М. 111,10, сдѣлавъ скидку въ $1^1/_4$%, въ покрытіе счета отъ 16 Фев. и проситъ подтвердить полученіе денегъ.

7. 6 Марта 19.. г. Alfred Stengel, Berlin, увѣдомляетъ G. Kraft, Frankfurt a. O. о полученіи покрытія по счету.

II. Игрушки (Срав. письма № 7—13).

1. 30 Сентября 19.. г. фирма Böhme, Stickel & Köppe, Stuttgart увѣдомляетъ циркуляромъ о прекращеніи своего существованія вслѣдствіе выхода г. Stickel.

2. 1 Октября 19.. г. фирма Wolff & Co., Stuttgart, бывшая фирма Böhme, Stickel & Köppe сообщаетъ въ дополненіе къ предыдущему циркуляру, о томъ, что вновь образававшаяся фирма принимаетъ на себя всѣ обязательства прежней фирмы. Руководить дѣлами будетъ управлявшій прежней фирмой старшій инженеръ Bruno Wolff. Его опытность и прекрасное оборудованіе фабрики гарантируютъ безукоризненное исполненіе заказовъ. Далѣе циркуляръ сообщаетъ, что господину Paul Lindner, долго служившему въ прежней фирмѣ такъ-же дана обществомъ довѣренность (Prokura) для веденія дѣла. Слѣдуютъ подписи г. г. Wolff, Köppe & Lindner.

3. 12 Декабря 19.. г. Reich & Kramer, Tübingen подтверждаютъ фирмѣ Wolff & Co., Stuttgart телеграфный заказъ на

3 дюжины куколъ съ патентов. голов. по 40 мар.
3 „ „ закрывающихъ глаза „ 32 „

Товаръ долженъ быть доставленъ не позднѣе 20 с. м. При письмѣ приложенъ на особомъ бланкѣ:

4. Заказъ на вышеозначенный товаръ за № 327.

5. 13 Декабря 19.. г. Wolff & Co., Stuttgart, подтверждаютъ полученіе телеграммы и письма, и обѣщаютъ, не смотря на краткость срока, выслать заказъ во время почтовыми посылками. Къ письму приложено:

6. Написанное на особомъ бланкѣ подтвержденіе полученія заказа съ подробнымъ перечисленіемъ условій поставки, сроковъ платежа, упаковки и пр.

7. 19 Декабря 19.. г. Wolff & Co., Stuttgart увѣдомляютъ г. г. Reich & Kramer, Tübingen объ отправкѣ товара и просятъ кредитовать ихъ счетъ

на Мар. 218,15, валюта 20 Мар.

При письмѣ высылается:

8. Счетъ на посланный товаръ, при чемъ за упаковку показано 1 мар., а за почтов. посылки М. 1,15.

9. 4 Января 19.. г. Reich & Kramer, Tübingen увѣдомляютъ Wolff & Co., Stuttgart, о переводѣ на ихъ условный текущій счетъ М. 218,15 за вычетомъ 2% = 4,35 за наличный разсчетъ.

10. 5 Января 19.. г. Wolff & Co., Stuttgart, подтверждаютъ полученіе покрытія счета на особомъ печатаномъ формулярѣ (открытымъ письмомъ).

III. Кухонныя принадлежности (срав. письма 14—21).

1. 15 Сентября 19.. г. Gebrüder Bernstein, Dortmund, подтверждают фирмѣ Westfälische Metallwarenfabrik, A.-G., Iserlohn, заказъ только-что сообщенный по телефону. При поставкѣ позднѣе 31 Октября они не примутъ товара. При письмѣ приложенъ на особомъ бланкѣ:

2. Заказъ № 271, на 100 штукъ ваннъ цинковыхъ длин. 70 cm по 5 мар., и 100 штукъ цинковыхъ ваннъ для мытья посуды, діаметр. 44 cm по 2 мар. 50 пф. Отправить товаръ слѣдуетъ черезъ экспедитора Paul Arendt, тамъ.

3. 17 Сентября 19.. г. Westfälische Metallwarenfabrik, Iserlohn, увѣдомляетъ Братьевъ Бернштейнъ о полученіи заказа за № 271, и обѣщаетъ точное исполненіе заказа. Фабрика проситъ обратить вниманіе на отпечатанные на оборотѣ условія поставки: поставка производится франко станція Iserlohn, уплата 15 слѣд. мѣсяца трехъ-мѣсячными векселями или наличными со скидкой 3%. Упаковка по своей цѣнѣ. При письмѣ прилагается на особомъ бланкѣ полное подтвержденіе заказа (4).

4. Подтвержденіе заказа. На томъ-же бланкѣ напечатаны обычныя условія поставки.

5. 12 Октября 19.. г. Westfälische Metallwarenfabrik, Iserlohn, увѣдомляетъ Бр. Бернштейнъ объ отправкѣ заказаннаго товара черезъ экспедитора Paul Arendt въ двухъ ящикахъ:

W. M. № 3228 вѣсъ брутто 74 кил.
„ „ „ 3229 „ „ 81 „

При письмѣ приложенъ счетъ (№ 6) на Мар. 739,50 ср. 15 Декабря с. г. на каковую сумму будетъ произведена трассировка.

6 Счетъ на посланный товаръ съ предупрежденіемъ о томъ, что фактурная сумма будетъ получена при помощи тратты.

7. 12 Октября 19.. г. Westfälische Metallwarenfabrik, Iserlohn, увѣдомляетъ экспедитора Paul Arendt, Iserlohn, что онъ можетъ принять у нихъ со склада 2 ящика №№ 3228/9 вѣсъ бр. 155 кил. для отправки согласно инструкціи Бр. Бернштейнъ, Дортмундъ.

8. 12 Октября 19.. г. Paul Arendt, Iserlohn проситъ Бр. Бернштейнъ, Дортмундъ распоряженій относительно принятаго для нихъ товара.

9. 13 Октября 19.. Gebr. Bernstein, Dortmund просятъ экспедитора Paul Arendt, Iserlohn, выслать имъ товаръ съ наложеннымъ платежемъ

10. 14 Октября 19.. г. Paul Arendt, Iserlohn увѣдомляетъ Бр. Бернштейнъ, Дортмундъ объ отправкѣ имъ двухъ ящиковъ товара:

W. M. 3228 вѣсъ брутто 74 кил.
„ „ 3229 „ „ 81 „

11. 30 Октября 19.. г. Westfälische Metallwarenfabrik, Iserlohn увѣдомляетъ Бр. Бернштейнъ, что въ покрытіе счета отъ 12 Октября она трассировала на нихъ

M. 739,50 ср. 15 Декабря пр. Ferd. Roth

Она проситъ гонорировать тратту и предлагаютъ свои услуги по поставкѣ товара.

IV. Стеариновыя свѣчи (срав. письма 22—32).

1. 1 Сентября 19.. г. фабрика стеарин. свѣчъ Richard Barth, Nachf., Zeitz, увѣдомляетъ циркуляромъ, что фирма эта будетъ продолжать дѣла фирмы Barth & Wolff, прекратившей свое существованіе вслѣдствіе дружелюбнаго выхода изъ дѣла г. Wolff'а. Новый единственный владѣлецъ фабрики предлагаетъ свои услуги по поставкѣ свѣчей и проситъ замѣтить его подпись.

2. 25 Сентября 19.. г. Richard Barth, Nachf., Zeitz выражаетъ Бр. Мантель Gebrüder Mantel, Erfurt, сожалѣніе, что давно не получаетъ отъ нихъ заказовъ. Онъ ссылается на предшествующій циркуляръ, указываетъ на свою опытность, какъ руководителя прежней фирмы Barth & Wolff, сообщаетъ о расширеніи фабрики и о томъ, что можетъ поставлять товаръ на особо выгодныхъ условіяхъ.

3. 1 Октября 19.. г. Gebrüder Mantel, Erfurt сообщаютъ Richard Barth, Nachf., Zeitz, что они хотятъ воспользоваться его услугами и просятъ сообщить крайнія цѣны на 3000 фунтовъ свѣчей съ поставкой въ теченіе зимы по особымъ увѣдомленіямъ (auf Abruf).

4. 2 Октября 19.. г. Richard Barth, Nachf., Zeitz, предлагаетъ Gebr. Mantel, Erfurt.

Apollokerzen 1	сортъ	по	M. 0,55	за	пакетъ	въ	500	грам. бто	470 гр. нто
Tafelkerzen 1	„	„	„ 0,50	„	„	„	500	„ „	470 „ „
Kanalkerzen 1	„	„	„ 0,53	„	„	„	500	„ „	470 „ „

Цѣны разумѣются съ упаковкой, франко станція полученія при отправкѣ не менѣе 50 кил. Покрытіе 3 мѣсячн. векселемъ или ultimo мѣсяцъ отправки товара со скидкой 2%. Далѣе фабрика сообщаетъ, что вслѣдствіе вздорожанія сырыхъ продуктовъ ожидается общее повышеніе цѣнъ и рекомендуетъ поэтому не медлить съ сообщеніемъ заказа.

5. 5 Октября 19.. г. Gebrüder Mantel, Erfurt, просятъ Richard Barth, Nachf., Zeitz выслать сначала на пробу по 25 пакетовъ свѣчей цѣной въ M. 0,50 и 0,53. Въ случаѣ хорошаго качества товара будетъ данъ заказъ на 3000 пакетовъ съ поставкой до 31 Декабря с. г. и уплатой наличными.

6. 6 Октября 19.. г. Richard Barth, Nachf., Zeitz, увѣдомляетъ Бр. Мантель, Эрфуртъ объ отправкѣ пробнаго заказа и о томъ, что покрытіе счета онъ получитъ траттою ср. 3 мѣсяца отъ с. ч. на Мар. 25,75. Онъ подтверждаетъ, что согласенъ принять заказъ на условіяхъ сообщенныхъ въ письмѣ отъ 2 с. м., указываетъ на крайне дешевыя цѣны назначенныя имъ, и сообщаетъ, что будетъ считать таковыя обязательными для себя только до слѣдующаго вторника; поэтому онъ рекомендуетъ поспѣшить заказомъ; при письмѣ приложенъ:

7. Счетъ на отправленный товаръ на М. 25,75. На томъ же формулярѣ указывается что покрытіе счета будетъ получено при помощи тратты на М. 25,75 валюта 6 Января с. г. На томъ же счетѣ напечатаны обычныя условія поставки: незнакомымъ (или не сообщившимъ референцій) только съ наложеннымъ платежемъ; покрытіе векселемъ на 3 мѣсяца или наличными въ концѣ мѣсяца со скидкой въ 2%. При заказѣ болѣе чѣмъ на Мар. 20 упаковка не считается.

8. 10 Октября 19.. г. Gebrüder Mantel, Erfurt подтверждаютъ Rich. Barth, Nachf. полученіе письма отъ 6 с. м. и посылки, которая только что получена, почему раньше отвѣчать не было возможности. Они выражаютъ удивленіе, что на нихъ будутъ трассировать не испросивъ ихъ согласія; они никогда не допускаютъ трассировки, но плотятъ при помощи римессъ или перевода на условный текущій счетъ, и просятъ въ будущемъ имѣть это въ виду.

Далѣе они подтверждаютъ заказъ перечисляя всѣ условія сообщенныя въ письмѣ Richard'a Barth отъ 2 Октября. Высылка каждой партіи должна производиться по увѣдомленію, поступающему всегда за 8 дней до срока отправки. При опозданіи въ поставкѣ покупатели оставляютъ за собой право, пополнять свой запасъ покупкой въ другомъ мѣстѣ, при чемъ разница въ цѣнѣ уплачивается поставщикомъ. Въ случаѣ задержки въ принятіи товара продавецъ имѣетъ право требовать уплаты къ 31 Декабря и за непоставленный остатокъ, и позднѣйшія поставки считать по цѣнамъ того времени. Они просятъ подтвердить согласіе съ этими условіями и просятъ выслать возможно скорѣе по 500 пакетовъ обоихъ вышеупомянутыхъ сортовъ.

9. 11 Октября 19.. г. Richard Barth, Nachf., Zeitz увѣдомляетъ Бр. Мантель что онъ согласенъ съ содержаніемъ ихъ письма и повторяетъ свои обязательства. Онъ проситъ въ случаѣ требованія товара большой скоростью уплачивать ему разницу во фрахтѣ. Заказанные 1000 пакетовъ будутъ отправлены на дняхъ.

Онъ извиняется за трассированіе безъ увѣдомленія. Тратта еще не было послана и теперь уничтожена.

10. 12 Октября 19.. г. Richard Barth, Nachf., Zeitz увѣдомляетъ Бр. Мантель отъ отправкѣ малой скоростью ящика свѣчей B. W. N. 384 и проситъ кредитовать его счетъ на М. 515.—.

11. 15 Октября 19.. г. Gebrüder Mantel, Erfurt, сообщаютъ г. Richard Barth, Nachf., Zeitz, что они кредитовали его счетъ на М. 515 и посылаютъ двѣ римессы

М. 88,75 н. Наумбургъ на 3, ср. 31 Октября с. г.
„ 423,50 „ Лейпцигъ, ср. 30 Ноября с. г.

и просятъ о полученіи ихъ увѣдомить. Въ концѣ мѣсяца они просятъ вновь выслать по 500 пакетовъ свѣчей обоихъ сортовъ.

12. 16 Октября 19.. г. Richard Barth Nachf., Zeitz увѣдомляетъ Бр. Мантель о принятіи римессъ съ обычной оговоркой. Товаръ онъ отправитъ своевременно.

13. 3 Ноября 19.. г. Gebrüder Mantel, Erfurt, подтверждая полученіе предыдущаго письма, просятъ послѣдніе 1000 пакетовъ свѣчей прислать не позднѣе середины текущаго мѣсяца. Далѣе они просятъ увѣдомить согласна ли фирма Richard Barth Nachf., Zeitz, поставить имъ до 1-го Января сл. г. еще 2—3 тысячи пакетовъ на тѣхъ же условіяхъ.

14. 4 Ноября 19.. г. Richard Barth Nachf., Zeitz увѣдомляетъ Бр. Мантель, что послѣдніе 1000 пакетовъ будутъ присланы не позднѣе 15 Ноября. Онъ весьма охотно поставилъ бы имъ еще 3000 пакетовъ по старой цѣнѣ, но стеаринъ подорожалъ на 15—20%, такъ что, при всемъ желаніи, онъ можетъ посчитать лишь слѣдующія крайнія цѣны:

Primatafelkerzen M. 0,56 за пакетъ
Primakanalkerzen „ 0,60 „ „

Онъ ожидаетъ новыхъ заказовъ по такой цѣнѣ.

15. 16 Ноября 19.. г. Gebrüder Mantel, Erfurt, увѣдомляютъ Richard Barth Nachf., Zeitz, что они получили посылку отъ 12 с. м. и опять кредитовали его счетъ на Мар. 515. Они посылаютъ ему переводомъ на условн. текущій счетъ Мар. 1027,10 въ покрытіе счетовъ отъ 6/10, 12/10, 3/11, и 13/11 по слѣдующему разсчету:

переводъ М.	1027,10
римессы отъ 15/10	512,25
Скидка 2%	31,40
всего М.	1570,75

Относительно возобновленія заказа они напишутъ позднѣе.

16. 17 Ноября 19.. г. Richard Barth, Nachf., Zeitz подтверждаетъ Бр. Мантель полученіе полнаго покрытія по счетамъ. Онъ ожидаетъ отвѣта касающагося его предложенія отъ 4 с. м.

Банковое дѣло.

Написать помѣщенныя въ текстѣ письма 65—106 измѣнивъ названія фирмъ слѣдующимъ образомъ:

Учетъ векселей	65—67	вмѣсто Rheinische Kreditbank поставить Müller & Schmidt вмѣсто C. Nestel, Esslingen поставить Gebrüder Nestel
Коммиссіонная тратта и римесса	68—79	вмѣсто Ritter & Co., Chemnitz поставить C. Ritter Kreditbank, Leipzig оставить безъ измѣненія вмѣсто Gebrüder Roth, Dresden поставить Johann Roth вмѣсто Feller & Sohn, Bremen поставить H. Feller.
Домициляція векселей	80—85	вмѣсто Joseph Braun, Spandau поставить J. Braun & Sohn вмѣсто Lang & Co., Berlin поставить Leipziger Kreditanstalt
Интервенированіе	86—94	вмѣсто Ferdinand Wild, Klingmühl поставить F. Wild & Co. вмѣсто Beck & Co., Cottbus поставить H. Beck
Конто-коррентныя сношенія	95—106	вмѣсто Gebrüder Simon, Frankfurt a. M. поставить Kredit- und Sparbank. вмѣсто Otto Winter, Offenbach поставить O. Winter & Sohn.

Написать письма по слѣдующему плану.

I. Акцептація векселя.

1. 15. Мая 19.. г. Albert Kramer, Lörrach, посылаетъ Роберту Ростъ въ Баденъ-Баденѣ вексель для принятія, а именно на М. 1600 пр. собст. ср. 30 Іюня с. г., каковой онъ употребитъ на покрытіе своего счета отъ 1 пр. м.

2. 16 Мая 19.. г. Robert Rost, Baden-Baden возвращаетъ Albert Kramer, Lörrach акцептованную тратту и проситъ принять ее въ покрытіе счета отъ 1 Апрѣля с. г.

II. Порученіе представить вексель къ акцептаціи.

1. 15 Февраля 19.. г. Albert Helfer, Bitsch посылаетъ г. г. Dörfer & Co., Metz, тратту въ Мар. 2000 на Carl Robert & Co. тамъ съ просьбой представить вексель къ акцептаціи и прислать обратно, не протестуя если бы трассатъ отказался отъ акцептаціи.

2. 17 Февраля 19.. г. Dörfer & Co., Metz, присылаютъ обратно г. Albert Helfer, Bitsch не опротеставанный вексель, который трассатъ отказался принять, не объясняя причины своего поступка. Они просятъ сдѣлать соотвѣтствующую запись въ счетахъ (списать со счета — entlasten).

3. 18 Февраля 19.. г. Albert Helfer, Bitsch благодаритъ Dörfer & Co., Metz за труды, увѣдомляетъ о полученіи векселя и о соотвѣтствующей записи въ счетахъ.

III. Дисконтированіе векселя (срав. письма 65--67).

1. 15 Марта 19.. г. Sauer & Co., Höchst a. M. просятъ Frankfurter Bank, Frankfurt a. M. дисконтировать M. 3000 ср. 15 Мая на Бр. Рейхертъ, Ганау и M. 2400 ср. 31 Мая на Людвига Фюрстъ, Оффенбахъ, и выслать имъ соотвѣтствующую сумму.

2. 17 Марта 19.. г. Франкфуртскій Банкъ подтверждаетъ полученіе векселей, которые онъ дисконтировалъ и присылаетъ кредитными билетами и марками Мар. 5360,65 согласно прилагаемому разсчету:

Мар. 3000.—	16/3 по 15/5 58 дней	№ 1740
„ 2400.—	16/3 „ 31/5 73 дня	„ 1752
Мар. 5400,—		3492
	Мар. 33,95 учетъ 3½%	
÷ „ 39,35	„ 5,40 провизія 1‰	
Мар. 5360,65	валюта сегодня.	

3. 18 Марта 19.. г. Sauer & Co., Höchst a. M. подтверждаютъ Франкфуртскому Банку полученіе M. 5360,65 присланныхъ за учтенные векселя.

IV. Римесса за свой счетъ.

1. 10 Марта 19.. г. Albert Beier, Lauenburg a./E. посылаетъ, ссылаясь на свое письмо отъ 17 с. м.: г. г. Dietze & Co., Lübeck:

M. 75,60	ср. 20	Марта	на Травемюнде
„ 60,35	„ 25	„	„ Рацебургъ
„ 110,85	„ 31	„	„ Любекъ

съ просьбой своевременно получить платежи и кредитовать его на полученную сумму.

2. 19 Марта 19.. г. Dietze & Co., Lübeck подтверждаютъ г. Albert Beier, Lauenburg a. E. полученіе 3 векселей на M. 246,80 валюта срокъ платежа.

3. 2 Апрѣля 19.. г. Dietze & Co., Lübeck, получивъ платежи по двумъ векселямъ кредитуютъ Albert Beier, Lauenburg a. E. на:

	M. 75,60	ср. 20 Мар. на Травемюнде
долой	„ —,70	почт. росходовъ и пр.
	M. 74,90	ср. 23 Марта.

	M. 60,35	ср. 25 Марта на Рацебургъ
долой	„ —,60	почтов. и др. росходовъ
	M. 59,75	ср. 28 Мар. с. г.

Они возвращаютъ обратно съ протестомъ въ неплатежѣ вексель на M. 110,85 ср. 31 Мар. и просятъ кредитовать ихъ на M. 6.— расходы по протесту валюта 2 с. м. Далѣе они увѣдомляютъ о полученіи M. 14,40 вал. сегод. отъ Любекскаго Коммерческаго Банка, внесенныхъ по порученію A. Müller, Travemünde.

4. 3 Апрѣля 19.. г. Albert Beier, Lauenburg a. E. увѣдомляетъ Dietze & Co., Lübeck что онъ получилъ тратту съ протестомъ и кредитовалъ ихъ на Мар. 6.— валюта 2 Апр. Онъ дебитуетъ ихъ счетъ на Мар. 74,90 ср. 23 мар. и 59,75 ср. 28 мар. и отмѣчаетъ поступленіе платежа въ M. 14,40 отъ Любекскаго Банка.

V. Коммиссіонная римесса (срав. письма 68—79).

1. 20 Мая 19.. г. Ferdinand Dietrich, Eschweiler подтверждая свое письмо отъ 18 с. м. проситъ Aachener Diskontogesellschaft, Aachen послать фирмѣ Lebrun & Ruotte, Reims Fr. 6000.— краткосроч. векселемъ на Парижъ и соотвѣтственно дебитовать его счетъ.

2. 20 Мая 19.. г. Ferdinand Dietrich, Eschweiler, увѣдомляетъ г. г. Lebrun & Ruotte, Reims, что онъ поручилъ Ахенскому Учетному Обществу послать имъ краткосроч. римессу въ покрытіе счета отъ 28 Февраля на Fr. 6000,— и проситъ подтвердить полученіе римессы.

3. 22 Мая 19.. г. Aachener Diskontogesellschaft, Aachen посылаетъ г. г. Lebrun & Ruotte, Reims, за счетъ Фердинанда Дитриха:

Fr. 4380	ср. 31 мая	на Ліонскій кредитъ, Парижъ
„ 1620	„ 31 „	„ Парижскій банкъ, Парижъ
Fr. 6000	валюта 31 мая	

и проситъ подтвердить полученіе векселей.

4. 22 Мая 19.. г. Aachener Diskontogesellschaft, Aachen увѣдомляетъ Фердинанда Дитриха, что оно послало фирмѣ Lebrun & Ruotte, Reims:

Fr. 6000 краткосроч. на Парижъ по 81,—	M. 4860,—
куртажъ 1‰	„ 4,85
	M. 4864,85

на каковую сумму и дебитовало его счетъ.

5. 24 Мая 10.. г. Lebrun & Ruotte, Reims увѣдомляютъ Aachener Diskontogesellschaft о полученіи Fr. 6000 на Парижъ за счетъ г. Фердинанда Дитриха, Эшвейлеръ.

6. 24 Мая 19.. г. Lebrun & Ruotte, Reims увѣдомляютъ Фердинанда Дитриха о полученiи его письма отъ 20 с. м. и Fr. 6000 отъ Aachener Diskontogesellschaft, каковая сумма записана ими, съ обычной оговоркой, въ покрытiе счета отъ 28 Февраля; они ожидаютъ полученiя новыхъ заказовъ.

VI. Коммиссiонная тратта (срав. письма 68—79).

1. 5 Апрѣля 19.. г. Prüfer & Co., Rüdesheim поручаютъ Gebrüder Grünfeld, Koblenz трассировать за ихъ счетъ на Ernst Steinbeck, Mainz

Мар. 3500,— ср. 30 Апрѣля с. г.

и кредитовать ихъ счетъ на эту сумму. Трассатъ будетъ ими своевременно увѣдомленъ.

2. 5 Апрѣля 19.. г. Prüfer & Co., Rüdesheim увѣдомляютъ г. Ernst Steinbeck, Mainz, что они поручили Бр. Грюнфельдъ, Кобленцъ, трассировать на него въ покрытiе ихъ счетовъ на

М. 1928 отъ 11 Марта с. г.
„ 1572 „ 15 „ „ „
М. 3500 ср. 30 Апр. с. г.

Они просятъ гонорировать тратты вышеназванной фирмы до М. 3500 и соотвѣтственно дебитовать ихъ счетъ.

3. 6 Апрѣля 19.. г. Gebrüder Grünfeld, Koblenz, увѣдомляютъ г. Ernst Steinbeck, Mainz, что по порученiю фирмы Prüfer & Co., Rüdesheim, они трассировали на него

М. 3500,— ср. 30 Апрѣля, приказу Richard Pfund

и просятъ оправдать тратту въ дебетъ счета гг. Prüfer & Co.

4. 6 Апрѣля 19.. г. Gebrüder Grünfeld, Koblenz, увѣдомляютъ гг. Prüfer & Co., Rüdesheim, что, согласно ихъ указанiю отъ 5 с. м. они сегодня трассировали на фирму Ernst Steinbeck, Mainz

М. 3500,— ср. конецъ Апрѣля с. г.

каковую сумму они записали, съ обычной оговоркой, въ покрытiе своихъ счетовъ отъ 11 и 15 Марта с. г.

5. 7 Апрѣля 19.. г. Ernst Steinbeck, Mainz, сообщаетъ гг. Prüfer & Co., Rüdesheim, что онъ получилъ ихъ увѣдомленiе о томъ, что они поручили фирмѣ Gebrüder Grünfeld, Koblenz, трассировать на его

М. 3500 ср. конецъ Апрѣля с. г.

Онъ подтверждаетъ, что оправдаетъ тратты этой фирмы въ суммѣ до 3500 М. въ дебетъ счета гг. Prüfer & Co.

6. 8 Апрѣля 19.. г. Ernst Steinbeck, Mainz, увѣдомляетъ гг. Gebrüder Grünfeld, Koblenz, что при предъявленіи онъ оправдаетъ авизованную ему тратту на М. 3500,— ср. 30 с. м. въ дебетъ счета фирмы Prüfer & Co., Rüdesheim.

7. 30 Апрѣля 19.. г. Ernst Steinbeck, Mainz, увѣдомляетъ гг. Prüfer & Co., Rüdesheim, что, согласно своему письму отъ 7 с. м., онъ оправдалъ тратту гг. Gebrüder Grünfeld, Koblenz, на М. 3500,— въ дебетъ счета фирмы Prüfer & Co. и проситъ ихъ отмѣтить эту сумму въ покрытіе ихъ счетовъ отъ 11 и 15 Марта с. г.

VII. Домициляція векселя (срав. письма 80—85).

1. 22 Сентября 19.. г. Blum & Co., Bremen, увѣдомляютъ г. Otto Kurz, Plaue a/H., что въ покрытіе своего счета отъ 15 с. м. они позволяютъ себѣ трассировать на него М. 3200,— ср. 31 Декаб. с. г. пр. наш. Они прилагаютъ тратту и просятъ возвратить въ акцептованномъ видѣ назначивъ мѣстомъ платежа болѣе значительный торговый центръ въ которомъ имѣются банки.

2. 23 Сентября 19.. г. Otto Kurz, Plaue a/H., спрашиваетъ Magdeburger Privatbank, Magdeburg, на какихъ условіяхъ этотъ банкъ разрѣшитъ ему домицилировать у себя тратты его поставщиковъ.

3. 24 Сентября 19.. г. Magdeburger Privatbank, Magdeburg, увѣдомляетъ г. Otto Kurz, Plaue a/H., что банкъ согласенъ на домициляцію у него, акцептовъ при условіи своевременной присылки покрытія. Онъ будетъ считать за домициляцію $^1/_4$ % провизіи, каковая должна быть не менѣе 50 пф. Почтовые расходы считаются отдѣльно.

4. 25 Сентября 19.. г. Otto Kurz, Plaue a/H., посылаетъ фирмѣ Blum & Co., Bremen, акцептованную и домицилированную въ Magdeburger Privatbank, тратту на М. 3200,— ср. конецъ Декабря с. г. и проситъ записать ее въ покрытіе счета отъ 15 с. м.

5. 25 Сентября 19.. г. Otto Kurz, Plaue a/H., благодаритъ Magdeburger Privatbank за согласіе на домициляцію векселей и выражаетъ согласіе на сообщенныя ему условія. Онъ проситъ замѣтить, что домицилировалъ въ банкѣ тратту на М. 3200,— ср. 31 Декабря с. г. пр. Blum & Co., Bremen, проситъ ее оправдать и обѣщаетъ своевременно выслать покрытіе.

6. 27 Сентября 19.. г. Magdeburger Privatbank, Magdeburg, сообщаетъ г. Otto Kurz, Plaue a/H., что онъ замѣтилъ себѣ согласіе г. Kurz на условія домициляціи, и что этотъ послѣдній домицилировалъ въ банкѣ тратту на М. 3200,— ср. 31 Дек. с. г. пр. Blum & Co., Bremen. Банкъ ожидаетъ своевременной присылки покрытія.

7. 27 Декабря 19.. г. Otto Kurz, Plaue a/H., подтверждая полученіе письма Magdeburger Privatbank отъ 27 Сентября с. г., посылаетъ кредитными билетами и марками М. 3208,25, прося

оправдать домицилированную въ банкѣ тратту гг. Blum & Co., Bremen, по разсчету:

М. 3200,— ср. конецъ Декабря
„ 8,25 провизія и почтовые расходы
всего М. 3208,25,

и прислать ему оплаченный вексель.

8. 31 Декабря 19.. г. Magdeburger Privatbank, Magdeburg, подтверждаетъ г. Otto Kurz, Plaue a/H., полученіе М. 3208,25, въ покрытіе домицилированнаго въ банкѣ векселя, согласно присланному разсчету и возвращаетъ оплаченный вексель.

C. Коммиссіонное дѣло.

Написать помѣщенныя въ текстѣ письма 107—123 измѣнивъ названія фирмъ слѣдующимъ образомъ:

Пушной товаръ 107—116	вмѣсто Max Werner, Leipzig поставить Gebrüder Werner
	вмѣсто Simon Frères, Paris поставить Jules Simon
	вмѣсто Bernhard Jung, Leipzig поставить Jung & Co.
Кожевенный товаръ 117—123	вмѣсто L. Ernst & Söhne, Leipzig поставить L. Ernst
	вмѣсто Friedrich Kern, Hamburg поставить F. Kern & Co.

Написать письма по слѣдующему плану:

Коммиссіонная покупка.

Щетина и волосъ.

Щетина отправляется уложенной въ бочки (Fässer), приблиз. по 300 кило. N. W., A. R. и т. п. обозначенія суть марки продавцевъ щетины.

Слова:

Фабрика щетокъ и волосяныхъ кисточекъ	Bürsten und Haarpinselfabrik
Щетина	Borsten
Полубѣлая $4^1/_2$ (дюйма)	Halbweiße $4^1/_2$"
Бѣличьи хвосты	Fehschweife
Хвосты Колонковъ	Colinskyschweife
Хорекъ	Iltis.

1. 6 Февраля 19.. г. Leopold Schmerl & Co., Nürnberg, спрашиваютъ г. Emil Herzog, Leipzig, на какихъ условіяхъ онъ принялъ бы на себя постоянную покупку сырого матеріяла для щетокъ и кисточекъ. Они берутъ въ годъ товару на М. 300000—400000, платя въ теченіе 30 дней непосредственно поставщикамъ, но при болѣе выгодныхъ условіяхъ согласны платить немедленно по полученіи товара.

2. 7 Февраля 19.. г. Emil Herzog, Leipzig, подтверждаетъ гг. Leopold Schmerl & Co., Nürnberg, полученіе ихъ письма и указываетъ на выгоды имѣть постояннаго представителя для покупки товара изъ первыхъ рукъ. Въ виду большого количества товара покупаемаго ими онъ согласенъ считать только 1% провизіи; почтовые и другіе мелкіе расходы за ихъ счетъ. Далѣе онъ проситъ болѣе точнаго обозначенія сортовъ требуемаго имъ товара.

3. 9 Февраля 19.. г. Leopold Schmerl & Co., Nürnberg, увѣдомляютъ г. Emil Herzog, Leipzig, что они передаютъ ему представительство въ Лейпцигѣ для покупки товара и согласны на его условія. Щетина требуется имъ мягкая всѣхъ сортовъ; въ настоящее время они желаютъ купить по 4—5 бочекъ щетины сортовъ: Tictiner и Meseritzer Hochzeit и просятъ сообщить крайнія цѣны. Для кистей они покупаютъ хвосты калонка и просятъ прислать образцы. Кончиковъ бѣличьихъ хвостовъ (Fehspitzen) могутъ купить сколько найдетъ первосортнаго товара не дороже 40 мар. за фунтъ.

4. 14 Февраля 19.. г. Emil Herzog, Leipzig, отвѣчаетъ гг. Leopold Schmerl & Co., Nürnberg, только теперь, такъ какъ искалъ подходящій товаръ; онъ посылаетъ въ двухъ посылкахъ почтой образцы:

L. M. Tictiner	по М. 4,20	за фунтъ;	партія	400 фунтовъ
J. G. Meseritzer Hochzeit	„ „ 5,50	„ „	„	310 „

предупреждая, что не удержалъ товара до полученія отвѣта.

Далѣе онъ посылаетъ почтовой посылкой 6 фунтовъ концовъ бѣличьихъ хвостовъ по 40 мар. за фунтъ, онъ могъ бы достать еще 7 фун. но не дешевле 42; проситъ отвѣта, прилагаетъ 3 оригинальныя фактуры и увѣдомляетъ, что хвостовъ колонка не нашелъ.

5. 16 Февраля 19.. г. Leopold Schmerl & Co., Nürnberg, подтверждаютъ г. Emil Herzog, Leipzig, полученіе образцовъ. Щетину они не рѣшаются брать вслѣдствіе недостаточно хорошаго качества и просятъ прислать лучшіе образцы. Бѣличіи хвосты оставляютъ хотя товаръ и не чистъ; они готовы заплатить и 42 М., но за товаръ совершенно чистый.

Они предоставляютъ г. Emil Herzog право при покупкѣ малыхъ партій самому писать счета, когда соберется болѣе значительная партія, прибавляя свою провизію прямо къ счету.

6. 21 Февраля 19.. г. Emil Herzog, Leipzig, увѣдомляетъ о полученіи письма гг. Leopold Schmerl & Co., и о высылкѣ 8 фунтовъ, концовъ бѣличьихъ хвостовъ и посылаетъ счетъ на эти 8 фунтовъ и на ранѣе отправленные всего на М. 565,30.

Подходящей щетины онъ не нашелъ, и увѣдомляетъ о повышеніи цѣнъ на 20 пф. за кило. Также поднимаются цѣны и на бѣличіи хвосты онъ рекомендуетъ брать все сколько-нибудь подходящее. Далѣе онъ сообщаетъ, что русскій хорекъ очень рѣдокъ; ожидаютъ партію въ 12—1500, но не дешевле 160 Мар. за сотню. Ему обѣщано нѣсколько сорочковъ хвостовъ калонка, объ этомъ товарѣ онъ своевременно увѣдомитъ по телеграфу или по телефону.

7. Фактура присланная при письмѣ № 6 по слѣдующему разсчету: 8 фунтовъ по 42 М. — 336 М., 6 фунтовъ по 40 М. — 246 М., долой 3% за наличный разсчетъ, провизіи 1%, почтов. расходы 1 Мар., итого М. 565,30.

8. 1 Марта 19.. г. Emil Herzog, Leipzig, подтверждаетъ гг. Leopold Schmerl & Co., Nürnberg, свое предыдущее письмо и сообщаетъ о состояніи рынка. Цѣны на хвосты возрастаютъ; даже посредственный товаръ немедленно находитъ сбытъ. Щетина, образцы которой были присланы уже продана; ожидаютъ новаго товара. Далѣе онъ сообщаетъ, что купилъ выгодно партію хвостовъ колонка и вышлетъ на дняхъ.

9. 18 Марта 19.. г. Leopold Schmerl & Co., Nürnberg, подтверждаютъ г. Emil Herzog, Leipzig, полученіе счета на бѣличьи хвосты, и увѣдомляютъ о переводѣ съ условнаго текущаго счета въ Государственномъ банкѣ на Allgemeine Deutsche Kredit-Anstalt, Leipzig, М. 565,30 въ покрытіе счета. Подтверждая переговоры по телефону они даютъ заказъ на 2 бочки щетины $4\frac{1}{2}''$ полубѣлой по М. 4,— и просятъ сообщать свѣдѣнія о положеніи рынка.

10. 20 Марта 19.. г. Emil Herzog, Leipzig, подтверждаетъ гг. Leopold Schmerl & Co., Nürnberg, полученіе М. 565,30 переведенныхъ на его счетъ въ Allgemeine Kredit-Anstalt, въ покрытіе счета отъ 21 Февраля с. г. и посылаетъ счетъ на 2 бочки щетины (см. № 11).

11. Фактура г. Moritz Fränkel на имя Emil Herzog на 2 бочки щетины $4\frac{1}{2}''$ полубѣлой, брутто 826 и 783 кило, тара 82 и 78 кило по М. 4,—, долой 2% за наличный разсчетъ; всего М. 5680,10.

Коммиссіонная продажа.

Гребенная пряжа (срав. письма 107—123).

Слова:

Кондиціонированіе	Die Konditionierung
Репейникъ	Die Klette
Гребенная пряжа	Der Kammzug
Катушка	Die Spule.

1. 5 Февраля 19.. г. Otto Kraus, Berlin, предлагаетъ свои услуги для продажи гребенной пряжи въ Германіи, Австріи и Швейцаріи фирмѣ Lindenberg & Co., Anvers. Онъ давно работаетъ по продажѣ шерсти и обѣщаетъ выгодныя сдѣлки. Его условія 1% провизіи и возмѣщеніе его расходовъ на телеграммы и письма. Какъ референціи онъ называетъ: шерсточесальни (Kammgarnspinnerei) въ Kaiserslautern, Schedewitz и Bürgeln и Vöslauer Kammgarnfabrik.

2. 9 Февраля 19.. г. Lindenberg & Co., Anvers. выражаютъ г. Otto Kraus, Berlin, согласіе назначить его представителемъ только для Германіи т. к. въ Австріи и Швейцаріи они уже имѣютъ хорошихъ представителей, прося продавать ихъ товаръ только солиднымъ фирмамъ. Ихъ условія: присылка счетовъ непосредственно покупателямъ, отправка безъ уплаты фрахта прямо съ прядиленъ; кондиціонировка $18^{1}/_{4}$; уплата въ французской монетной единицѣ черезъ 30 или 90 дней. Они согласны на уплату провизіи въ 1% по полученіи платежей и на возмѣщеніе росходовъ на телеграммы и почтов. марки, по представленіи счета въ концѣ года. Далѣе они просятъ доставлятъ свѣдѣнія о состояніи рынка и скорѣе отвѣтить на ихъ письмо.

3. 12 Февраля 19.. г. Otto Kraus, Berlin, благодаритъ гг. Lindenberg & Co., Anvers, за передачу ему представительства и проситъ расширить его дѣятельность хотя бы еще на Чехію, гдѣ онъ имѣетъ прекрасныя связи. Онъ согласенъ съ условіями, но будетъ представлять счета за телеграммы и пр. каждые полгода. Онъ совѣтуетъ посылать товаръ съ уплатой пошлины и фрахта до Лейпцига и разсчетъ дѣлать въ Германскихъ маркахъ къ чему привыкли нѣмецкіе покупатели.

Далѣе онъ увѣдомляетъ о спросѣ на гребенную шерсть Австралійскую и изъ Буэносъ-Айреса, и проситъ прислать образцы.

4. 15 Февраля 19.. г. Lindenberg & Co., Anvers, увѣдомляютъ г. Otto Kraus, Berlin, о высылкѣ образцовъ по прилагаемому списку. Цѣны обозначены съ уплатой пошлины, франко Лейпцигъ, при платежѣ въ теченіе 30 дней.

№№ 3421 и 3617 высланы еще особо по катушкѣ въ 2 кило прямо съ прядильни въ Hoboken, и кромѣ того для скорѣйшаго ознакомленія съ товаромъ посланы небольшіе образцы.

Они соглашаются посылать товаръ франко Лейпцигъ и просятъ его соотвѣтственно мѣсту продажи разсчитывать прибавку или сбавку во фрахтѣ; они передаютъ ему также представительство въ Чехіи и надѣются на хорошія сдѣлки т. к. цѣны поднимаются и у нихъ на мѣстѣ.

5. Приложеніе къ письму № 4: списокъ присланныхъ образцовъ отъ 15 Февраля 19.. г.

№	Запасъ около кило	Происхожденіе товара	количество репейниковъ	цѣна мар.	Шерсточесальня
3421	7500	Sydney	нѣтъ	4,85	Hoboken
3617	8000	„	нѣтъ	4,60	„
3594	4500	„	200 $^{0}/_{1}$ $^{0}/_{2}$	4,55	„
3608	7400	„	100 $^{1}/_{2}$	4,35	„
3604	6000	Buenos Aires	120 $^{0}/_{1}$ $^{3}/_{2}$	4,10	„
3624	10000	„	250 $^{6}/_{1}$ $^{8}/_{2}$	4,—	„

6. 18 Февраля 19.. г. Otto Kraus, Berlin, увѣдомляетъ о полученіи небольшихъ образцовъ; катушки имъ еще не получены. №№ 3421 и 3617 того качества, на который есть спросъ. Далѣе онъ благодаритъ за передачу представительства въ Чехіи и обѣщаетъ скорыя и большія сдѣлки съ первоклассными фирмами и потому проситъ ставить въ его распоряженіе только большія партіи. Онъ сообщаетъ еще о сдѣлкахъ на рынкѣ на дешевыя сорта; съ лучшими сортами тихо, вслѣдствіе предложеній по низкимъ цѣнамъ.

7. 19 Февраля 19.. г. Otto Kraus, Berlin, Подтверждаетъ г. г. Lindenberg & Co., Anvers, вчерашнюю телеграмму:

„Harthau беретъ 3608 Сидней, 4275, 30 дней, ультиматумъ"

(4275 т. е. если цѣна Мар. 4,275) и полученный отвѣтъ

„Сожалѣемъ ниже 435 невозможно",

вслѣдствіе котораго сдѣлка не состоялась. Далѣе онъ спрашиваетъ высланы ли катушки 3421 и 3617 и проситъ выслать катушки 3604 и 3624 и если можно немного понизить цѣны.

8. 20 Февраля 19.. г. Lindenberg & Co., Anvers подтверждаютъ г. Otto Kraus, Berlin обмѣнъ телеграммами прилагая ихъ копіи на особомъ бланкѣ (№ 9) и сожалѣютъ о невозможности понизить цѣну 3608, такъ какъ на мѣстѣ могли бы продать дороже чѣмъ предлагалъ покупатель. Они выражаютъ удивленіе, что не получены катушки 3421 и 3617 посланныя по почтѣ 15 с. м.

9. Копіи телеграммъ присланныя при письмѣ № 8.

10. 22 Февраля 19.. г. Otto Kraus, Berlin увѣдомляетъ г. г. Lindenberg & Co., Anvers о полученіи катушекъ 3421 и 3617 задержанныхъ въ пути. Онъ проситъ посылать образцы по больше, чтобы имѣть ихъ въ рукахъ еще до полученія катушекъ. Для облегченія телеграфныхъ сношеній онъ сообщаетъ условныя обозначенія различнаго способа уплаты по счетамъ (покрытія счетовъ).

Покрытіе А. Покупатель платитъ нетто наличными въ теченіе 30 дней со дня написанія фактуры.

Покрытіе В. Покупатель выдаетъ 3-хъ мѣсячный акцептъ черезъ 30 дней послѣ написанія фактуры и несетъ расходы по дисконту и на гербовыя марки.

Покрытіе С. Покупатель выдаетъ 3-хъ мѣсячный акцептъ въ день написанія фактуры. Расходы по дисконту и на гербовыя марки платитъ продавецъ.

Покрытіе D. Покупатель имѣетъ срокъ для уплаты въ 90 дней и уплачиваетъ нетто наличными.

Проценты pro и contra считаются 5 % годовыхъ. Покрытіе A практикуется чаще всего.

11. 25 Февраля 19.. г. Lindenberg & Co., Anvers увѣдомляютъ Otto Kraus, Berlin о скрещиваніи писемъ отъ 19 и 20 с. м. и о высылкѣ 2 катушекъ по 2 кило партій 3604 и 3624. Въ концѣ письма они прилагаютъ списокъ крайнихъ пониженныхъ цѣнъ (Existenzliste) а именно.

№ 3421	7500	Kl.	Sydney	M. 4,86	безъ обязательства франко Лейпцигъ.
„ 3617	8000	„	„	„ 4,55	
„ 3604	6000	„	Buenos-Aires	„ 4,05	
„ 3624	10000	„	„ „	„ 4,—	

Они замѣтили себѣ условныя обозначенія покрытія A—D и согласны на обычный въ Германіи процентъ 5 %. Далѣе они просятъ всѣ платежи вносить въ Deutsche Bank, Berlin и увѣдомляютъ, что ожидается поднятіе цѣнъ на мериносовую пряжу въ виду твердости Лондонскаго рынка.

12. 28 Февраля 19.. г. Otto Kraus, Berlin, подтверждаетъ г. г. Lindenberg & Co., Anvers, полученіе ихъ письма и обмѣнъ телеграммами:

„Kammgarnspinnerei, Лейпцигъ беретъ 3421, покрытіе B, 475“ и „3421 согласны“

Въ виду этого сдѣлка состоялась: 3421 Sydney 7500 Kilo проданы по 4,75 м. уплата 3-хъ мѣсячнымъ акцептомъ черезъ мѣсяцъ послѣ написанія фактуры, дисконтъ и гербовый сборъ за счетъ покупателя.

Далѣе онъ проситъ скорѣе выслать товаръ, прислать ему копію фактуры, и обѣщаетъ новыя сдѣлки.

13. 1 Мая 19.. г. Lindenberg & Co., Anvers сообщаютъ Kammgarnspinnerei, Leipzig, о высылкѣ партіи Австралійской чесанной шерсти 3421 проданной черезъ Otto Kraus, въ 65 кипахъ и посылаютъ свидѣтельство объ опредѣленіи влажности шерсти (Konditionierschein) и фактуру на

M. 33 683,10 валюта 30 Іюня с. г.

Они надѣются на возниковеніе оживленныхъ торговыхъ сношеній.

14. Счетъ при письмѣ № 13 на

партію 3421 въ 65 кипахъ, брутто 7405,2, тара 158,95, нетто 7246,25; вѣсъ согласно кондиціонированію (Konditioniergewicht) 7091,18, цѣна 4,75 итого M. 33 683,10.

S. E. & O. Условія платежа.

15. 1 Марта 19.. г. Lindenberg & Co., Anvers подтверждаютъ г. Otto Kraus, Berlin, обмѣнъ депешами (копіи въ концѣ письма) поведшій къ сдѣлкѣ съ Kammgarnspinnerei Leipzig на условіяхъ ими повторяемыхъ. Они прилагаютъ копію счета на М. 33 683,10 и обѣщаютъ уплатить 1% провизіи: М. 336,85 черезъ ихъ банкъ въ Берлинѣ по полученіи акцепта.

Далѣе они обѣщаютъ выслать образцы когда у нихъ будутъ новыя большія партіи товара.

16. 20 Марта 19.. г. Lindenberg & Co., Anvers посылаютъ фирмѣ Kammgarnspinnerei, Leipzig, для акцепта тратту на М. 33 683,10 ср. 30 Іюня с. г.

17. 22 Марта 19.. г. фирма Kammgarnspinnerei, Leipzig, возвращаетъ г. г. Lindenberg & Co., Anvers, акцептованную тратту, наклеивъ на нее соотвѣтствующія гербовыя марки, проситъ соотвѣтственно кредитовать ея счетъ и надѣется на самый выгодный дисконтъ.

18. 29 Марта 19.. г. Lindenberg & Co., Anvers, подтверждаютъ полученіе отъ фирмы Kammgarnspinnerei, Leipzig акцепта на М. 33 683,10 ср. на 30 Іюня с. г., каковую сумму они записали въ кредитъ этой фирмы съ обычной оговоркой. Они дисконтировали тратту и просятъ внести ихъ банку въ Берлинѣ (Deutsche Bank) М. 252,60, 3% за 3 мѣсяца.

19. 31 Марта 19.. г. Kammgarnspinnerei, Leipzig увѣдомляетъ г. г. Lindenberg & Co., Anvers о полученіи письма отъ 21 с. м. и о переводѣ Deutsche Bank М. 252,60 для сбалансированія ихъ счета по дисконту акцепта.

20. 1 Апрѣля 19.. г. Deutsche Bank, Berlin увѣдомляетъ г. г. Lindenberg & Co., Anvers о полученіи отъ Kammgarnspinnerei Leipzig М. 252,60 въ кредитъ ихъ счета.

21. 2 Апрѣля 19.. г. Lindenberg & Co., подтверждая Deutsche Bank полученіе увѣдомленія отъ 1 с. м. просятъ уплатить въ дебетъ ихъ счета г. Otto Kraus, тамъ М. 336,83.

22. 2 Апрѣля 19.. г. Lindenberg & Co., Anvers увѣдомляютъ г. Otto Kraus не упоминая о прочей дѣловой перепискѣ, что, получивъ акцептъ отъ Kammgarnspinnerei Leipzig они дали приказъ Deutsche Bank уплатить ему провизію М. 336,83, о полученіи которой они просятъ увѣдомить.

23. 4 Апрѣля 19.. г. Otto Kraus, Berlin, увѣдомляетъ гг. Lindenberg & Co., Anvers, о полученіи отъ Deutsche Bank М. 336,83 для уравненія счета по провизіи за коммиссіонную сдѣлку 28 Февраля с. г.

D. Экспедиціонное дѣло.

Написать помѣщенныя въ текстѣ письма 124—152 измѣнивъ названія фирмъ слѣдующимъ образомъ.

Отдѣльная отправка 124—138	вмѣсто Lecomte Frères, Rivesaltes поставить Jean Lecomte вмѣсто Leon Didier, Marseille поставить Didier & Co. вмѣсто Robert Haas, Leipzig поставить Gebr. Haas Luchting & Co., Hamburg оставить безъ измѣненія Speditionsverein Wallwitzhafen оставить безъ измѣненія.
Отправка при к/к	вмѣсто Brun et Borel, Paris, поставить Léon Borel вмѣсто Weiß & Co., Leipzig, поставить Felix Weiß L. Thibault, Paris, оставить безъ измѣненія C. G. Lentsch, Leipzig, оставить безъ измѣненія.

Написать письма по слѣдующему плану.

Отправка по соглашенію.

1. 16 Октября 19.. г. Carl Gleim, Goldstein a/M., проситъ гг. Lorenz & Jahn, Mainz, немедленно сообщить крайнюю цѣну отправки 5 ящиковъ желѣзнаго литья вѣсомъ 2500 кило франко таможня въ Опорто.

2. 17 Октября 19.. г. Lorenz & Jahn, Mainz, увѣдомляютъ г. Carl Gleim, что принимаютъ отправку 5 ящиковъ желѣзнаго литья въ Опорто по M. 5,80 за 100 кило, считая страховку въ пути въ $^3/_4$ %. Они указываютъ на крайнюю дешевизну ихъ цѣнъ, благодаря обширнымъ сношеніямъ и выгоднымъ соглашеніямъ съ заграничными экспедиторами.

3. 19 Октября 19.. г. Carl Gleim, Goldstein a/M., выражаетъ гг. Lorenz & Jahn, Mainz, согласіе на ихъ условія и повторяетъ таковыя. Онъ проситъ отправить посланные с. ч. 5 ящиковъ знаки C. G. №№ 68—72 вѣсъ брутто 632, 583, 477, 415, 356 (всего 2463 кило) въ Опорто г. J. Relvas, 32, rua das Flores, а ему прислать коносаментъ. Страховая сумма M. 4500,—.

4. 20 Октября 19.. г. Lorenz & Jahn, Mainz, подтверждаютъ г. Carl Gleim полученіе посланныхъ ящиковъ (перечисленіе) и увѣдомляютъ, что не замедлятъ выслать коносаментъ.

5. 23 Октября 19.. г. Lorenz & Jahn, Mainz, увѣдомляютъ г. Franz Nießen, Rotterdam, что съ рейнскимъ пароходомъ „Saaleck" ему отправлены 5 ящиковъ желѣзнаго литья (перечисленіе) и

просятъ отправить ихъ моремъ франко Опорто г. J. Relvas, согласно договоренному тарифу, приславъ счетъ росходовъ по перегрузкѣ и пр.

6. 25 Октября 19.. г. Lorenz & Jahn, Mainz, увѣдомляютъ г. J. Relvas, Oporto, объ отправкѣ по порученію г. Carl Gleim, Goldstein a/M., черезъ г. Franz Nießen, Rotterdam, франко 5 ящиковъ желѣзнаго литья C. G. 68—72 вѣсъ 2463 кило.

7. 30 Октября 19.. г. Franz Nießen, Rotterdam, прилагая коносаментъ въ двухъ экземплярахъ на отправку согласно увѣдомленію № 472 по адресу J. Relvas, Oporto (перечисленіе), проситъ кредитовать его счетъ на М. 94,90 согласно прилагаемому разсчету:

Rotterdam, den 30. Oktober 19..

Nota von Franz Niessen

für Herren Lorenz & Jahn, Mainz.

Übernahme ex „Saaleck" bis franco Seedampfer „Lipsia" à 20 cts. pro 100 kg . .	fl. 5	—	*M* 8	50
Seefracht à 30 *M* pro 1000 kg	à 1	70	„ 75	—
Konsularbeglaubigung der Konnossemente .			„ 7	30
Konnossemente und Porto			„ 4	10
S. E. & O.			*M* 94	90

8. 30 Октября 19.. г. Franz Nießen, Rotterdam увѣдомляетъ г. Ernst Lehmann, Oporto, что на его имя отправлено кораблемъ „Lipsia", капитанъ Arendt C. G. 68/72 5 ящиковъ желѣзнаго литья брутто 2463 Kil., для г. J. Relvas (адресъ), которому такъ же послано увѣдомленіе.

9. 9 Ноября 19.. г. Ernst Lehmann, Oporto увѣдомляетъ г. Franz Nießen о полученіи и доставкѣ кому слѣдуетъ авизованныхъ 5 ящиковъ желѣзнаго литья.

10. 15 Ноября 19.. г. Lorenz & Jahn, Mainz увѣдомляютъ г. Carl Gleim, Goldstein a. M. объ отправкѣ г. J. Relvas (адресъ) присланныхъ 5 ящиковъ желѣзнаго литья брутто 2463 Kil. Они прилагаютъ счетъ на М. 218,30 и ожидаютъ новыхъ порученій.

11. Счетъ по слѣдующему разсчету:

	Мар.	
Провозъ отъ Goldstein'a . . .	19,40	
Ломовымъ и отправка здѣсь .	10,—	(по 0,40)
Фрахтъ по соглашенію Майнцъ Опорто	143,30	(по 5,80)
Страховка съ 4500 М. ³/₄ % . .	33,80	
Засвидѣт. коноссаментовъ . .	7,30	
Коноссаменты, почтов. росх. .	4,50	218 м. 30 пф.

In der Handelssprache vorkommende Abkürzungen.

Сокращенія употребляемыя въ коммерческой перепискѣ.

Кромѣ указанныхъ здѣсь сокращеній встрѣчается еще цѣлый рядъ произвольныхъ сокращеній, смыслъ которыхъ легко понять изъ связи съ предыдущимъ текстомъ. Съ другой стороны ради ясности многія изъ нижеуказанныхъ сокращеній иногда выписываются полностью. Наконецъ надо замѣтить, что существуетъ цѣлый рядъ сокращеній одинаково употребительныхъ какъ въ нѣмецкой такъ и въ русской коммерческой переепискѣ напр. m/c. l/c. (mio conto, loro conto) и т. д.

a.	Ar = 100 □ Meter	Аръ = 100 □ метровъ
a/	am (= an dem), an der	на
a/E.	an der Elbe	на Эльбѣ
a/H.	an der Havel	на Гавелѣ
a/M.	am Main	на Майнѣ
a/O.	an der Oder	на Одерѣ
a/R.	an der Ruhr	на Рурѣ
a/Rh.	am Rhein	на Рейнѣ
a/S.	an der Saale	на Заале
a/W.	an der Weser	на Везерѣ
a. c.	anni currentis	текущаго года
acc.	accepi, akzeptiert	акцептовано, принято
Adr.	Adresse	адресъ
A. D. W. O.	Allgemeine Deutsche Wechselordnung	общій нѣмецкій вексельный уставъ
a. f.	anni futuri, des künftigen Jahres	будущаго года
Anl.	Anleihe	заемъ
a. pr.	anni praeteriti, des vergangenen Jahres	прошлаго года
a u., a U.	a uso, à usance, nach Brauch	согласно обычаю, по обычаю
Aufl.	Auflage	изданіе
a/v.	a vista, à vue	по предъявленію
a. Z.	auf Zeit	на срокъ
B.-P.-W.	Brief-Verkaufsauftrag	письм. порученіе продать
b/	bei	близъ
b/Berlin	bei Berlin	близъ Берлина
beil.	beiliegend	при семъ
betr.	betreffend	относительно
bez., bz.	bezahlt	уплачено
bezw., bzw.	beziehungsweise	условно
Bez., Bz.	Bezirk	округъ

B. G. B.	Bürgerliches Gesetzbuch	сводъ гражданскихъ законовъ
Bg.	Bogen	листъ
Bll.	Ballen	кипа
br. m.	brevi manu, kurzer Hand	съ поспѣшностью
b. S.	bei Sicht	по предъявленію
Bto.	Brutto	брутто
C., c., cts.	Centimes	сантимъ
cart.	kartoniert	въ папкѣ
ca.	circa, rund, ungefähr	приблизительно, около
caf	coûte, assurance, fret, Kosten, Versicherungsgebühr, Fracht	расходы, страховка, фрахтъ.
cbm	Kubikmeter	кубич. метр.
ccm	Kubikcentimeter	кубич. сантиметр.
cfm.	konform, übereinstimmend	согласно
cfr.	confer, conferatur, vergleiche	сравни
cif.	cost, insurance, freight, Kosten, Versicherungsgebühr, Fracht	расходы, страховка, фрахтъ
cm	Centimeter	сантиметр.
cmm	Kubikmillimeter	кубич. миллиметр.
Co.	Kompagnie	компанія
C. P. O.	Zivilprozeßordnung	Уставъ гражданскаго судопроизводства
(C R)	Telegramm empfangen	телеграмма получена
Ctg.	Courtage, Maklergebühr	куртажъ
Ctw.	hundredweight, engl. Zentner	английск. центнеръ
Ct.-Ct., Cto. Cte.	Conto corrente	контокоррентъ
Cto.	Conto	счетъ
Ctr., C.	Zentner	центнеръ
(D)	dringliches Telegramm	срочная (телеграмма)
d.	Penny, Pence	пени, пенсъ
d., dd.	dedit, bezahlt	уплочено
₰	Pfennig	пфенигъ
d. d.	de dato, datiert vom	отъ (такого то) числа
d. G.	durch Güte	при любезномъ содѣйствіи
dgl.	desgleichen	тому подобн.
d. h.	das heißt	то есть
d. i.	das ist	то есть
d. J.	dieses Jahres	сего года
do.	dito, detto, desgleichen	тотъ-же, таже, и т. д.
ds.; d. M.; ds. Mts.	dieses; dieses Monats	сего мѣсяца
Disk.	Diskont	дисконтъ
Duk.	Dukaten	дукатъ
Dupl.	Duplikat	дубликатъ
Dtzd.; Dzd.	Dutzend	дюжина

E. G.	Eingetragene Genossenschaft	товарищество (на паяхъ)
eigenh.	eigenhändig	собственноручно
excl.; exkl.	exclusive, ausschließlich	исключая
E. v.	Eingang vorbehalten	съ обычной оговоркой
f. a. h.	frei ab hier	франко на мѣстѣ
falls	im Notfall bei	въ случаѣ нужды у
ff.	superfein; und folgende	наивысшаго качества; и слѣдующ.
f. G.	fein Gold	чистое золото
fl.; Fl.	Florin; Gulden	флоринъ, гульденъ
fh; F. holl.	Gulden holländisch	голландскій гульденъ
fob.; fb.	frei an Bord	франко на бортъ
fol.; Fol.	folio, Seite	листъ, страница, фоліо
fol. vo.	folio verso, auf der Rückseite	на оборотѣ
fr.	frei, franko; fraglich	франко; сомнительно
Fr., Frs.	Frank, Franken	франкъ, франковъ
f. R.	für Rechnung	за счетъ
(F. S.)	nachzusendendes Telegramm	передать вслѣдъ (телеграмму)
f. S.	fein Silber	чистое серебро
G.	Geld, Kaufauftrag	спросъ
G. F.	gut für = für	на
g	Gramm	граммъ
Gebr.	Gebrüder	братья
gef., gefl.	gefälligst	пожалуйста
Ggw.	Gutgewicht	добавка въ вѣсѣ на случай потери въ вѣсѣ
Gr.	Groß	гроссъ
Grhz., Grhzt.	Großherzogtum	великое герцогство
Gew., gew.	Gewicht, gewogen	вѣсъ, свѣшено
gez.	gezeichnet	подписано, подписалъ
h	Heller	геллеръ
ha	Hektar	гектаръ
h. a.	hujus anni, dieses Jahres	сего года
H. G. B.	Handelsgesetzbuch	сводъ коммерческихъ законовъ
hl	Hektoliter	гектолитръ
h. m.	hujus mensis, dieses Monats	сего мѣсяца
Hzt.	Herzogtum	герцогство
i.	in, im, ihr	въ, ихъ, ея
i. Alt.	in Altenburg	въ герц. Альтенбургѣ
i. Anh.	in Anhalt	въ герц. Ангальтъ
i. A.	im Auftrag	по порученію

i. B.	in Baden	въ Баденѣ
i. Bay.	in Bayern	въ Баваріи
i. Br.	in Braunschweig	въ герц. Брауншвейгъ
i. E., i. Els.	im Elsaß	въ Эльзасѣ
i. Erzg.	im Erzgebirge	въ Рудныхъ горахъ
i. Hann.	in Hannover	въ Ганноверѣ
i. Lothr.	in Lothringen	въ Лотарингіи
i. L., i. Laus.	in der Lausitz	въ Лаузицѣ
i. Opr.	in Ostpreußen	въ Восточ. Пруссіи
i. O.-Sch.	in Oberschlesien	въ верхней Силезіи
i. P., i. Pos.	in Posen	въ Познани
i. Pr.	in Preußen	въ Пруссіи
i. S.	in Sachsen	въ Саксоніи
i. S.-A.	in Sachsen-Altenburg	въ герц. Саксенъ-Альтенбургъ
i. S.-C.-G.	in Sachsen-Koburg-Gotha	въ герц. Саксенъ-Кобургъ-Гота
i. S.-W.	in Sachsen-Weimar	въ в-герц. Саксенъ-Веймаръ
i. Sch.	in Schlesien	въ Силезіи
i. Ö.-Sch.	in Österreichisch Schlesien	въ австрійской Силезіи
i. Schw.-Rud.	in Schwarzburg-Rudolstadt	въ княж. Шварцбургъ-Рудольштадтъ
i. Th., i. Thür.	in Thüringen	въ Тюрингіи
i. V., i. Vgtl.	im Voigtland	въ Фохтландѣ (часть Саксоніи)
i. W.	in Westfalen	въ Вестфаліи
i. Wpr.	in Westpreußen	въ западной Пруссіи
i. Wttbg.	in Württemberg	въ Вюртембергѣ
ibid.	ibidem, ebendaselbst	тамъ-же
i. J.	im Jahre	въ году
incl.	inklusive, einschließlich	включительно
I. v.	Irrtum vorbehalten	предоставленіе ошибокъ
jun.	Junior, der Jüngere	младшій
i. V.	in Vollmacht	(по довѣрію), за (кого-нибудь)

K.	Krone	крона
Kap., Kpt.	Kapitän	капитанъ
Kfm.	Kaufmann	купецъ
kg	Kilogramm	килограммъ
Kgr.	Königreich	королевство
k. H.	kurzer Hand	см. br. m.
k. J.	künftigen Jahres	будущ. года
K. k.	kaiserlich königlich	императорскій и королевскій
km	Kilometer	километръ
K. O.	Konkursordnung	положеніе о конкурсн. управленіяхъ
Kr.	Kreis; Kreuzer	округъ; крейцеръ
k. S.	kurze Sicht	коротк. срокъ (о векселяхъ)

L.	Lira; Linie	лира; линія
l	Liter	литръ
La., Lit.	Lit(t)era, Buchstabe	литера
£; L. St.	Pfund Sterling	фунтъ стерлинговъ
l. J.	laufenden Jahres	текущаго года
Lfzt.	Lieferzeit	время поставки
l. S.	lange Sicht	долгій срокъ (о векселяхъ)
L. T.	türkische Lire	турецк. лира
lt.	laut	согласно
ℳ	Mark	марокъ, марка
M., m.	Mill, tausend	тысяча
m/	mein	мой
m	Meter	метръ
mg	Milligramm	миллиграммъ
mm	Millimeter	миллиметръ
M. A.	mangels Annahme	за непринятіе
m. p., m. pr.	manu propria, eigenhändig	собственноручно
m/R.	meine Rechnung	мой счетъ
M. Z.	mangels Zahlung	за неплатежъ
M. R.	Remettre en mains propres	(услов. обозн. въ междун. телеграф. сношеніяхъ) передать въ собств. руки
N.	Norden	сѣверъ
NB.	nota bene, zu beachten	нота бене, прошу замѣтить
n. M.	nächsten Monat	слѣдующаго мѣсяца
N. N.	nomen nescio, Namen unbekannt	имя неизвѣстно
No., Nr.	Numero, Nummer	номеръ
N. S.	Nachschrift	приписка
n. S.	nach Sicht	по предъявленію
Nto.	Netto	нетто
O.	Order; Osten	приказъ; востокъ
Oe., Oest.	Österreich	Австрія
O. K.	ohne Kosten	безъ расходовъ
ord.	ordinär, gewöhnlich	обыкновенный
o. u. O.	ohne unser Obligo	безъ обязательства, безъ оборота на . . .
o. W.	ohne Wert	безъ цѣны
ö. W.	österreichische Währung	Австрійск. монеты
Oxh.	Oxhoft	Оксгофтъ
P.-B.-W.	Papier, Verkaufsauftrag	письмен. порученіе продать
p.	per, für, an, zu	срокомъ на; па (сумму); по (желѣз. дорогѣ)
Pa.	Prokura; Prima	полномочіе; прима, первый вексель

p. a.	per annum (anno), jährlich	въ годъ, годовыхъ
p. A., p. Adr.	per Adresse	по адресу
Pf.	Pfennig	пфенигъ
p. p., pp., ppa.	per Prokura	по довѣрію
(PP)	Post bezahlt (Telegramm)	почта уплачена (о телеграммѣ)
P. P.	praemissis praemittendis	М.(илостив.) Г.(осудар.)
(PR)	Posteingeschrieben(Telegramm)	Почтовый заказъ оплаченъ (о телеграммѣ)
Pr., Prov.	Provinz	провинція
Proz., %	Prozent	процентъ
P. S.	Postskriptum	постскриптумъ
p. St.	per Stück	за штуку
P. T.	pleno titulo	полный титулъ
P. F.	pro forma (Rechnung)	примѣрный (счетъ)
qcm	Quadratzentimeter	квадрат. центиметр.
qkm	Quadratkilometer	квадрат. километр.
qm	Quadratmeter	квадрат. метр.
qmm	Quadratmillimeter	квадрат. миллиметр.
R. B., R. Bez.	Regierungsbezirk	административный округъ
R., Rbl.	Rubel	рубль
R. j. L.	Reuß jüngerer Linie	(княжество) Рейсъ младш. линіи
r., rot	rund, abgerundet	на кругъ, округляя цифру
R., R. R.	Rechnung, Retourrechnung	счетъ; обратный счетъ
(RO)	offen zu bestellen (Telegramm)	доставить открытою (телеграмму)
R. W.	Reichswährung	въ германской монетн. единицѣ
R. P.	réponse payée, Antwort bezahlt	отвѣтъ уплаченъ
R. P. D.	réponse payée urgente, A. b. dringend	отвѣтъ уплаченъ срочная
S.	Süd; Seite	югъ; страница
s.	siehe	смотри
$	Dollar, Duro, Pesa, Milreïs	доларъ, дуро, пезо, мильрейсъ
sen.	senior, ältere	старшій
S. E. E. (&) O.	salvo errore et omissione	исключая ошибокъ и пропусковъ
sh	Schilling	шилингъ
s. R.	seine Rechnung	его счетъ
St.	Stück	штукъ
Str.	Straße	улица
S. T.	salvo titulo	М. Г.
s. Z.	seiner Zeit	въ свое время
T.	Tag	день
t.	Tonne = 1000 kg	тона = 1000 килогр.
Ta.	Tara	тара

(TC)	verglichenes Telegramm	провѣрка уплачена (о телеграммѣ)
T. T.	toto titulo	см. P. T.
t. q.	tel quel	tel quel
u/	unser, uns; unter	намъ, насъ; подъ
u. a.	unter anderem	между прочимъ
u. A., u. Adr.	unter der Adresse	по адресу
u. A., u. Anz.	unter Anzeige	согласно указанію
u. a. m.	und anderes mehr	и многое другое
u. A. w. g.	um Antwort wird gebeten	просятъ сообщить отвѣтъ
ult., Ult.	ultimo, Ultimo	ультимо, въ концѣ (мѣсяца)
u. R.	unsere Rechnung	нашъ счетъ
u. r.	ut retro, wie unten	какъ (показано) ниже
u. s.	ut supra, wie oben	какъ (показано) выше
u. s. f.	und so fort	и такъ далѣе
u. s. w., usw.	und so weiter	и такъ далѣе
u. ü. V.	unter üblichem Vorbehalt	съ обычной оговоркой
v/	von, vom	отъ
v.	verte, vertatur, umwenden	см. на оборотѣ
V., Va., Val.	Valuta, Wert	валюта
vgl., vergl.	vergleiche	сравни (-те)
v. J.	vorigen Jahres	прошлаго года
v. M.	vorigen Monats	прошлаго мѣсяца
W.	Westen; Währung; Wechsel	востокъ; монетн. единица; вексель
W. O.	Wechselordnung	вексельный уставъ
W. S. g. u.	wenden Sie gefl. um	прошу прочесть наоборотѣ
(XP)	Eilbote bezahlt (Telegramm)	нарочный оплаченъ (для доставки телеграммы)
Xr.	Kreuzer	крейцеръ
z. B.	zum Beispiel	напримѣръ
z. G.	zugunsten	въ пользу
z. H.	zu Händen	въ руки (такого-то отдать)
zuz.	zuzüglich	съ прибавленіемъ
z. Z.	zur Zeit	временно, въ данное время.

·/·, -:- = minus

= №.

Расписка.

№ 45

Получено отъ
г. *И. Г. Смирнова*

950 руб. — коп.

Москва,
31 Августа 19 . .

Москва, *31 Августа* 19 . . года.

Получено нами отъ г. *И. Г. Смирнова, здѣсь, Ильинка д. кн. Гагарина*
девятьсотъ пятьдесятъ руб.

И. Мочаловъ и Ко.

Руб. 950,—

Quittung.

QUITTUNG
von Gebrüder Dubois, Berlin.

M. *950,—*

mit Buchstaben *Mark Neun Hundert Fünfzig* ....
von Herrn Paul Berger, Berlin, zum Ausgleich unserer Rechnung ....
erhalten zu haben, bescheinigen hiermit

Berlin, den *31. August 19* . .

Gebr. Dubois.

Москва, *31 Августа* 19 . . года.

Получено нами отъ г. *И. Г. Смирнова, здѣсь*

по порученію } *А. Харламова и Ко. въ Петербургѣ*
и за счетъ }

девятьсотъ пятьдесятъ рублей

въ чемъ дана двойная расписка, которой одинъ только экземпляръ имѣетъ силу.

Руб. 950,—

С. Мочаловъ и Ко.

Quittung.

M. *950.—*

mit Buchstaben *Mark Neun Hundert Fünfzig* ....

für Rechnung } von *Herrn Paul Berger, Berlin* ....
im Auftrage }

....

von *Herren Perron & Co., Spandau,* empfangen, worüber hiermit doppelt für einfach geltende Quittung.

Berlin, den *31. August 19* . .

Gebr. Dubois.

Чекъ.

№ *32*	Москва, 15. Мая 19.. года.
Руб. 950,—	Кишиневскому Торговому Банку угодно будетъ заплатить господину *И. А. Смирнову* *) сумму
15 Мая 19.. года.	*Девятьсотъ пятьдесятъ рублей*
Получатель:	*С. Мочаловъ и Ко.*
И. А. Смирновъ, Москва.	Руб. 950,—

(Vertical, on the perforation: С. Мочаловъ и Ко.)

*) Oder „предъявителю сего" (dem Vorzeiger), oder „по приказу И. А. Смирнова" (Orderklausel).

Scheck.

No. *32*	Spandau, den *15. Mai 19..*[1])
M. *950.—*	Die *Herren Gebrüder Dubois,*[7]) *Berlin,* wollen zahlen[2]) gegen diesen Scheck aus unserm Guthaben[3]) an *Herrn Paul Berger*[4]) oder Order[5])
den 15./5. 19..	*Mark Neunhundert Fünfzig*[8])
Paul Berger, Berlin.	*Mark 950.—* *Perron & Co.*[6])

(Vertical, on the perforation: *Gebrüder Dubois*)

[1]) Tag der Ausstellung. [2]) bei Sicht zahlbar. [3]) Scheckklausel. [4]) an Person, Rektascheck. [5]) Orderklausel. [6]) Aussteller. [7]) Bezogene, Zahlstelle. [8]) Schecksumme.

Цѣна 1 руб. 50 коп.
для векселей
на сумму
отъ 900 до 1000 руб.

Москва, 1 Іюня 19.. года.

Вексель на *950 руб.*

Перваго Декабря тысяча девятьсотъ .... года по сему моему векселю повиненъ я заплатить господину *А. Смирнову девятьсотъ пятьдесятъ рублей. Московскій 2ой гильдіи купецъ И. Мочаловъ.*

Eigenwechsel.

SOLAWECHSEL

Berlin, den *1. Juni 19..*[1])

Für *M. 950.—*

Am *31. August a. c.*[2]) .... zahle ich gegen diesen Solawechsel[3]) an die *Herren Gebrüder Dubois*[6]) oder deren Order[4]) die Summe von

Mark Neunhundert Fünfzig[7])

Paul Berger.[5])

1) Tag der Ausstellung. 2) Fälligkeitstag. 3) Wechselklausel. 4) Orderklausel. 5) Aussteller. 6) Wechselnehmer. 7) Wechselsumme.

Акцептованная тратта.

Лицевая сторона.

Москва, *1 Іюня* 19.. года. Вексель на *950 руб.*

Перваго Декабря тысяча девятьсотъ .... года благоволите заплатить приказу г. *А. Смирнова* сумму *девятьсотъ пятьдесятъ рублей* и поставить намъ на счетъ согласно увѣдомленію.

Господину *И. Мочалову, Моршанскъ.*

А. Харламовъ и Ко.

И. Мочаловъ

Цѣна 1 руб. 50 коп. для векселей на сумму отъ 900 до 1000 руб.

Обратная сторона.

Вмѣсто меня по приказу *И. Петрова, Валюта по счету.*

Москва, 6 Іюня 19.. г.

А. Смирновъ.

Вмѣсто меня по приказу *Г. Гучкова и Сынъ.*

Курскъ, 10 Іюня 19.. г.

И. Петровъ.

Вмѣсто насъ приказу *Моршанскаго Торговаго Банка.*

Орелъ, 15 Іюня 19.. года.

Г. Гучковъ и Сынъ.

Получили 1 Декабря 19.. года.

Моршанскій Торговый Банкъ

(подпись)

Akzeptwechsel.

Vorderseite.

Berlin, den *1. Juni 19..*[1]

Für *M. 950.—*

Am *31. August d. J.*[2] .... zahlen Sie für diesen Primawechsel[3]

an die Order[4] .... der *Herren Gebrüder Dubois*[7] .... die Summe von

Mark Neunhundert Fünfzig[8]

den Wert in Rechnung[9] .... und stellen ihn auf Rechnung laut Bericht[10]

Paul Berger.[5]

Herren Perron & Co., Spandau.[6]

Perron & Co.[11]

Paul Berger

[1] Tag der Ausstellung. [2] Fälligkeitstag. [3] Wechselklausel. [4] Orderklausel. [5] Aussteller. [6] Bezogene. [7] Wechselnehmer, Order, Remittent. [8] Wechselsumme. [9] Wertempfangsbekenntnis. [10] Berichtangabe. [11] Akzeptanten.

Rückseite.

M. 0.50
(von mehr als)
800 bis 1000 Mark.

Für uns an die Order des *Herrn Heinrich Bertram*
— Wert in Rechnung —
Berlin, den *6. Juni 19..*
Gebrüder Dubois.

Für mich an die Order der *Herren Dietrich & Co.*
Rüdesheim, den *10. Juni 19..*
Heinrich Bertram.

Für uns an die Order des *Herrn Alfred Peters.*
Heilbronn, den *15. Juni 19..*
Dietrich & Co.

Betrag erhalten
Alfred Peters.

Домицилированный вексель.

Лицевая сторона.

Москва, *1 Іюня* 19 . . года.

Вексель на *950 руб.*

Через три мѣсяца отъ нынѣшняго числа благоволите заплатить по *моему приказу* сумму *девятьсотъ пятьдесятъ рублей* и поставить на счетъ безъ увѣдомленія.

И. Мочаловъ.

Господину А. Смирнову, Павловскъ.

Платежъ въ Ліонскомъ Кредитѣ, Петербургъ.

А. Смирновъ

Цѣна 1 руб. 50 коп.
для векселей
на сумму
отъ 900 до 1000 руб.

Обратная сторона.

Вмѣсто меня по приказу *Г. Гучкова съ Сыномъ.*

Москва, 6 Іюня 19 . . года.

И. Мочаловъ.

Вмѣсто насъ по приказу *И. Петрова, Валюта по счету.*

Орелъ, 10 Іюня 19 . . года.

Г. Гучковъ съ Сыномъ.

Получилъ *1 Сентября* 19 . . г.

И. Петровъ.

Domizilwechsel.

Vorderseite.

Berlin, den *1. Juni 19..* [1]   Für *M. 950.—*

Drei Monate nach heute[2] .... zahlen Sie gegen diesen Primawechsel[3]
an die Order[4] .... von mir selbst[7] .... die Summe von
Mark Neunhundert Fünfzig[8]
den Wert in mir selbst[9] .... und stellen solchen auf Rechnung .... ohne .... Bericht.[10]

Herren Perron & Co., Spandau.[6]   *Paul Berger.*[5]

Zahlbar bei der Deutschen Bank in Berlin.[12]

Angenommen Perron & Co.[11]

Paul Berger

Rückseite.

M. 0,50
(von mehr als)
800 bis 1000 Mark.

Für mich an die Order des *Herrn Heinrich Bertram*
— Wert in Rechnung —

Berlin, den *6. Juni 19..*
Paul Berger.

Für mich an die Order der *Herren Dietrich & Co.*

Rüdesheim, den *10. Juni 19..*
Heinrich Bertram.

Für uns an die Order des *Herrn Alfred Peter.*

Heilbronn, den *15. Juni 19..*
Dietrich & Co.

Bezahlt
Alfred Peter.

1) Tag der Ausstellung. 2) Fälligkeitstag. 3) Wechselklausel. 4) Orderklausel. 5) Aussteller. 6) Bezogene. 7) Wechselnehmer, Order, Remittent. 8) Wechselsumme. 9) Wertempfangsbekenntnis. 10) Berichtangabe. 11) Akzeptanten. 12) Domizilisten.

GIROKONTO: BEI DER REICHSBANK.
NEBENSTELLE BINGEN.

RECHNUNG

DRAHTNACHRICHTEN:
BERNARD, OBERINGELHEIM.

für Herr ....

von Paul Bernard & Co., Weinbergbesitzer.

Ober-Ingelheim a. Rh., den .... 19.......

Wir sandten Ihnen laut Auftrag .... für Ihre werte Rechnung und Gefahr durch die Bahn ....

Nummer	Liter	Flaschen	Ziel 3 Monate, bei bar binnen 30 Tagen 2% Abzug	Preis für 100 Liter	Preis für 1 Flasche	Betrag

Über den uns gütigst erteilten Auftrag haben wir die Ehre, Ihnen obenstehend Rechnung zu behändigen, und bitten Sie, uns für deren Betrag von .... geneigtest erkennen zu wollen.

Die Sorgfalt, mit welcher wir Sie bedienten, läßt uns Ihre volle Zufriedenheit und die Fortdauer Ihres gütigen Zutrauens hoffen, das wir zu erhalten stets bemüht bleiben werden.

Paul Bernard & Co.

Zur gefl. Beachtung. **Fässer** beliebe man gleich an den Platz zu bringen, an dem sie abgefüllt werden sollen, und sie *fest* geschlossen zu lagern, so daß kein Rütteln und Bewegen stattfinden kann.

Nach 3—4 Wochen Ruhe durchbohre man erst den **Spund** und schlage dann den Hahn ein, kurz bevor man mit dem Abfüllen beginnt.

Die **geleerten** Fässer werden am besten *sofort* mit einem Stück Schwefelspan eingebrannt und gleich zurückgesandt, wenn man sie nicht zum angesetzten Preise zu behalten wünscht.

Schimmelig gewordene oder sonst verdorbene Gefäße werden *nicht* zurückgenommen. Alle leeren Gefäße müssen frei „Ingelheim" gesandt werden.

Allen **Flaschenweinen** ist eine wagerechte Lage zu geben.

AKTIENGESELLSCHAFT STAHLWERKE.

TELEGRAMM-ADRESSE:
MOABITER STAHLWERKE.

BERLIN-MOABIT.

TELEPHON 7624.

GIROKONTO
BEI DER REICHSBANK.

Berlin, den .... 19 ......

Die uns .... gütigst in Auftrag gegebenen Waren haben wir Ihrer Vorschrift gemäß verladen. Wir ersuchen Sie, uns dafür den Betrag von .... Mark .... Pf. laut Rechnung gutzuschreiben.

Indem wir um baldige Erneuerung Ihrer Aufträge bitten, zeichnen wir

mit Hochachtung

Bei begründeten Ausstellungen behalten wir uns vor, kostenfreien Ersatz zu liefern, lehnen aber alle anderweitigen Schadenersatzansprüche, insbesondere Arbeitslöhne, Betriebsverluste etc. ausdrücklich ab. Betriebsstörungen, Rohmaterialienmangel, Stockungen im Bahnbetriebe infolge von Schneeverwehungen oder aus anderen Ursachen, Mobilmachung und Krieg, Arbeiterausstände und Wagenmangel entbinden uns von den in Aussicht gestellten Lieferungsterminen.

RECHNUNG.

Sämtliche Preise per 3 Monat gegen Akzept oder bei früherer Bar-Regulierung mit $^1/_2$ % pro Monat Skonto, bei späterer Regulierung mit $^1/_2$ % pro Monat Verzugszinsen. Bei Wechseln auf Nebenplätze werden die Inkassospesen berechnet, für Protest oder rechtzeitige Präsentation wird keinerlei Verpflichtung übernommen.

Str.-Fol. Kom.-Nr.		Wir sandten Ihnen für Ihre werte Rechnung und Gefahr per Bahn				
Gerichtsstand Berlin. Warenposten, auch franko verkaufte, reisen stets ab Abgangsstation auf Gefahr des Empfängers. Reklamationen gegen Gewicht oder Qualität der Waren haben innerhalb 8 Tagen zu erfolgen, andernfalls weitere Verbindlichkeiten abgelehnt werden.						

G. J. GÖSCHEN'SCHE VERLAGSHANDLUNG IN LEIPZIG

Kleine kaufmännische Bibliothek

aus der „Sammlung Göschen"

Jedes Bändchen in Leinwand gebunden 80 Pfg.

Deutsche Handelskorrespondenz von Prof. **Th. de Beaux,** Officier de l'Instruction Publique, Oberlehrer a. D. an der Öffentlichen Handelslehranstalt und Lektor an der Handelshochschule zu Leipzig. (Nr. 182.)

Französische Handelskorrespondenz von Professor **Th. de Beaux,** Officier de l'Instruction Publique, Oberlehrer a. D. an der Öffentlichen Handelslehranstalt und Lektor an der Handelshochschule zu Leipzig. (Nr. 183.)

Englische Handelskorrespondenz von **E. E. Whitfield, M. A.,** Oberlehrer an King Edward VII. Grammar School in King's Lynn. (Nr. 237.)

Italienische Handelskorrespondenz von Prof. **Alberto de Beaux,** Oberlehrer am Königl. Institut S. S. Annunziata in Florenz. (Nr. 219.)

Vorstehende Bände bilden zugleich die Schlüssel zu den Aufgaben der gleichinhaltlichen Bände von „Göschens Kaufmännischer Bibliothek".

Buchführung in einfachen und doppelten Posten von **Robert Stern,** Oberlehrer an der Öffentlichen Handelslehranstalt und Dozent an der Handelshochschule zu Leipzig. (Nr. 115.)

Kaufmännisches Rechnen von **Richard Just,** Oberlehrer an der Öffentlichen Handelslehranstalt der Dresdener Kaufmannschaft. 3 Bde. (Nr. 139, 140, 187.)

Finanzwissenschaft von Präsident **Dr. van der Borght.** (Nr. 148.)

Volkswirtschaftslehre von **Dr. Carl Johs. Fuchs,** Prof. an der Universität Freiburg i. Br. (Nr. 133.)

Volkswirtschaftspolitik von Präsident **Dr. van der Borght.** (Nr. 177.)

Auswärtige Handelspolitik von **Dr. Heinr. Sieveking,** Professor an der Universität Marburg. (Nr. 245.)

Das Versicherungswesen von **Dr. iur. Paul Moldenhauer,** Dozent der Versicherungswissenschaft an der Handelshochschule Köln. (Nr. 262.)

FSC
www.fsc.org
MIX
Papier | Fördert gute Waldnutzung
FSC® C083411

Kolibri 360 GmbH
Ferdinand-Jühlke-Straße 7
99095 Erfurt, Deutschland
produktsicherheit@kolibri360.de